N° 606.

PATAGONIE.

DÉTROIT DE MAGELLAN ET CANAUX LATÉRAUX.
CAP HORN ET TERRE DE FEU.

INSTRUCTION

RÉDIGÉE

SOUS LA DIRECTION DE M. LE VICE-AMIRAL CLOUÉ

PAR M. PAUL CAVE,

LIEUTENANT DE VAISSEAU.

PARIS.

IMPRIMERIE NATIONALE.

M DCCC LXXIX.

PRIX : 5 FRANCS.

DÉPÔT DES CARTES ET PLANS DE LA MARINE.

N° 606.

PATAGONIE.

DÉTROIT DE MAGELLAN ET CANAUX LATÉRAUX.

CAP HORN ET TERRE DE FEU.

PATAGONIE.

DÉTROIT DE MAGELLAN ET CANAUX LATÉRAUX.
CAP HORN ET TERRE DE FEU.

INSTRUCTION

RÉDIGÉE

SOUS LA DIRECTION DE M. LE VICE-AMIRAL CLOUÉ

PAR M. PAUL CAVE,

LIEUTENANT DE VAISSEAU.

PARIS.

IMPRIMERIE NATIONALE.

M DCCC LXXIX.

INTRODUCTION.

La présente description des côtes de la Patagonie, de la Terre de Feu, du détroit de Magellan et des canaux latéraux est, en grande partie, le résultat des campagnes hydrographiques successivement exécutées par les capitaines Parker King, Robert Fitz-Roy et R. Mayne, de la marine royale Britannique.

Aux renseignements donnés par ces officiers nous avons ajouté tous ceux qui ont été recueillis, depuis leurs travaux, par le Dépôt des cartes et plans de la marine. Nous nous sommes particulièrement aidé des ouvrages dont les noms suivent :

1° *Instructions nautiques sur les côtes de la Patagonie*, traduites de l'ouvrage anglais du capitaine P. King, par M. Darondeau, ingénieur hydrographe, 1835 ;

2° *Instructions nautiques sur les côtes de la Patagonie, le détroit de Magellan et la Terre de Feu*, traduites de l'anglais par M. Paul Martin, capitaine de frégate, 1863 ;

3° *Instructions pour naviguer dans le détroit de Magellan et les canaux conduisant au golfe de Peñas*, par le commandant R. C. Mayne, de la marine royale anglaise, traduites de l'anglais par MM. E. Talpomba et E. de Lapierre, lieutenants de vaisseau, 1871 ;

4° *South America pilot*, part. I, 1874, et part. II, 1875 ;

5° *Noticias hidrográficas* publiées par le Gouvernement du Chili en 1878 et 1879 ;

6° *Annales et annonces hydrographiques,* publiées au Dépôt des cartes et plans de la marine ;

7° *Rapports* de M. le contre-amiral Cloué (*Astrée*, 1868) et de M. le commandant Pierre (*Infernet*, 1874).

Ces ouvrages et documents avaient été précédés eux-mêmes de nombreuses publications qui n'ont plus, à l'heure actuelle, qu'un intérêt historique.

Le Dépôt de la marine a publié, sous le n° 595, deux carnets de vues de côtes destinées à faciliter la reconnaissance des diverses parties du détroit; de nombreux renvois sont faits à ces vues dans le corps de ce livre.

TABLE ANALYTIQUE DES MATIÈRES.

CHAPITRE PREMIER.
DÉTROIT DE MAGELLAN.

	Pages
Généralités.	1–22
Du cap Fairweather au cap des Vierges; cap et récif des Vierges; banc Sarmiento; marées à l'entrée; pointe Dungeness; sa pyramide; ses deux mouillages et sa crique.	23–29
De Dungeness au premier goulet ou bassin de l'entrée; mont Dinero; banc Wallis; la baie Possession; aiguade; pyramides du cap Possession et de la colline Direction; le banc Narrow et sa bouée; le mont Aymond.	28–33
Du cap Espiritu Santo au cap Orange; mouillages de la pointe Sainte-Catherine, de la baie Lomas et Spiteful; bouée du banc Lomas; marées; le premier goulet; la balise de la pointe Baxa; les bancs Satellite et Barranca; traverser le second bassin; baie San Yago; aiguade; le banc Triton et sa bouée; roche douteuse; banc de la Tribune; baie Grégory; balise du cap.	33–43
Baie Philippe; récif Barnacle; le pic Gap; le second goulet; les trois chenaux; le nouveau chenal; les baies Lee et Gente Grande; le chenal de la Reine et le mouillage Saint-Sylvestre; l'île Sainte-Marthe, son banc et sa bouée; l'île Sainte-Madeleine; le banc Walker; le chenal de la Rade Royale et son mouillage; les havres Oazy et Pecket; la baie Whitsand; l'île Élisabeth et le passage du Pélican.	43–52
Broad reach et Famine reach; leurs caractères généraux; baie Laredo; baie Freshwater; Port-Famine; de la rivière Sedger au cap San Isidro; baie Voces; baies Useless et Lomas; ports San Antonio et Valdez; canal Saint-Gabriel et cascade Reach; monts Sarmiento et Buckland; Admiralty Sound; côte Est de l'île Dawson, ses mouillages.	53–69
Le Froward et l'English reach; les bassins en dépendant; cap San Isidro; mont Tarn; baies de l'Aigle, du Canon, Indienne, Dubouchage, Bournand et Bougainville; baie Saint-Nicolas; le cap Froward; les baies Snug et Boisée; baie Cordes et port Saint-Michel; baie Fortescue; port Gallant; les îles Charles; le port des Trois-Passes; baie Élisabeth; rade d'York et baie Bachelor.	69–81
Île Charles III; baies Mussel, Bonnet et Tilly; canal Saint-Jérôme; baie Arauz; les bassins Otway et Skyring; le canal Fitzroy; le Magdalene Sound; le canal Cockburn; l'île Clarence et ses mouillages; le canal Barbara.	81–91
Du goulet Shag au David Sound; baie Borja; roche Crooked ou roche Rouge; cap Quod; les baies Barcelo; Osorno et Langara; le Morion; anse du Lion; baie Arce; baie Good Luck; anse Vallena ou Villena; cap Notch; Playa Parda.	91–102

TABLE ANALYTIQUE DES MATIÈRES.

Pages.

Île Sainte-Anne; golfe de Xaultegua; baies Swallow et Condesa; baie Stewart; canal Snowy; port Angosto; baie Medal; de l'île Sainte-Anne au cap Providence; île Ronde; port, cap et île Tamar; roches Astrée et Diamant; baies Beaufort et Sholl; les Stragglers.................... 102-115
Du cap Upright au port Churruca; la baie Tuesday; le havre Skyring..... 115-118

CHAPITRE II.

CANAUX LATÉRAUX ET CÔTE DU LARGE.

Généralités; temps et marées; des îles Fairway à la baie Otter; chenaux Mayne, Gray et Bannen; de l'île Longue à la baie de l'Isthme; baie de l'Isthme; presqu'île Zach; fin du canal Smyth................... 119-127
Détroit de Collingwood; canal Sarmiento; de l'île Double-Pic au Guia Narrows; Puerto Bueno; l'anse Schooner; le cap Charles et son rocher; Guia Narrows; chenaux Inocentes et de la Conception; canal de la Trinité.... 127-137
Le canal Wide; l'île Saumarez et ses quatre reachs; l'Indian reach; ses rochers; le port Riofrio; havre Éden et anses voisines; récif Gorgon; baie Level; le goulet Anglais; les baies en dépendant; anse Hoskyn........ 137-150
Baies Magenta, Halt et Libertà; havre Gray; de la baie Halt au havre de l'Île; havre Hale; baie Fatale; baie Tarn; île Sombrero; port Ballenas. 150-152
Le golfe de Peñas; les îles Guaineco; Boca de Canales; Jesuit Sound; l'île Xavier; le port Kelly; le golfe de San Estevan; golfe et cap Tres Montes; port Otway.. 152-161
Côte du large des îles Évangélistes au cap Santa Lucia; archipel de la Mère de Dieu; port Henry; golfe de la Trinité; passe Sparton; baie Bossi; île du Mont Corso; passe Picton; baie Dyneley; le port Barbara; le Flinn Sound; le canal Fallos................................. 161-164

CHAPITRE III.

TERRE DES ÉTATS. — TERRE DE FEU. — CAP HORN.

Terre des États; marées; le port Saint-John; le port Cook; le port Basil Hall; port Parry; port Hoppner; port Vancouver; le havre Back....... 164-173
Terre de Feu, description; mouillages; côte N. E.; baie Saint-Sébastien; cap Saint-Sébastien; cap Sunday; cap Peñas; Table d'Orozco; anse Policarpo; cap Saint-Vincent; baie Thétis.............................. 173-178
Baie Good Success; détroit de Lemaire; l'île Lennox et New Island; le canal du Beagle; la mission d'Ushuwia; rade de Gorée; la baie Nassau; îles Hermite ou du Cap Horn; île Deceit; le cap Horn; les baies Scourfield et Hately; l'anse Middle; la baie Gretton; le banc Banner; la rade North; la roche Dædalus; la roche Hazeltine............................. 178-183
Le Sound Franklin; le port Maxwell; l'anse Saint-Martin; la presqu'île Hardy; la baie Orange; la baie Schapenham; la baie Lort; la baie Rice; îles Diego Ramirez... 184-187
Les Ildefonsos; le Sound New-Year; la baie Clearbottom; le Christmas Sound; l'île Waterman; le havre March; le port Clerke; la baie de Cook;

TABLE ANALYTIQUE DES MATIÈRES.

îles Londonderry; îles Gilbert et Stewart; port Stewart; baie Desolate; havre Townshend; les Furies de l'Est et de l'Ouest; Sound Melville; port Tom; havre Fury; anse Nord; îles Agnès; île Noire; rade Noire...... 187-193

Milky-Way; îles Grafton; île Isabelle; baie Euston; îles Fincham; cap Tate; îles Landfall; baie Latitude; baie Otway; îles Week; île Graves; cap Deseado; havre Dislocation; roches Juges et Apôtres; cap Pillar........ 193-199

Doubler le cap Horn de l'Est à l'Ouest; conseils généraux; courants au large du cap Horn; opinion des officiers français; thermomètre............ 199-210

Les canaux du Nord au Sud; le détroit de l'Ouest à l'Est............... 211-219

AVIS IMPORTANT.

Dans cet ouvrage, les relèvements, les routes, les gisements de côtes, etc. sont rapportés au méridien *vrai*.

Les distances sont exprimées en milles marins de 60 au degré (1,852 mètres), et les encablures sont comptées pour un dixième de mille ou 185 mètres.

On a donné aux vents le nom de la direction de laquelle ils soufflent, et aux courants le nom de celle vers laquelle ils portent.

Les sondes sont rapportées aux plus basses marées observées.

CARTE INDICATRICE

DES PARTIES DÉCRITES DANS L'OUVRAGE.

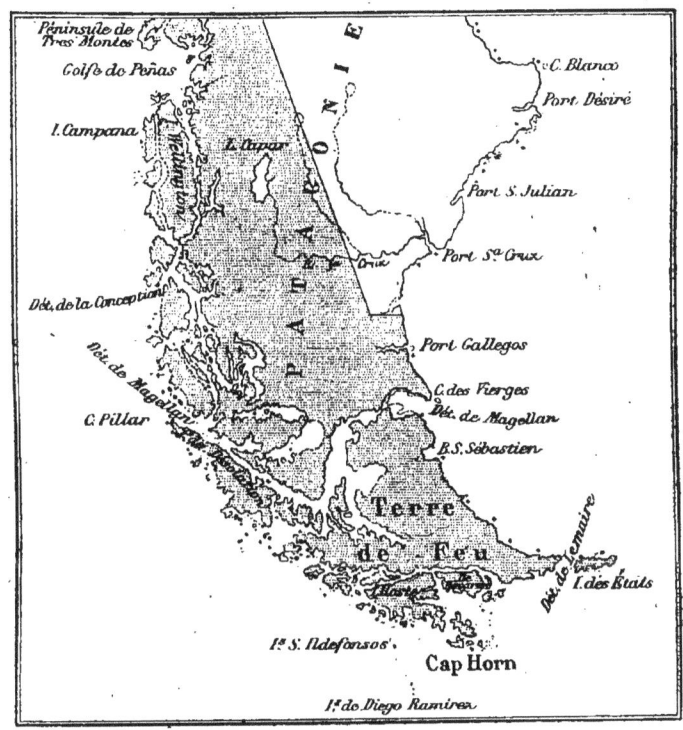

La partie teintée de cette carte indique les côtes décrites dans l'ouvrage.

PATAGONIE.

CHAPITRE PREMIER.

DÉTROIT DE MAGELLAN.

Variation en 1879 : { Entrée Est.... 20° 30′ N. E. / Premier goulet.. 21° 00′ N. E. / Cap Froward.. 22° 00′ N. E. / Entrée Ouest.. 23° 00′ N. E. } — Décroissance annuelle : 3′.

§ 1er. — GÉNÉRALITÉS.

AVANTAGES ET INCONVÉNIENTS DU DÉTROIT; CHOIX D'UNE ROUTE. — Tout navire voulant passer de l'Atlantique au Pacifique a devant lui la route du cap Horn ou celle du détroit de Magellan. La dernière étant par une latitude plus basse, le marin souffre moins des intempéries. Le bâtiment essuie les coups de vent au mouillage; il ne fatigue pas comme il le ferait dans les grosses mers du cap Horn. Enfin les équipages peuvent se procurer, au passage, de la viande, quelques légumes, du poisson, des coquillages, du bois et de l'eau douce. L'assistance des agents du Gouvernement chilien et de son stationnaire à vapeur est acquise à tous les navires qui se trouveraient en détresse.

Les inconvénients du détroit résultent de la navigation près de terre dans des parages où les temps sombres dominent, de la fréquence des coups de vent qui peuvent surprendre, soit à un mouillage médiocre, soit en route au milieu de passes étroites. Il y a lieu de noter aussi le grand nombre des appareillages et des mouillages, ainsi que les difficultés que l'on éprouve pour donner, sans le secours du pilote, dans des ports que l'on a rarement ou jamais visités. Seuls, les marins expérimentés échappent aux appréhensions de ce genre de navigation. « Il faut, dit l'un d'eux, pour faire convenablement cette navigation, un navire sûr de ses évolutions, un équipage déjà exercé, de bonnes ancres et de bonnes chaînes, de la patience, de l'activité, de la persévérance et de bons yeux. »

Pour choisir judicieusement sa route, il faut tenir compte de la saison, de la nature du bâtiment, de ses qualités nautiques et de sa marche. Le voilier doit invariablement prendre la route du cap Horn, à moins qu'il ne soit très petit et qu'il ne puisse supporter ni la grosse mer ni les grands coups de vent. L'un des bons pratiques du détroit dit que tout voilier en bon état, jaugeant plus de 250 tonnes, n'a pas d'hésitation à avoir et doit prendre la voie du cap. Mais, si fin et si maniable qu'il soit, un petit voilier passant le détroit est sûr d'y rester longtemps et de subir des tribulations. Les capitaines King et Fitzroy, après leur longue campagne hydrographique sur des navires à voiles, engagent tout bâtiment de cette espèce à choisir, s'il le peut, l'hiver austral, c'est-à-dire d'avril à septembre. Il aura, disent-ils, les journées courtes, mais en revanche les coups de vent seront moins fréquents ; parfois les brises d'Est se feront sentir avec force. Nous devons ajouter que cette opinion est très vivement controversée ; elle peut être juste pour des capitaines devenus pilotes du détroit, mais ceux qui débutent se résolvent difficilement à renoncer aux longs jours et aux températures moins basses.

Les navires uniquement à vapeur ou lourdement chargés, les cuirassés et les petits bâtiments mixtes n'ont jamais à hésiter : ils doivent prendre, dans tout temps, la route du détroit de Magellan. Pour les bâtiments médiocres, ayant de faibles machines, la meilleure saison serait, suivant certains, la même que pour les voiliers, c'est-à-dire d'avril à septembre. Cette opinion est fort discutable, pour les raisons énoncées plus haut. Au contraire, les vapeurs en bon état, capables de refouler les fortes brises, préféreront l'été, ou de septembre à avril. Le grand vent ne les arrête pas et ils auront des nuits courtes permettant de longues étapes. Ils ne verront pas le pont couvert de neige, les manœuvres raidies par la gelée.

Enfin un solide bâtiment mixte, bien armé, réellement marin, devra réfléchir avant de se décider pour le cap ou le détroit. De fin novembre jusqu'en avril, il lui arrivera d'économiser, par la route du large, du temps, de la peine et du combustible. Chacun obéira, dans ce cas, aux inspirations que lui suggéreront et la nature de la mission et les circonstances du moment.

Dès qu'il sera possible d'établir des prévisions, le capitaine devant donner dans le détroit se préoccupera de l'heure de la mer haute à l'entrée. Si l'on arrive de pleine lune, ce sera très favorable, car en se présentant le matin devant le cap des Vierges on franchira les goulets avec la marée pour soi et l'on aura la journée pour faire route vers Punta Arenas. La clarté de la lune favorisera les mouillages tardifs aussi bien que les appareillages de belle heure. La marée est si importante que l'on pourra faire des sacrifices, dans la combinaison de ses relâches et de sa navigation, pour arriver au cap des Vierges à l'époque de la pleine lune.

Avant de terminer ce paragraphe, nous mentionnerons, pour mémoire, une route mixte imaginée par quelques navigateurs pour les navires trop contrariés à l'Ouest du cap Froward. Généralisant quelques exemples heureux, ils estiment qu'il est possible, et parfois avantageux, de ne faire, à l'intérieur, que la moitié de la route et de regagner la haute mer soit par le *Magdalene Sound*, soit par le canal *Santa Barbara*. Au débouché, on se trouverait avoir gagné, depuis le cap des Vierges, 200 milles dans le N. O. du cap Horn. Mais le nombre infiniment petit de navires ayant pris cette route montre qu'elle est peu pratique. Si elle est avantageuse, c'est pour les pêcheurs de phoques, familiarisés avec ces côtes inhospitalières; par ailleurs, nous ne voyons que les nécessités de la guerre qui puissent y conduire un bâtiment ordinaire.

Ajoutons que la route usuelle est maintenant très bien connue par les journaux et les rapports des nombreux officiers qui y passent depuis l'emploi de la vapeur. On peut dire que le détroit est vraiment sûr pour tout bâtiment à vapeur naviguant avec précaution.

DES DIVISIONS DU DÉTROIT (V. carte N° 877). — Entre le cap des Vierges, à l'entrée, et le cap Pillar, à la sortie, la distance directe est de 240 milles; mais le détour considérable occasionné par la presqu'île de Brunswick allonge de 80 milles, ce qui fait 320 milles pour le parcours total.

Comme aspect des terres, nature des fonds, des dangers, des rives, et généralement aussi sous le rapport du temps, on peut diviser le détroit en deux régions distinctes. Du cap des Vierges au cap Negro (pointe Nord de la baie Laredo), la terre est relativement basse, recouverte d'herbes, absolument dépourvue d'arbres. Dans cette partie, longue de 130 milles, la profondeur *maxima* du chenal ne dépasse pas 55 à 80 mètres; on trouve des bancs et des hauts-fonds; la hauteur des marées est grande, les courants de flot et de jusant sont violents. On peut mouiller presque partout, excepté dans les goulets.

A partir du cap Negro, les marées rapides et les dangers sous l'eau disparaissent. Les côtes sont escarpées et accores, les sondes énormes : on rencontre, au milieu du chenal, jusqu'à 500 mètres, pas de fond. Les dunes de sable sont remplacées par de hautes montagnes couronnées de neige pendant les trois quarts de l'année. Les forêts se succèdent sans interruption jusqu'au Long reach, mais dès le cap Froward la taille des arbres diminue; du Long reach au cap Pillar on ne voit plus guère que des fouillis d'arbustes et de broussailles. Partout la côte de Patagonie est plus boisée que celle de la Terre de Feu. La seule difficulté de la navigation consiste à trouver des mouillages commodes et convenablement espacés. Les petits bâtiments ont un grand nombre de refuges, mais il n'en est pas de même pour les vapeurs de très grande longueur, comme ceux qui se construisent aujourd'hui.

En allant mouiller sous les hautes falaises des ports de la partie Ouest, les capitaines non prévenus éprouveront souvent que l'œil y trompe pour l'appréciation de la distance : on se croit toujours plus près de terre que ne l'indiquent les relèvements et la vue du bâtiment du point de débarquement. Contrairement à ce qui se passe généralement, les rafales se ressentent plus violemment sous terre qu'un peu plus au large.

A l'Est du cap Negro, le temps est fréquemment clair et beau avec de forts vents, très francs, soufflant entre le N. O. et le S. O. La grosse pluie ne tombe qu'avec les vents plus Nord que le N. O., ou pendant les rares coups de vent d'Est. A l'Ouest du même cap, mais surtout quand on a doublé Froward, les vents dominants de l'Ouest amènent beaucoup de pluie et des temps extrêmement sombres, lesquels, quoique fort gênants, sont rarement assez obscurs et assez continus pour rendre la navigation dangereuse si l'on est à bord d'un vapeur.

Le port chilien de Punta Arenas étant seulement à 14 milles dans le Sud du cap Negro, il est d'usage d'y supposer le point de séparation des deux zones, bien que le changement soit plus accentué au cap Negro lui-même.

TRACÉ DE LA ROUTE; ÉTAPES. — La carte N° 877 indique aux yeux la route que de nombreuses traversées ont fait reconnaître comme la meilleure pour les vapeurs; le paragraphe ci-après indiquera celle des voiliers.

En toute saison, mais principalement en hiver, où les nuits sont longues, il est absolument nécessaire d'arriver au mouillage avant la fin du jour; rien ne serait plus pénible, et même plus dangereux, que de rester sous vapeur, et à plus forte raison sous voiles, pendant de longues nuits, dans d'étroits passages à courants très rapides. Cela s'est vu cependant; mais cette manœuvre est périlleuse et exige beaucoup d'efforts.

On procédera donc par étapes calculées d'avance en se basant sur l'état du temps, la vitesse probable du navire. En cas de contrariétés empêchant d'atteindre le mouillage proposé, on se décidera de bonne heure à revenir en arrière au port que l'on a quitté, à moins qu'on ne rencontre sur sa route quelque mouillage temporaire où l'on puisse jeter un pied d'ancre. Un bâtiment surpris le soir, sans moyen de se remiser, se trouvera bien d'envoyer à terre quelques marins chargés d'entretenir pendant la nuit un feu très voyant, sorte de phare naturel qui servira de repère. Mais ceci est surtout pratique dans les canaux latéraux.

En été, on peut naviguer de 3 heures du matin à 9 heures du soir; en hiver, le temps de marche est très limité : de 8 heures du matin à 4 heures du soir. La saison, l'âge de la lune, les marées, le temps, les qualités du bâtiment, telles sont les données dont un capitaine doit se servir pour faire le choix de ses étapes : aussi est-il impossible de les fixer d'une manière générale et absolue. Cependant les bons navires feront difficilement plus de 120 milles par jour, et les moins rapides peuvent en espérer 80 s'ils profitent de la marée. En prenant comme base ces deux facultés de parcours, pour bon et médiocre navire, on peut dresser deux itinéraires qui serviront en bien des cas. Pour agir en une seule fois nous supposerons, dans le tracé, un navire prenant les canaux latéraux après avoir passé le détroit. Le tableau qui suit indique les points de relâche et les distances entre ports.

1° ITINÉRAIRE À GRANDE VITESSE (SIX JOURS).

1re journée...	De la baie Possession à Punta Arenas	80 milles.
2e journée...	De Punta Arenas à la baie Borja..............	100
3e journée...	De la baie Borja à la baie de l'Isthme..........	115
4e journée...	De la baie de l'Isthme à Puerto Bueno........	80
5e journée...	De Puerto Bueno à Port Grappler.............	115
6e journée...	De Port Grappler au golfe de Peñas...........	120
	Total....................	610 milles.

2° ITINÉRAIRE À PETITE VITESSE (NEUF JOURS).

1re journée..	De la baie Possession à Punta Arenas (relâche possible à la baie Grégory)...................	80 milles.
2e journée..	De Punta Arenas à la baie Fortescue (relâche possible à la baie Saint-Nicolas).................	82
3e journée..	De la baie Fortescue au port Churruca (relâches possibles à la baie Borja et au port Angosto).....	81
4e journée..	Du port Churruca à la baie de l'Isthme.........	61
5e journée..	De la baie de l'Isthme à Puerto Bueno.........	80
6e journée..	De Puerto Bueno au havre Molyneux..........	50
7e journée..	Du havre Molyneux au havre Eden............	76
8e journée..	Du havre Eden à l'anse Hale.................	86
9e journée..	De l'anse Hale au golfe de Peñas..............	14
	Total....................	610 milles.

N. B. Le havre de l'Île, à 6 milles dans le Sud de l'anse Hale, peut recevoir également les navires de petite et de moyenne dimension.

INSTRUCTIONS POUR LES BÂTIMENTS À VOILES. — Les goélettes ou tout au plus les petits bricks peuvent essayer de passer le détroit de l'Est à l'Ouest. Ils tiendront leur mâture avec solidité.

mettant en place les galhaubans supplémentaires et les étais de tangage. Certains capitaines recommandent aux bricks d'avoir toujours le ris des basses voiles pris; ils disent que, de cette manière, ils perdent à peine de vitesse et qu'ils acquièrent de la facilité de manœuvre. Ils pensent qu'il convient de prendre ou larguer les ris deux par deux, parce que les surventes ou les diminutions de brise sont si rapides que le temps seul de la manœuvre suffirait pour rendre déplacée, à la fin de l'exécution, une voilure bonne au commencement.

Mouillé de l'un ou de l'autre côté de Dungeness, le voilier appareillera vraisemblablement avec des vents d'Ouest ou de N. O. Il louvoiera sous la côte Nord, ne s'en éloignant que par le travers du banc Wallis, qu'il évitera par les moyens donnés page 29. Il arrivera par petits bords jusque sous le cap Possession, ou même un peu plus à l'Ouest, et de là il a beaucoup de chances pour atteindre à la bordée le mouillage pour petits navires qui se trouve entre la pointe Anegada et la pointe Espora, à l'entrée du premier goulet : il y sera en toute sûreté. Avec le vent de S. O., qui est le plus mauvais, on courra, du cap Possession, un grand bord jusque vers la pointe Sainte-Catherine, puis un autre à l'O. N. O., faisant ranger la bouée du grand banc Orange et amenant jusqu'au mouillage du Plumper. On le prendra si la marée est près de renverser, mais on continuera si l'on a le flot. En deux ou trois bords on atteindra certainement le mouillage pour petit bâtiment dont nous avons parlé ci-dessus.

De ce mouillage on appareillera à la première variation du vent, ou même avec du calme ou du vent debout si l'on a toute la marée devant soi. Avec des flots de grande marée on remonte, à sec de toile, même des brises assez fraîches. Seulement on ne se mettra en route que si l'on a la conviction de faire au moins les quinze milles qui séparent le bâtiment des hauts-fonds de la pointe Barranca. Dans le goulet lui-même on ne saurait mouiller.

Dans le deuxième bassin on peut jeter un pied d'ancre dans de nombreux endroits. On doit seulement avoir soin de parer le banc Triton, le seul à craindre pour un petit navire; nous donnons, page 40, les alignements qui en préservent. La baie Grégory est le meilleur point de départ pour franchir le deuxième goulet, et dans ce goulet le louvoyage est très sûr, à la seule condition de ne pas passer en dedans de la ligne des caps Grégory et Gracia. A la rigueur, on pourrait jeter un pied d'ancre sur le banc Halfway ou sur les hauts-fonds voisins, mais il vaut mieux ne pas le faire, car, à la moindre bourrasque, on serait en appareillage forcé et obligé de rétrograder sur la baie Grégory. A la sortie du second goulet, on s'appliquera à bien rallier la côte Nord. Avec le flot, on ne s'approchera jamais à moins de 2 milles du cap Saint-Vincent, même si l'on doit prendre le nouveau chenal, à l'Est des îles Sainte-Marthe et Sainte-Madeleine; sans cette précaution, le courant de flot jetterait certainement en travers sur le nouveau banc. Obligé de mouiller, on a le havre Oazy sous la main, ou mieux les petits fonds de son entrée. On se souviendra qu'il n'y a pas de mouillage dans l'Est de la ligne qui joint le cap Saint-Vincent à la pointe Saint-Sylvestre.

On ne s'engagera dans l'un des trois chenaux qu'avec une brise bien faite. Personne ne recommande l'emploi du chenal de la Rade Royale; les deux autres se confondent un peu pour un petit voilier louvoyant, car il passera souvent de l'un à l'autre suivant les variations de la brise. Rasant de près la pointe Saint-Sylvestre, les petits navires se guideront ensuite suivant les circonstances. Ils peuvent mouiller dans le N.E. de l'île Élisabeth, au Nord ou au Sud de l'île Sainte-Madeleine, ou dans l'Est du Quartier-Maître.

Dans le Broad reach et le Famine reach le louvoyage est facile et les vents souvent traversiers. Au cap Froward, les grands vents debout commencent à causer des peines; cependant les baies Snug, Boisée, Cordes, Fortescue, et le port des Trois-Passes offrent des mouillages fréquents. De plus, le passage étant très large, les petits navires, qui évoluent presque sur place, peuvent rester sous voiles, lorsqu'ils sont bien commandés et surtout pendant les nuits courtes.

Dans l'English reach, l'espace se resserre, les rafales deviennent mauvaises; mais le flot, faible depuis le cap Froward, reprend une force notable et aide à refouler le vent. Les baies Élisabeth, Mussel, Tilly, et à la rigueur Bachelor, permettent de reprendre haleine. Le louvoyeur se méfiera de la pointe York et de ses environs, ne s'en approchant sous aucun prétexte à moins de $\frac{3}{4}$ de mille. Hors ce petit passage, il ralliera toujours la côte de Patagonie, de préférence à l'île Charles III.

Au Crooked reach se méfier des remous de courant; s'y présenter juste à mer haute : c'est le moyen d'avoir le courant pour soi sans aucune interruption et de se jeter dans la baie Borja, qui est une bonne relâche.

Le Long reach est l'étape des plus grandes épreuves. Le vent et le courant de surface sont presque toujours debout, à cause de la faiblesse des jusants. La largeur est faible, il faut virer bord sur bord; les seuls bons mouillages sont la baie Swallow, l'anse Playa Parda et le port Augosto. Les côtes sont moins saines que dans les autres parties, ce qui rétrécit encore l'espace pour le louvoyage; les rafales tombent en foudre, il fait froid, la pluie et la neige sont fréquentes. Nous dirons (page 96) comment quelques capitaines recommandent de passer les nuits sous voiles, même en cet étroit passage; mais nous verrons en même temps combien cette manœuvre hardie rencontre de contradicteurs.

Le Sea reach a plus de largeur; les vents y sont plus variables, mais la mer s'y fait très gênante. Le mauvais temps est si fréquent au cap Pillar, que la plus grande prudence est recommandée pour sortir. Les ports Tamar et Churruca, la baie Tuesday, la baie Sholl et le havre Lecky seront choisis, suivant les circonstances, pour attendre un moment favorable. Par temps maniable et clair de lune un petit voilier pourra passer la nuit sous voiles sans trop grand inconvénient.

PRÉCAUTIONS GÉNÉRALES. — CHARBON. — BOIS. — EAU. — PROVISIONS. — Les navires mixtes dégréeront les vergues hautes, dépasseront les mâts de perroquet, et même caleront les mâts de hune si leur machine est un peu faible. Ils ne négligeront aucun soin pour diminuer leur fardage. Les ancres seront constamment en mouillage, de bonnes amarres sous la main. L'hélice pouvant s'engager dans les *kelps* ou goémons flottants, on fera bien de disposer par avance de grands crocs emmanchés pour enlever les herbes marines entourant le propulseur; elles n'occasionnent pas d'accidents, mais diminuent la vitesse.

De 1870 à 1877 on a pu se procurer au port de Punta Arena du charbon passable provenant des mines du voisinage; mais l'exploitation a cessé sans que l'on sache si elle reprendra. Le Gouvernement a annoncé l'intention de faire approvisionner la place.

Un bâtiment n'ayant pas de grands approvisionnements de charbon peut donc se trouver à court : en ce cas, il s'aidera du bois. On recommande de brûler de bonne heure un mélange de bois et de charbon plutôt que de se laisser réduire au bois seul. Si l'on n'a plus que cette ressource, on descendra les supports des grilles et les soles et l'on supprimera le tiers des barreaux pour les espacer davantage. Les Chiliens de Punta Arenas vendent le bois de chauffage à des prix très modiques; on peut aussi en prendre soi-même dans les pays non occupés, en le faisant couper par l'équipage : il est utile, dans ce cas, d'examiner les essences et d'indiquer aux matelots quelles sont les meilleures pour la chauffe. Les ports du détroit où l'on peut se procurer du bois pour le service de la machine sont, outre Punta Arenas : la baie Laredo, la baie Freshwater (*bon*), Port-Famine (*bon*), baie Lomas de l'île Dawson (*peu fréquentée*), baie Bougainville et voisines, baie Fortescue, port des Trois-Passes, anse Millar, baies Borja et Sholl. Port-Famine et la baie Borja sont recommandés pour leurs bois de construction ; le hêtre domine dans la dernière.

Les aiguades sont plus nombreuses encore que les ports à bois, témoin la liste suivante : baie Possession (*difficile*), baie San Yago, havre Oazy, Punta Arenas (*assez difficile*), baie Freshwater, Port-Famine, baie Lomas de l'île Dawson (*peu fréquentée*), baies du Canon, Bournand et

Fortescue, anse Millar, baie Borja, anse Playa Parda, port Angosto et baie Sholl.

En ce qui concerne les vivres frais, on ne peut s'en procurer qu'à Pùnta Arena, dont les ressources sont détaillées à la page 59, et aussi, mais en petite quantité, à la baie Freshwater (page 60); partout ailleurs on n'a que des moules, souvent énormes, du céleri sauvage et quelquefois du poisson. Punta Arenas, Port-Famine, la baie Freshwater et le port Gallant sont les meilleurs ports de pêche. Le gibier d'eau (canards et oies) est généralement regardé comme à peu près immangeable, sauf les canards que l'on surprend quelquefois autour des étangs d'eau douce et aussi quelques oies d'une espèce particulière.

MARÉES. — Nous donnerons à l'article de chaque port tous les renseignements nécessaires sur la marée locale; mais il importe, avant de combiner sa route, de bien comprendre le jeu des courants.

Il y a dans le détroit, comme presque partout, deux marées régulières par 24 heures. Le flot entre par les deux extrémités à la fois. L'eau de l'Atlantique arrive par l'entrée du cap des Vierges, celle du Pacifique par l'entrée du cap Pillar : les deux masses viennent mourir l'une contre l'autre bien au delà du cap Froward, à l'intersection du *Crooked reach* et du canal Jérôme. Autrement dit, les deux premiers tiers du détroit, c'est-à-dire sa partie de beaucoup la plus large, celle qui comprend les énormes bassins de *Skyring* et *Otway waters*, de l'*Admiralty sound*, de la baie *Useless*, du *Magdalene sound* et du canal *Santa Barbara*, etc., voient leur niveau s'élever plus ou moins (de 13 mètres à l'entrée) par l'apport des eaux de l'Atlantique. Au contraire le Pacifique n'alimente qu'un tiers très étroit, dépourvu de grands réceptacles et où la mer marne beaucoup moins. La marée venant de l'Atlantique est donc bien plus forte que l'autre. Lorsque les deux flots se sont rencontrés au *Crooked reach*, ils s'en retournent par la route qu'ils ont suivie pour venir et produisent des courants inverses.

En réfléchissant à l'énormité de la masse liquide arrivant de l'Atlantique, masse qui doit d'abord s'engouffrer dans les goulets et se répandre de là sur des superficies considérables, remplir des baies et des havres, on comprendra que çà et là des anomalies se produisent, qu'il se forme des remous, des gonflements et des contre-courants. Il est évident, d'ailleurs, que plus on ira dans l'Ouest, plus la haute mer sera tardive : c'est ce que fait clairement ressortir le tableau donné ci-après, résultat des travaux du capitaine Mayne en 1867-1868. Les observations de cet hydrographe n'ont pas été assez nombreuses pour que ses données soient rigoureusement exactes, mais l'approximation est suffisante pour la pratique. D'ailleurs, la force et la direction du vent ont une influence notable, de sorte que les heures de haute mer et de basse mer sont toujours soumises à certaines fluctuations. L'effet du vent est le plus grand pendant les mortes-eaux.

TABLEAU SYNOPTIQUE

DES ÉTABLISSEMENTS DES PORTS ET DES HAUTEURS DE LA MARÉE.

(Partie Est du détroit.)

NOMS DES LIEUX.	ÉTABLISSE- MENT.	MONTÉE DE L'EAU EN MÈTRES. (Syzygies).	MONTÉE DE L'EAU EN MÈTRES. (Mortes-eaux).
Banc Sarmiento, à 8 milles S. E. du cap des Vierges.............	8^h 10^m	11^m à 12^m,8	"
Dungeness...................	8 30	11 à 13,5	9^m,14
Pointe Sainte-Catherine.........	8 05	9,15	"
Baie Possession...............	8 35	11 à 12,8	"
Sous la colline Direction.........	8 53	11,05	7 ,01
Baie San Yago................	9 27	6,10	4 ,57
Baie Philippe.................	9 29	5,18	"
Banc Triton..................	9 00	4,57	"
Baie Grégory.................	9 30	6,40	3 ,66
Pointe Gracia.................	10 17	2,44	2 ,13
Havre Oazy..................	10 18	2,13	1 ,83
Havre Peckett (Anomalie)........	9 30	2,13	1 ,83
Île Élisabeth ou rade Royale (Anomalie).	9 47	2,44	"
Baie Laredo..................	11 00	2,13	"
Punta Arenas.................	12 00	1,52	1 ,22
Cap Froward.................	1 00	"	"

Mais le tableau ci-dessus induirait gravement en erreur si l'on ne faisait une distinction entre les heures de la haute et de la basse mer et celles où le courant change. En effet, il est prouvé que, sauf de très rares exceptions, le flot et le jusant se maintiennent dans le milieu du chenal, dans la partie où l'on fait route, 3 heures après que la mer a atteint, à la plage, le plus haut et le plus bas niveau. Ainsi supposons un navire mouillé dans la baie Possession et voyant sur le rivage la mer haute à 9 heures du matin. Il ne croira pas, pour cela, que le jusant se fait dans le chenal : loin de là, mais il saura que le courant de flot doit durer encore 3 heures, c'est-à-dire jusqu'à midi. En un mot, si l'on observe (ou si l'on calcule) le moment de la haute et de la basse mer, les courants de jusant et de flot ne commencent que 3 heures plus tard. Nous devons encore noter que l'étale est à peine sensible, le renversement très brusque.

Depuis l'entrée jusqu'au cap Negro, tous les capitaines s'accordent à regarder comme exacte la différence de 3 heures entre la haute mer de plage et le changement du courant. Il n'y a d'exception qu'entre la pointe Sainte-Catherine et le grand banc Orange, ainsi qu'à la baie Grégory : nous en parlerons, en temps opportun, à l'occasion de ces localités.

Après le cap Negro, il y a quelques divergences dans les opinions pour savoir ce que devient la différence de 3 heures si nette dans la partie Est. A vrai dire, la marée est, dans ces parages, bien moins importante qu'à l'entrée, mais il conviendrait néanmoins que tout navire passant le détroit consignât ses observations. En effet, il faut de nombreuses données pour expliquer convenablement les phénomènes compliqués dont on a maintenant notion. Déjà l'on a reconnu que le courant de surface et le courant sous-marin diffèrent énormément en force. Ainsi *le Nassau*, à l'ancre dans la baie Philippe, étalait un courant de jusant sans fatiguer le moins du monde; en même temps, deux plombs de sonde, pesant ensemble 40 kilogrammes et mouillés par 18 mètres, étaient soulevés de sur le fond et entraînés vers l'arrière par le courant sous-marin.

Notons encore des remous que l'on signale particulièrement à la sortie du premier goulet (près des pointes Barranca et Baxa), devant le cap Saint-Vincent; au second goulet, à la baie Lee, entre les îles Élisabeth et Sainte-Madeleine, des deux côtés du haut-fond Walker et dans le *Crooked reach*, au point de croisement des deux flots. Mais, en général, ces remous agitent seulement la surface et ne s'emparent pas des navires. Parfois leur apparence ferait croire à l'existence d'un haut-fond; mais le détroit est aujourd'hui si bien connu qu'un capitaine, sûr de ses relèvements, passera outre sans inquiétude.

Nous connaissons maintenant assez la puissance de la marée pour comprendre pourquoi de si grandes recommandations sont adressées à son sujet. Tout navire se présentant devant l'entrée aux environs de la pleine lune a beaucoup de chance pour arriver d'une seule traite jusqu'à Punta Arenas. Le courant de flot étant dans l'après-midi, il devient aisé d'être devant le premier goulet à temps pour s'y voir saisi par le commencement d'un courant qui varie de 3 à 7 nœuds. Si le navire est un vapeur, il n'est pas de vent qu'il ne remonte avec une pareille poussée; s'il est à voiles, il franchira, même avec des brises debout, soit en louvoyant, soit en se laissant dériver.

Au contraire, pendant les marées de quartier, les jusants seront de jour, et si l'on se suppose en hiver, on peut être fort gêné. En effet, si le jusant commence aux environs de 10 heures du matin, il durera jusqu'à 4 heures du soir, c'est-à-dire jusqu'au moment où la nuit se fera : autrement dit, si l'on n'est pas avant 10 heures devant le premier goulet, on devra le passer avec le courant contre soi. Or, on n'appareille, en plein hiver, que vers 8 heures du matin, d'où il résulte que si l'on est retardé par le vent, par la brume ou par toute autre cause, on n'arrivera sous la colline Direction que le jusant déjà fait. En cas de brise fraîchissant beaucoup, les vapeurs puissants pourront seuls faire route, et encore se fatigueront-ils. Fréquemment les navires mixtes seront arrêtés, ou bien ils devront se contenter du mouillage de San Yago ; les voiliers ne feront rien.

Dans le N. O. du détroit, du *Crooked reach* au cap Pillar, aucune de ces particularités ne se rencontre. Le flot arrive tranquillement du Pacifique, se répandant presque partout à la fois. Les courants s'établissent et cessent dans les conditions ordinaires, c'est-à-dire que leur changement coïncide invariablement avec les hautes et basses mers de plage. On suivrait presque sa route au loch, tant l'eau se déplace lentement. Le courant de flot est le plus sensible et n'atteint pourtant qu'un demi-nœud.

Il peut être utile de remarquer encore qu'un navire arrivant de l'Est, et se trouvant au *Crooked reach* au moment de la haute mer, aura eu le courant favorable pour venir du cap Froward et le conservera de même en continuant vers le cap Pillar.

VENTS. — Les vents de la partie Ouest sont les plus communs, d'un bout à l'autre de l'année. En arrivant au cap des Vierges on trouve généralement une forte brise venant d'un des rumbs compris entre le N. O. et le S. O. Avec toute brise au Nord de l'Ouest on aura ciel bas, très couvert, avec pluie presque certaine. Toute variation au Sud de l'Ouest donne un temps clair, même du soleil.

Dans n'importe quelle saison, étant donné qu'on part du calme, on verra toute brise devant fraîchir se lever entre le Nord et le N. E., avec des brumes ou de la pluie. Puis le vent gagnera rapidement le N. O. et fraîchira ; le baromètre baissera. Le vent ne mollit jamais tant qu'il est entre le Nord et l'Ouest. Préalablement il passe toujours au S. O. (ce qu'indique la hausse barométrique), et c'est seulement dans cette direction qu'on peut espérer le voir mollir. Tout ce qui précède est aussi certain que peut l'être chose du temps.

En été, le vent de S. O., faisant suite aux séries de N. O. et d'Ouest, dure plus ou moins longtemps et finit par tomber à calme ; puis, avant que l'on ressente de nouveau les vents du Nord au N. O., on a, ne fût-ce que pendant une heure, de petites brises de l'Est au N. E., qui témoignent de la giration régulière, en sens inverse des aiguilles d'une montre. Plus l'été s'avance, plus le vent tourne vers le Sud avant de tomber. Aux premiers jours de l'hiver on le voit se maintenir pendant deux et trois jours entre le S. S. O. et le S. S. E., ce qui occasionne une très grosse mer dans la baie Possession. En plein hiver, on constate quelquefois le tour complet jusqu'à l'Est et le N. E. sans que l'intensité du vent diminue; l'atmosphère reste humide, la pluie continue; on n'a pas cet intervalle de beau temps qui se remarque plus au Nord, sur la côte orientale de Patagonie, avant les coups de vent d'Est. Il convient de répéter que le tour entier du vent restant fort est rare et ne se produit qu'en hiver. C'est la possibilité de le rencontrer que King et Fitzroy considèrent comme si avantageuse aux voiliers et aux mauvais vapeurs.

En moyenne, le S. O. est plus fort que le N. O.; les grains sont plus violents de la première que de la dernière direction. Tantôt le vent passe par gradation du N. O. au S. O., tantôt il y a saute brusque, qu'on ne saurait prédire d'une manière certaine; il arrive que la hausse barométrique la précède, mais généralement elle ne fait que l'accompagner. Parfois on verra monter, soit dans le S. O., soit dans le Sud, des bancs épais de gros *cumuli* blancs, aux contours tranchés, à l'apparence solidifiée. Si les vents sont au N. O., c'est que la saute au S. O. va très probablement se produire; s'il fait calme ou petite brise, c'est que, par exception, le vent s'élèvera fort du point où les nuages montent.

La saute à contre, ou autrement dit du S. O. au N. O., se produit aussi quelquefois. Avec vent du S. O. ne tombant pas et baromètre descendant, on peut la considérer comme sûre; avec baromètre stationnaire on veillera, mais sans préjuger, car l'arrêt de la hausse peut être simplement l'indice de la fin du vent et du calme prochain.

Si la brise, bien faite, tourne franchement du Nord au N. E., il faut s'attendre à des temps sûrement très sales et peut-être très mauvais, *même si le baromètre ne baisse pas*. Veiller en conséquence.

Les brises du Nord sont fréquemment indiquées par un double plan de nuages; les uns sont bas et courent vite, les autres sont grisâtres et extrêmement élevés. Ils laissent entrevoir le soleil, qui paraît rougeâtre, sans que les bords en soient assez nets pour qu'on puisse prendre la hauteur. Comme nous l'avons dit, ces brises fraîchissent presque aussitôt qu'elles paraissent; mais, par très grande exception, on peut les conserver faibles pendant deux ou trois jours entre le N. N. E. et le N. N. O. Alors on aura du beau temps, et c'est là une circonstance si rare qu'on devra la regarder comme une véritable bonne fortune. Il est d'ailleurs impossible de la prévoir, puisqu'elle se produit aussi bien avec bas que haut baromètre.

Ce qui précède s'applique seulement à la partie Est du détroit. Au cap Froward on éprouve généralement du N. O.; si l'on y arrive avec du S. O. on s'attendra à la saute brusque. Entre les caps Froward et Pillar les vents suivent, la plupart du temps, la direction du chenal. On y rencontre des grains appelés par les Anglais *williwaws* et qui soufflent vraiment en tempête, couchant les navires sur le flanc. Nous ferons connaître, en temps voulu, les endroits où ces *williwaws* sont le plus fréquents.

On dit que les coups de vent durent ordinairement deux ou trois jours.

BAROMÈTRE ET THERMOMÈTRE. — Nous avons dit ci-dessus, à l'article *Vents*, le parti que l'on peut tirer du baromètre dans l'Est du détroit. Là, les indications de cet instrument sont utiles; mais plus on avance du côté de l'Ouest, plus l'atmosphère est gênée par de hautes terres et des gorges étroites, plus les indices à tirer de la pression ont d'incertitude. Puis, en se rapprochant du Pacifique, à la fin du *Long reach* et dans tout le *Sea reach*, il redevient indispensable de suivre attentivement les variations de la pression. La colonne mercurielle baisse avec les vents de Nord et d'Ouest; elle monte avec ceux du Sud. Les mouvements très prononcés indiquent des bourrasques de peu de durée; les oscillations lentes et persistantes annoncent, au contraire, la continuité du mauvais temps.

Le capitaine King, étant à Port-Famine, étudia consciencieusement pendant un an la marche du baromètre, et il acquit la persuasion que dans le centre du détroit il n'y a pas grande confiance à lui accorder, que «la hausse et la baisse précèdent quelquefois le changement de temps, mais qu'elles l'accompagnent encore plus souvent». Le même officier cite un exemple curieux d'indications anormales dans les parages en question. Un jour le baromètre descendit jusqu'à 715 et remonta d'une seule traite jusqu'à 774 sans qu'il y eût eu du vent; l'unique changement atmosphérique fut un grand froid : le thermomètre marqua — 11°.

Le capitaine Mayne suivit également avec beaucoup de soin les variations de pression pendant les années 1867 et 1868; de plus, il compulsa tous les journaux météorologiques tenus pendant 10 ans par ordre du gouverneur de Punta Arenas. Les conclusions de Mayne sont dans le même sens que celles de King, mais encore plus accentuées comme nullité des indications. Il y a, d'ailleurs, une différence notable entre les observations de 1828 et celles des autorités chiliennes. Il est vrai que les premières sont de Port-Famine et les secondes de Punta Arenas; mais la faible distance (30 milles) qui sépare les deux localités ne saurait expliquer les différences que l'on verra ci-après :

BAROMÈTRE. — THERMOMÈTRE.

OBSERVATIONS DE PORT-FAMINE.

ANNÉE 1828.	TEMPÉRATURE.	BAROMÈTRE.
	Centigrades.	Millimètres.
Février..................	+ 10° 62	0ᵐ,746,75
Mars....................	+ 9 66	0 ,752,85
Avril...................	+ 5 11	0 ,751,07
Mai.....................	+ 1 95	0 ,744,21
Juin....................	+ 0 50	0 ,743,76
Juillet..................	+ 0 56	0 ,745,99
Août....................	+ 0 67	0 ,743,70

OBSERVATIONS DE PUNTA ARENAS.

MOIS.	NOMBRE MOYEN d'années.	THERMOMÈTRE.	NOMBRE MOYEN d'années.	BAROMÈTRE.
		Centigrades.		Millimètres.
Janvier............	9	+ 12° 66	4	0ᵐ,750,56
Février............	9	+ 12 44	4	0 ,752,59
Mars..............	10	+ 8 92	4	0 ,752,34
Avril..............	8	+ 6 73	4	0 ,750,05
Mai...............	8	+ 4 66	4	0 ,752,08
Juin...............	8	+ 1 89	4	0 ,752,34
Juillet.............	7	+ 1 89	3	0 ,752,85
Août...............	7	+ 3 00	3	0 ,753,35
Septembre........	7	+ 5 78	4	0 ,751,83
Octobre...........	9	+ 8 50	4	0 ,754,37
Novembre.........	9	+ 10 39	4	0 ,750,31
Décembre.........	9	+ 11 78	4	0 ,751,83

Ces moyennes paraîtront peut-être basses, mais on devra se rappeler que plus on s'éloigne des tropiques, plus la pression diminue; d'après le calcul, on devrait retrancher dans le détroit 0ᵐ,013 à la pression tropicale.

Or, les observations comparatives obtenues par le capitaine

Mayne, tout insuffisantes qu'elles soient, confirment à peu près ces prévisions.

ANNÉE 1867.	BAROMÈTRE MOYEN observé à Rio de Janeiro.	BAROMÈTRE MOYEN observé à Sandy Point.	DIFFÉRENCE.
Juillet..................	0^m,768,15	0^m,743,09	0^m,025,07
Août....................	0 ,765,72	0 ,750,05	0 ,015,67
Septembre.............	0 ,765,47	0 ,757,11	0 ,008,36
		MOYENNE.............	0 ,016,36

SAISONS; CLIMAT; TEMPS. — Le détroit étant dans l'hémisphère Sud, on y a l'automne du 21 mars au 21 juin; l'hiver, du 21 juin au 21 septembre; le printemps, du 21 septembre au 21 décembre; l'été, du 21 décembre au 21 mars. Mais, dans la pratique, les marins ne distinguent souvent que deux saisons : l'hiver, d'avril à septembre; l'été, de septembre à avril.

Comme partout ailleurs, les mois d'équinoxe sont les plus venteux; mais il y a de très violents coups de vent en dehors des équinoxes. Mars est tempétueux; à la série des mauvais temps qu'il amène succède une période relativement tranquille qui se produit en avril ou mai. Vers le milieu de mai, le temps devient sensiblement plus froid; la neige, qui depuis quelque temps déjà a paru sur le sommet des montagnes, s'avance de plus en plus le long des pentes. Toutefois, la venue de cette neige est très variable. En mars 1867, les montagnes de l'Ouest en étaient déjà couvertes, tandis qu'on ne la vit, dans l'Est, que le 1er avril. En mars 1868, elle parut, tout au contraire, plus tôt dans l'Est que dans l'Ouest; on n'en vit, au bord de la mer, que le 19 avril. Les documents publiés jusqu'à ce jour n'indiquent pas l'époque de la fonte des neiges, qui est sans doute vers janvier. C'est là une lacune fâcheuse, car cette fonte influe beaucoup sur les cascades, indiquées en plusieurs points comme moyens de reconnaissance. Quelques capitaines ont fait observer que ces cascades diminuent de volume tout le temps que la neige est dure, jusqu'à se distinguer peu ou point.

À l'approche de l'équinoxe du printemps, c'est-à-dire du 21 septembre, les grands vents d'Ouest reprennent. Le temps ressemble à celui de mars; quelques beaux jours, en octobre ou novembre, font pendant à ceux d'avril et mai.

Le climat est plutôt profondément désagréable que réellement rigoureux. Juin, juillet et août sont les mois les plus froids. Sur six années, juin a été quatre fois le plus froid, juillet une fois, août une fois. Décembre, janvier et février sont les plus chauds; quand le temps est bien dégagé, le soleil se sent bien. La température moyenne des diverses saisons a été trouvée de : été, $+11°6$; automne, $+6°9$; hiver, $+2°15$; printemps, $+7°7$; moyenne générale, $+7°1$.

Malgré la différence des saisons, il reste bien entendu que d'un bout à l'autre de l'année on est exposé à des coups de vent d'Ouest, avec rafales violentes et pluie torrentielle. C'est peut-être le pays du monde où il y a le moins de temps franc. A l'Est du cap Froward on jouit encore de beaux jours et de temps sains, tandis que de ce cap au Pacifique le climat est assez malsain. Pendant sa campagne hydrographique de 1867-1868, *le Nassau* a relevé le nombre des exempts de service particulier à chacune des deux zones : il a trouvé *deux* pour la partie Est et *neuf* pour la partie Ouest et les canaux latéraux (rhumes, bronchites et rhumatismes).

A l'Ouest du cap Froward, les vents d'Ouest et de N. O. sont toujours accompagnés de grains donnant de la neige en hiver et de la pluie en été. Ces grains nuisent beaucoup à la vue, mais cachent rarement assez les terres pour arrêter le navire; si épais qu'ils soient, la brise les déchire à des intervalles souvent répétés; des éclaircies se produisent. Pour peu que la côte ait été suivie de près, on reconnaît suffisamment sa route; il n'y a plus de bancs à éviter, comme dans l'Est. Le vent n'est pas non plus absolument constant comme force et comme direction; il a ses variations et ses intermittences. La terre donne aussi de temps à autre un peu d'abri par ses pointes. En un mot, hors le cas de coup de vent nettement déclaré, il ne faut pas se laisser influencer par l'aspect sombre du temps; on peut faire route quand même.

Il résulte de ce qui précède que les navires voulant régler leurs chronomètres feront bien d'observer dans l'Est du détroit ou bien à Punta Arenas; dans les ports de l'Ouest, le soleil est rare.

BRUMES ET GRAINS; ÉCLAIRS ET TONNERRE. — Dans la zone orientale, les brumes ne sont fréquentes qu'en hiver et pendant la nuit; elles se dissipent ordinairement au plus tard vers 10 heures du matin. Parfois elles reprennent dès 3 heures du soir. A Punta Arenas, elles durent des deux et trois jours, mais généralement moins longtemps. Dans la zone Ouest, elles sont très fréquentes.

Dans toute l'étendue du détroit, les grains soufflent subitement et avec une très grande force. Les voiliers doivent donc toujours serrer les voiles légères. Les embarcations envoyées à l'extérieur seront manœuvrées avec prudence; elles seront toujours munies de deux ou trois jours de vivres et de ce qu'il faut pour camper, car elles peuvent être

Patagonie.

saisies par la bourrasque et obligées d'aller à terre. On se rappellera qu'à l'Est on ne trouve, en maints endroits, ni eau ni bois : donc on aura soin d'en munir les embarcations quittant le bord.

Le tonnerre et les éclairs sont très rares; ils n'accompagnent que les temps épouvantables du S. O. et du Sud. Ils sont annoncés par des masses considérables de nuages, lesquels donnent de la neige et des grêlons énormes.

CARTES; COMPAS; VIGIES; SONDEURS. — L'officier de quart doit avoir constamment sous les yeux une carte où la route sera tracée d'avance. Une autre, bien à l'abri du vent et de la neige, sert à porter les relèvements. D'après quelques rapports, les terres exerceraient sur l'aiguille aimantée une influence magnétique sensible; mais le fait est à confirmer. La variation est N. E. et doit être comptée, pour la pratique, de 21° du cap des Vierges au cap Negro, de 22° du cap Negro au Long reach, de 23° du Long reach au cap Pillar. Elle ne décroît annuellement que de 3′ environ, soit de 1° en vingt ans.

On recommandera aux hommes de vigie de bien veiller les *kelps* ou bancs de goémons, qui signalent, la plupart du temps, les dangers; cependant il ne faudrait pas conclure que des roches se rencontreront partout où l'on remarquera des algues. En effet, on trouve des goémons prenant racine par des fonds de 20 mètres ou plus et montant jusqu'à la surface, tandis qu'en d'autres endroits des bancs d'herbes, entraînés en dérive, ont un peu l'apparence d'écueils. Les goémons sur roche sont moins visibles lorsqu'il y a de la mer que par calme. On voit de ces kelps qui atteignent 100 mètres de longueur; ils s'élongent alors dans le sens du courant et forment autant de canaux dans lesquels on voit la mer courir avec rapidité.

Il ne faut pas trop compter sur les indications de la sonde, car la nécessité de se remiser avant la nuit force à naviguer le plus possible à grande vitesse. De plus, les dangers, étant presque tous accores, ne sont pas indiqués de loin par une décroissance du fond. Cependant on ne doit pas manquer de sonder tant à l'approche du mouillage que dans les moments d'hésitation où l'on ralentit la vitesse. Donc on aura toujours à poste deux sondeurs expérimentés; les médiocres seraient inutiles à cause des grandes profondeurs.

INDIGÈNES; ÉTAT POLITIQUE. — La république du Chili revendique la souveraineté de ce qu'elle appelle le *Territoire de Magellan* et de ce que les géographes désignent sous le nom de Patagonie : c'est l'énorme espace, long de 240 lieues marines, que borne à l'Est l'Atlantique, à l'Ouest le Pacifique, au Nord la province de Chiloé (chilienne) et le Rio Negro (frontière de la république Argentine). Cette dernière république ou confédération et le Gouvernement

INDIGÈNES.

du Chili sont depuis longtemps en contestations au sujet de la délimitation.

L'établissement central des Chiliens est à Punta Arenas, dont il sera parlé page 55. Leur gouvernement a pris à sa charge le balisage et l'éclairage du détroit et des canaux latéraux ; il a déjà rendu de grands services en signalant plusieurs bancs et points importants par des bouées et des balises : il en sera fait mention au courant de la présente instruction. Un stationnaire à vapeur est attaché au détroit et prête son assistance à tous les navires qui en ont besoin. Peut-être un service de pilotage sera-t-il un jour organisé. Cependant on doit noter que le percement projeté de l'isthme de Darien éloignerait beaucoup de navires de cette route australe et pénible.

Les indigènes, peu nombreux, appartiennent à deux races distinctes. Sous le nom de Patagons on a groupé les Indiens Tehuels, Chulilau, Puelches et Moluches, disséminés entre le détroit et le quarantième degré de latitude Sud ; quelques groupes détachés arrivent même jusque par 19°. En 1851, on estimait leur nombre à 10,000, répartis sur 25,000 lieues carrées terrestres; ils sont en décroissance notable. Ces indigènes sont d'un naturel assez doux et se laissent facilement guider par les autorités chiliennes. Essentiellement chasseurs et nomades, ils vivent sous des tentes, qu'ils transportent suivant les nécessités du moment. Leur taille est élevée : d'après M. de Quatrefages, elle atteindrait un maximum de $1^m 924$, avec une moyenne d'environ $1^m 75$.

À cette race appartiennent les familles ou tribus dont on aperçoit les feux du cap des Vierges à Froward. Dans cette région, où le guanaco abonde, on ne rencontre jamais de pirogues, si ce n'est celles avec lesquelles les Fuégiens s'aventurent parfois au loin : cela prouve que les Patagons tirent leur subsistance de la chasse et non de la pêche. Ils ont deux sortes de flèches : les unes, non empoisonnées, sont pour les animaux; les autres, empoisonnées, pour les ennemis humains.

À l'Ouest du cap Froward on rencontre une autre race, celle des Fuégiens, dont la taille *maxima* est de $1^m 663$, soit $0^m 26$ plus faible que celle des Patagons. Les Fuégiens ne sont pas seulement les habitants de la Terre de Feu : ils se sont répandus à petite distance de la mer dans la zone occidentale du détroit et dans les canaux latéraux. Ils n'ont pas le guanaco, mais ils chassent le daim et portent comme vêtements rudimentaires quelques lambeaux des peaux de cet animal ou de celles du veau marin. Mais ils vivent aussi de pêche, ainsi que le témoignent leurs pirogues. Ce sont de misérables barques manœuvrées par des avirons grossiers formés de morceaux de bois informes emmanchés au bout de perches ; elles sont faites avec des planches reliées entre elles par des lianes, quelquefois d'écorces cousues. Il y a un petit feu au fond de la pirogue, et de chaque côté du feu six ou huit hommes, femmes et enfants, suivant la grandeur du bateau. Les uns et les autres vendent pour un peu de biscuit ou de tabac les quelques peaux dont ils sont couverts.

Les Fuégiens et les Patagons ne se ressemblent pas. La différence de taille est déjà fort remarquable, mais il y en a d'autres très caractéristiques. Ainsi les Patagons, quoique doux, sont très enclins à l'ivrognerie. Ils boivent autant de liqueurs fortes qu'il leur est possible d'en trouver ; près des établissements chiliens, ils sont toujours plus ou moins ivres. Au contraire les Fuégiens, cependant perfides et pillards, n'ont jamais voulu boire ni spiritueux, ni vin, ni bière. On les aperçoit fort rarement en temps ordinaire ; mais, en revanche, ils arrivent par centaines lorsqu'ils voient une chance favorable pour attaquer une embarcation, un petit navire ou des naufragés. On pense qu'ils se font des signaux à l'aide de feux allumés sur les sommets. On les dit cannibales. Ils n'ont point de gouvernement et sont toujours en guerre de tribu à tribu. Une mission protestante s'est établie dans le Sud de la Terre de Feu par 54° 53′ S. et 70° 32′ O. pour essayer de civiliser ces êtres misérables qui occupent l'un des derniers degrés dans l'échelle de l'espèce humaine.

GÉOLOGIE. — La pauvreté des renseignements obtenus jusqu'à ce jour sur cette partie de notre globe nous engage à en donner un court aperçu, ne fût-ce que pour susciter des recherches de la part des officiers appelés dans ces parages et connaissant la géologie. Sir John Narborough a le premier fourni quelques indications vagues ; après lui, Alexandre de Humboldt, Alcide d'Orbigny et Ch. Darwin ont fourni des renseignements plus précis. Indépendamment des ouvrages de ces savants, on peut consulter sur cette question le journal de la Société géologique de Londres, 1861, le *Manuel de géologie* de Dana et la *Géologie* de M. d'Archiac.

Orographiquement parlant, l'Amérique méridionale présente de vastes plaines et des plateaux bas, ouverts à l'Est et protégés à l'Occident par le prolongement des Andes, longue arête montagneuse qui n'est séparée du Pacifique que par une étroite terrasse.

Géologiquement, les traits principaux sont : le grand développement des roches granitiques et métamorphiques dans les hautes chaînes ; la pauvreté relative des terrains de transition et des formations secondaires, généralement très incomplètes ; enfin, la vaste extension des terrains tertiaires et des dépôts quaternaires.

Les schistes et les quartzites siluriens, recoupés par les granites aurifères, les porphyres, les trapps et les laves volcaniques constituent la chaîne des grandes Andes. Les grauwackes à *Chonetes Falklandica* et les grès blancs arénacés ou cristallins représentent les formations dévoniennes dans les couches fortement plissées des îles Falkland. C'est à peine si les dépôts des époques carbonifère, permienne, triasique et jurassique ont été reconnus en quelques points, au midi de la Bolivie et du Chili; mais les assises crétacées dessinent les escarpements de la partie S. O. de la Terre de Feu.

Les sédiments tertiaires recouvrent le vaste espace compris à l'Est des Cordillières, depuis les provinces d'Entre-Rios et de Corrientes jusqu'au détroit de Magellan, c'est-à-dire environ de 17° à 52° de latitude Sud, sur une surface de 128,000 lieues carrées. Ce sont des sables avec cailloux, des marnes et des grès, soulevés sans dislocation, plus anciens vers le Nord, plus récents vers le Sud, mais dont la distinction méthodique n'a guère été tentée que sur la côte occidentale. Les coquilles que renferment ces assises diffèrent complètement de celles qui peuplent aujourd'hui les parages voisins; au contraire, dans les dépôts quaternaires qui leur succèdent, on reconnaît les précurseurs de la faune actuelle.

Les phénomènes de l'époque glaciaire se sont produits dans ces régions comme ailleurs, en diminuant d'intensité du pôle vers l'équateur. Ils s'accusent, sur les rivages des deux océans, par des amas de coquilles et des plages soulevées parfois jusqu'à 300 ou 400 mètres. D'énormes masses de roches fragmentées s'allongent, entraînées, ou s'étalent en nappes sur les îles Falkland et sur l'extrémité de la Terre de Feu. On évalue à 800 milles la superficie occupée par le gravier quaternaire, composé de terre, de sables ou de cailloux de porphyre, et parsemé de blocs erratiques, qui recouvre la Patagonie, en s'épaississant vers le pied des Cordillières. Cette immense formation se prolonge vers le Nord par le limon des pampas, sorte de terre argileuse brun rouge qui s'étend loin encore au Nord de la Plata et renferme des ossements de mammifères célèbres par leur variété, leur abondance et l'étrangeté de leurs types; les édentés y dominent.

§ 2. — DE L'ENTRÉE AU PREMIER GOULET.

ROUTE À FAIRE EN VENANT DU NORD (cartes N°s 1466, 1095 et 1263). — Qu'il ait relâché sur la côte orientale de l'Amérique du Sud ou qu'il vienne directement de la Ligne, un bâtiment voulant donner dans le détroit de Magellan doublera le cap Corrientes à une cinquantaine de milles dans l'Est; de là il gouvernera sur le centre du golfe Saint-Georges, jusqu'à se placer à peu près en longitude de la pointe Delgada, au Sud de la péninsule Valdes ou San Josef. Ensuite on reconnaîtra le cap Blanco ou Blanc, afin de vérifier ses chronomètres; puis, lorsqu'on aura paré le danger douteux *Sirius*, on inclinera un peu sa route vers l'Ouest, afin de gouverner, non pas exactement sur le cap des Vierges, mais un peu dans l'Est de ce cap.

On ne saurait trop insister sur la nécessité de rester près de terre. Un bâtiment à voiles ou un navire mixte à la voile fera même très bien de courir de temps en temps un bord à terre si le vent prend une direction qui ne lui permette plus de faire route parallèlement à la côte. Tant que la brise ne tournera pas à l'Est du Sud, la mer restera belle et l'on pourra porter plus de toile que si l'on était loin de terre. Quant aux navires à vapeur, s'ils se laissaient drosser au large, il leur faudrait un ou deux jours de chauffe, pénibles et dispendieux, pour refaire, sur le parallèle du cap des Vierges, l'Ouest qu'ils auraient imprudemment perdu.

Pendant les mois de juin et de juillet, il n'est cependant pas aussi absolument indispensable de rallier la côte d'Amérique. En effet, on rencontre pendant ces mois, non pas toujours, mais souvent, des brises d'E. S. E. et de S. E., qui pourraient devenir gênantes pour un bâtiment trop près de terre. Tant que règnent ces brises de la partie Est, le temps est couvert et il ne faut pas compter sur des observations. La pluie est battante, la mer très grosse, et le vent, toujours grand frais, souffle parfois en tempête. Quant aux vents de la partie Ouest, si violents qu'ils soient, ils amènent toujours un temps clair.

En examinant les cartes donnant les latitudes limites des glaces flottantes sur les différents méridiens, on verra que la route indiquée ci-dessus en est absolument exempte. Les abords du détroit seraient donc nets de danger et de toute crainte de danger si le navire *la Gipsy* n'avait signalé un écueil à 20 milles dans l'Est du cap des Vierges. Le capitaine du vapeur de guerre américain *Lackwanna* l'a vainement cherché en 1867 : il y a donc lieu de croire que ce danger n'existe pas. Néanmoins, la prudence commande de veiller tant que de nombreuses observations n'auront pas permis de supprimer des cartes cet écueil douteux.

PORT ET RIVIÈRE GALLEGOS (croquis sur la carte N° 1263). — On distingue dans le port Gallegos un mouillage extérieur accessible aux plus grands bâtiments et un mouillage intérieur que les navires moyens et petits sont les seuls à pouvoir gagner. L'entrée du port est formée, du côté Nord, par les falaises du cap Fairweather et, du côté Sud, par une terre basse visible seulement d'une douzaine de milles. Entre les deux prend naissance une série de bancs s'étendant au large jusqu'à 10 milles dans le S. E.

Pour prendre le mouillage extérieur, on contournera les grands bancs en en passant dans le Sud; puis on fera route parallèlement à la côte entre ces bancs et la terre, se guidant par les relèvements du cap Fairweather, par la sonde et par la distance de terre. Lorsqu'on relèvera le cap au N. N. O. et que l'on verra la plage de galets de la pointe Sud (pointe Loyola) s'arrondir en tournant vers l'Ouest, on sera en bonne position pour laisser tomber l'ancre à 1 mille $\frac{1}{2}$ de terre. L'abri est très suffisant contre les vents habituels et la mer.

Le navire voulant pénétrer dans l'intérieur du port mouillera d'abord à l'extérieur, comme nous venons de le dire; puis il reconnaîtra la passe avec ses embarcations et attendra, pour appareiller, que la marée soit basse. Alors beaucoup de bancs découvriront et la manœuvre sera plus facile. En l'état actuel des choses, on rangera de près la pointe Sud pour donner dans le bassin intérieur. Cependant il existe au centre une passe qui est peut-être plus large, mais dont le débouché sur la mer n'a pas été étudié; on ne peut donc la conseiller. Comme les bancs de cette partie sont toujours extrêmement changeants, la carte ne donnera jamais des indications bien précises; il sera toujours préférable de faire un mouillage d'étude.

La mer marne de 14 mètres; le courant atteint 5 nœuds dans les passes. L'eau de la rivière n'est douce qu'à 25 milles de l'entrée.

DU CAP FAIRWEATHER AU CAP DES VIERGES. — Le cap Fairweather ressemble beaucoup à celui des Vierges; il a causé, paraît-il, quelques méprises à des bâtiments venant du large. Comme il y a entre les deux points 50 milles de différence en latitude, on conçoit difficilement la confusion, hors le cas de longs temps sombres empêchant les observations. Ce qui tend aussi à occasionner l'erreur, c'est que pendant l'espace d'environ 25 milles, au Sud du port Gallegos, la terre est aussi basse que possible et recouverte seulement de fougères. On peut donc ne pas l'apercevoir du tout, tandis qu'on distingue très bien, au Nord, les falaises de port Gallegos, au Sud, celles qui précèdent le cap des Vierges : alors on prend pour l'entrée l'espace vide où rien ne se montre.

Évidemment dans les cas, extrêmement rares, où cette erreur se produit, il suffit de s'approcher de terre pour reconnaître la méprise : les sommets des Moines (ou *Friars*) apparaissent bientôt au milieu de ce qu'on a cru le détroit. La sonde donne aussi des avertissements utiles. A distance égale de terre, les fonds sont bien moindres sur le parallèle du cap Fairweather que sur celui du cap des Vierges; leur nature est essentiellement différente dans l'un et dans l'autre de ces endroits. On a de la vase devant le premier des deux promontoires, du sable ou du gravier devant le second.

A 20 milles dans le N. N. O. du cap des Vierges reparaissent les hautes falaises interrompues depuis le port Gallegos. Elles continuent jusqu'à l'épi Dungeness, avec deux petites coupures seulement; dans celle qui se trouve à 8 milles du cap des Vierges, il existe un point d'accostage pour les embarcations. De plus on sera très bien, tout le long de la côte, pour attendre la fin d'un vent d'Ouest empêchant d'entrer dans le détroit. On recommande particulièrement la partie située entre le cap des Vierges et la falaise Condor. Si l'on est pris par le mauvais temps, avec vent poussant en côte, on se tiendra prêt à prendre les meilleures amures en cas de rupture de chaîne.

CAP ET RÉCIF DES VIERGES (vues sur les cartes N°ˢ 1263 et 2869). — Ce cap est haut de 42 mètres et commode pour atterrir. Il est visible par temps clair de 20 à 25 milles et est prolongé par l'épi Dungeness, longue pointe de galets s'étendant à 5 milles dans l'O. S. O. A mer haute, l'épi n'est pas visible de loin, mais à mer basse il découvre complètement; on peut alors le voir de 10 milles du pont d'un grand bâtiment, indépendamment de la balise dont il sera parlé plus loin.

Le cap des Vierges a quelque ressemblance avec le cap Espiritu Santo, qui lui fait face de l'autre côté de l'entrée. Ils sont tous les deux signalés par leurs falaises blanches formant, du côté de la mer, la partie déclive d'une série de collines un peu plus élevées s'étendant vers l'intérieur. La couleur blanche est générale, mais non pas absolue : avec certains effets de lumière, ces falaises noircissent. Les deux caps ont des pointes de galets très basses qui leur font suite et réduisent l'entrée du détroit à 14 milles de pointe en pointe; mais le cap Espiritu Santo est plus sain que celui des Vierges. En effet, à un peu moins d'un mille dans l'E. q. S. E. du premier, on rencontre le récif des Vierges, à peine visible à mi-marée, mais asséchant à mer basse. Il y a de 7 à 9 mètres d'eau près et en dehors du récif; mais il serait imprudent d'essayer de le ranger lorsqu'il est couvert, parce qu'on n'a pour se guider que l'appréciation de la distance à la côte.

Un **phare**, dont la construction est annoncée, servira plus tard de point précis de reconnaissance de jour comme de nuit : ce sera un feu fixe de premier ordre. D'après les instructions anglaises, c'est sur la pointe Dungeness qu'on l'établira.

BANC SARMIENTO. — En prenant la ligne des fonds de 18 mètres pour la limite de ce banc, on voit qu'il s'étend du cap des Vierges jusqu'à 20 milles dans le S. E.; sa plus grande largeur sur la perpendiculaire à sa direction générale est d'environ 5 milles. Il se trouve divisé en deux parties inégales et distinctes par la roche Nassau, écueil signalé en 1868 par le navire de ce nom : c'est une aiguille recouverte seulement de 90 centimètres d'eau aux basses mers des grandes marées ordinaires, avec 5ᵐ 5 et 11 mètres tout autour. Ce danger est à 3 milles 5 au S. 59° E. du cap des Vierges; il pousse un peu de goémon dessus, mais pas assez pour l'annoncer.

La partie la moins profonde du banc se trouve entre le cap des

Vierges et le rocher Nassau. On y rencontre un plateau n'ayant que 5ᵐ 5 et gisant à 2 milles 6 dans le S. S. E. du cap des Vierges et à 4 milles 3 dans le N. 74° E. de la pointe Dungeness. Malgré ces petits fonds et la présence du récif des Vierges, un grand bâtiment peut passer entre la roche et le cap, à la condition de ne pas se présenter à marée basse et d'avoir des vents dépendants de l'Ouest qui donnent une mer plate. Pour faire cette passe, on gouvernera au S. 59° O., sur la balise Dungeness, jusqu'à relever le cap des Vierges au Nord ; alors on viendra légèrement sur bâbord pour courir parallèlement à la côte, et l'on contournera l'épi Dungeness à distance raisonnable, environ 1 mille.

Cette route fait un instant côtoyer des fonds de 6 mètres à basse mer des *grandes marées*; mais comme la montée varie de 11 à 13 mètres, il suffira d'attendre la mi-marée pour avoir 11 mètres : c'est plus qu'il ne faut pour un navire moyen lorsque la mer est belle. On remarquera que la direction ainsi tracée fait passer à mi-distance entre le récif des Vierges et le rocher Nassau, et qu'il faut se tenir au moins à 1 mille $\frac{1}{2}$ du cap des Vierges pour éviter le récif qui le prolonge, et pas à plus de 3 milles pour parer le rocher.

Dans le S. E. du rocher Nassau les fonds sont beaucoup plus grands qu'entre la terre et lui; donc on fera route par le Sud dans les trois cas suivants : 1° si l'on est sur un très grand bâtiment dont on ait à se défier; 2° si l'on arrive par l'Est et non par le Nord; 3° enfin si les vents du Sud à l'Est occasionnent de la grosse mer entre la roche Nassau et la terre.

Pour faire sûrement la route par le Sud, on se placera le plus tôt possible de manière à relever la balise Dungeness à l'Ouest ou à l'Ouest $\frac{1}{4}$ Nord, puis on gouvernera dessus jusqu'à n'en être plus qu'à 2 ou 3 milles, moment auquel on rondira. Le plus petit fond que l'on rencontrera sur ce parcours est de 10 mètres. Si le capitaine juge que la mer est trop grosse pour passer par cette profondeur, il s'avancera encore plus au Sud, de manière à relever le mont Dinero au N. 66° O.; alors il fera route sur lui jusqu'à avoir complètement paré le banc. Le plus petit fond rencontré de la sorte est de 15 mètres. La carte 2869 donne une excellente vue pour aller prendre cette route.

La nature des fonds n'est pas la même dans les diverses parties du banc. En prenant le cap des Vierges pour centre et en décrivant une circonférence avec 3.5 ou 4 milles de rayon (distance du cap des Vierges au rocher Nassau) on fait les observations suivantes sur la circonférence. En partant de terre, dans le N.N.O., on trouve de la vase à un demi-mille des falaises et des galets à 1 mille. Dans le N. E. du cap des Vierges, sable très foncé, comparable à la limaille d'acier; dans l'Est, sable fin, brun ou gris-brun; dans le Sud, vase bleue, ferme, recouverte d'une légère couche de pierre.

Du rocher Nassau à l'extrémité S. E. du banc, voici ce que l'on remarquera. En se supposant partant du Nord et se dirigeant vers le Sud, pour couper par le milieu la seconde partie du banc, on aura du sable fin et foncé tant que les fonds seront supérieurs à 35 ou 40 mètres; au-dessous de ces profondeurs on tombe dans de gros sable, de couleur ardoisée, mélangé de petites pierres d'ardoises et de galets. La ligne des plus petites profondeurs est formée de galets seuls. On observe donc là, comme en beaucoup de parties du détroit, que plus la profondeur est faible, plus les éléments formant le lit de la mer acquièrent de volume. A l'Est et au S. E. du banc, le plomb ramène sable et gravier, sable et coquille ou sable seul, noir et gris; ces mêmes éléments se rencontrent entre le banc et la Terre de Feu, avec quelque mélange de sable et de pierre par endroits. Enfin lorsqu'on approche des petits fonds qui s'étendent du cap Nombre à la pointe Sainte-Catherine on trouve, contrairement à la règle générale, les pierres plus petites, le sable plus fin et mélangé de vase.

Il est impossible de déduire de ce qui précède des règles permettant de marcher à la sonde seule en temps de brume. Cependant plusieurs coups de plomb donnant de suite du sable fin foncé indiquent que le navire est dans le Nord du banc, tandis que sable et gravier ou sable et coquille veulent dire que le bâtiment est dans l'Est du Sarmiento, ou bien entre lui et la Terre de Feu.

On peut jeter un pied d'ancre sur le banc pour attendre le courant favorable; mais comme le fond y est médiocre, et l'abri nul, il sera toujours préférable de pousser jusqu'à Dungeness.

MARÉES A L'ENTRÉE. — Elles sont très complexes. Au Nord du cap des Vierges le courant de flot porte au N. N. O. ou, autrement dit, remonte la côte et le jusant à l'O. S. O.; il en est de même à l'accore du banc, du côté du large, et tout à fait en dehors de lui. Il semble que le flot arrive du Sud, lèche la Terre de Feu, et que de là il aille se jeter sur la pointe Sud du Sarmiento, où il se divise en deux branches : l'une d'elles donne dans le détroit et l'autre suit l'accore extérieur du banc pour se diriger vers le Nord. Puis, lorsque le jusant sort du détroit, il rencontre le courant O. S. O. venant du large et se trouve dévié par lui vers le Sud. Il importe de bien noter que dans la partie Nord du Sarmiento le courant de flot semble sortir du détroit et qu'il faut se trouver au Sud de Dungeness, ou encore entre le banc Sarmiento et la Terre de Feu, pour le ressentir entrant en dedans. Sur le Sarmiento lui-même le flot porte dans le Nord, comme direction générale, mais avec de grandes inflexions, suivant le moment de la marée; parfois au N. E.

Indépendamment de ces particularités il y a lieu de rappeler encore que le courant de flot persiste pendant 3 heures après le moment où la mer commence à descendre, et le courant de jusant pendant 3 heures après que la mer a commencé à monter.

POINTE DUNGENESS; SA PYRAMIDE; SES DEUX MOUILLAGES ET SA CRIQUE. — On désigne sous le nom de *pointe Dungeness* un épi très bas et très plat qui s'étend jusqu'à 5 milles du pied des petites collines (hautes de 50 à 75 mètres) reliant le cap des Vierges au mont Dinero. Ce nom provient de la ressemblance du promontoire en question avec un épi voisin de la baie West, près de Douvres, en Angleterre.

Balise. — Une pyramide triangulaire en bois est établie sur l'extrémité de la pointe. Cette balise est élevée de 12 mètres au-dessus du sol et de 18 mètres au-dessus du niveau des plus hautes mers; elle est peinte par bandes alternativement rouges et noires et visible de 12 milles. En venant du Nord, on ne l'aperçoit que lorsqu'elle est démasquée du cap des Vierges.

De chaque côté de l'avancée il y a une plage de galets; puis, au-dessus de la laisse de haute mer, le sol est couvert d'une herbe longue et épaisse, ainsi que de broussailles serrées formant, avec de longs varechs desséchés, un réseau inextricable. La présence de ces varechs, et celle de grosses épaves que l'on rencontre quelquefois à plus d'un mille des plages, indique que la mer déferle parfois sur toute l'étendue du plateau. Il est probable que les grosses lames venant de l'Atlantique, avec les coups de vent d'Est, sont seules à produire cet effet, car on a vu de grosses tempêtes d'Ouest qui n'ont cependant pas causé d'envahissement par l'eau.

Mouillages. — L'épi Dungeness est accore et offre deux mouillages qu'on est libre de choisir suivant les circonstances. Dans le cas où un navire arrivant du large doit attendre le jour suivant, la marée ou la fin d'un coup de vent d'Ouest, il sera très bien au mouillage de l'Est. Au contraire, si, venant du détroit, on a contre soi de forts vents d'Est, on prendra, à l'Ouest, le mouillage dit du *Zealous* à cause des grands mauvais temps qu'y supporta sans avaries le cuirassé anglais de ce nom.

Lorsqu'on sera au mouillage de l'Est avec des vents du N. O. au S. O., les rafales arriveront violentes par-dessus la pointe, mais il n'y aura de mer que quand le vent passera au Sud du S. O.; alors on appareillera et l'on aura vent traversier pour gagner le mouillage Spiteful. A l'Est de Dungeness, l'endroit le plus recommandé est par 16 à 18 mètres d'eau en relevant la pointe au S. 61° O. et le cap des Vierges au N. 24° E. Ce point est plus à terre que l'ancre marquée sur les cartes, mais il est meilleur, parce qu'il est plus au vent, de sorte qu'en cas de rupture de chaînes on aura plus de chance pour doubler la roche Nassau dans le Sud, si l'heure de la marée et le tirant d'eau du bâtiment le commandent. Pour un voilier, l'avantage est encore plus grand : on lui conseille même de ne mouiller qu'à 1 mille de la pointe Dungeness, tandis que le mouillage précédent en est à 2. Il faudrait, dans ce cas, pour avoir les mêmes fonds, relever la pointe au S. 70° O. et le cap des Vierges au N. 29° E. On serait à 1,000 mètres du point de la plage le plus près. La tenue est bonne au mouillage de l'Est; vase bleue dure couverte d'une légère couche de cailloux.

Tout grand bâtiment voulant prendre le mouillage de l'Ouest, ou du *Zealous*, ne devra pas s'avancer en dedans de la ligne qui va du mont Dinero à l'extrémité de l'épi (N. 49° O. et S. 49° E.).

On remarque sur les falaises faisant suite au cap des Vierges deux taches de sable qui paraissent comme des routes. Celle de l'Est est dans le N. 35° E. du mouillage. Il faut s'assurer de 11 à 15 mètres d'eau à marée basse, en n'oubliant pas que la mer marne de 13 mètres. Tant qu'on sera dans les parages à grandes marées, ou autrement dit jusqu'en dedans du second goulet, le capitaine n'oubliera pas de corriger les sondes suivant l'heure de la marée et le tableau des hauteurs donné page 10 pour chaque localité.

Par coup de vent de S. E. et d'Est le mouillage du *Zealous* est excellent, mais il laisse à désirer avec des vents de l'O. N. O. au Sud par l'Ouest; cependant, avec de bonnes ancres, il est possible d'y essuyer du mauvais temps de cette direction, à moins que ce ne soit une tempête exceptionnelle. En effet, la vase bleue dure, sans pierres, qui y forme le fond donne une excellente tenue. De plus, si l'on prévoit des mauvais temps durables de la partie dangereuse, il faudra appareiller de bonne heure et gagner le mouillage Spiteful, qui est abrité des vents et de la mer de l'Ouest, du S. O. et du Sud.

Crique du Requin. — A 1,500 mètres de la pointe extrême et sur la partie Ouest de l'épi s'ouvre une crique, dite *du Requin*, qui remonte 2 milles au Nord presque parallèlement à la plage. L'entrée est à sec de mer basse; mais la marée est si forte, qu'un petit navire y pénétrerait aisément et pourrait ensuite s'échouer et se caréner. L'entrée n'a que 18 mètres de largeur, mais elle augmente, à mesure qu'on avance, jusqu'à 40 et 50 mètres. La profondeur est également plus considérable à quelque distance en dedans.

DE DUNGENESS AU PREMIER GOULET OU BASSIN DE L'ENTRÉE. — La route est facile en cet endroit. On reconnaît sans aucune peine les points les plus remarquables, tels que le mont Dinero, le cap Possession, signalé par une pyramide, et le mont Aymond. Avec ces sommets, la balise Dungeness et les deux bouées des bancs Narrow et Orange, il est facile de rectifier constamment la position du bâtiment. Quant aux terres de la côte Sud, elles servent peu, parce qu'elles manquent de points saillants et que ceux qui peuvent exister sont à une dizaine de milles du rivage, à plus de 20 milles de la route usuelle.

Si l'on est pris par la brume, sans vent, il suffit de se rapprocher au hasard de l'une ou de l'autre côte pour pouvoir jeter un pied d'ancre : hors le plein milieu du chenal, les fonds sont très modérés. En cas de mauvais temps, la côte Nord offre des abris contre les vents de l'Est à l'Ouest par le Nord, et la côte opposée, des refuges contre les mauvais temps de la partie Sud. Nous décrirons successivement chacune d'elles en commençant par la première. Il n'existe aucun plan particulier pour les divers mouillages antérieurs au premier goulet, parce la carte N° 2869 est très détaillée et suffit à tous les besoins.

Les bâtiments naviguant dans le bassin de l'Entrée se rappelleront que les vents d'Ouest sont le plus frais au commencement du flot, et que très généralement ils mollissent plus ou moins longtemps lorsque le soleil est près de se coucher. Un vapeur bien posté près du premier goulet, soit au mouillage Spiteful, soit au mouillage du Plumper (ce dernier dans les très beaux temps), pourra quelquefois saisir cet instant au passage et franchir le premier goulet avant que la nuit soit close.

Mont Dinero. — Dès que le bâtiment a quelque peu dépassé, dans le Sud, le parallèle du cap des Vierges, il aperçoit le mont Dinero s'en détachant sur la gauche, sous la forme d'un petit mamelon. Malgré sa dénomination de *mont*, cet amer n'est haut que de 84 mètres : la carte N° 2869 en donne une vue prise à 6 milles 5 dans le Sud de Dungeness. Du mont à la pointe Daniel s'étend une chaîne continue, sans sommets bien déterminés, dont la hauteur est variable de 61 à 122 mètres ; à ladite pointe, la chaîne prend la direction du N. O.

Les collines en question sont couvertes d'herbes et de broussailles, de même que celles qui s'étendent de la pointe Daniel au cap Possession. Cependant on aperçoit à 3 milles E. q. S. E. de ce dernier une tache de sable blanc très remarquable ; elle est portée sur la carte et par suite peut servir pour les relèvements. La plage est de vase et de pierre, avec des récifs de roches faisant saillie au bout des pointes ; elle découvre de $\frac{1}{4}$ de mille à $\frac{1}{2}$ mille.

Le **banc Wallis,** avec $2^m 70$ dans sa partie la moins profonde, est le seul danger à veiller sur toute cette partie de la côte. Il se relie presque à la terre, de sorte qu'aucun bâtiment, sauf les goélettes, ne saurait en passer au Nord ; encore ces dernières feront-elles bien de prendre par le Sud. Le centre du haut-fond est à 10 milles dans le N. 76° O. de la pointe Dungeness. On pare tout en se tenant au Sud de la ligne qui, du cap des Vierges, va dans le S. 80° O. ou, autrement dit, en ne relevant pas ce cap plus Est que le N. 80° E. On peut aussi remarquer que le Cliff Hill doit être tenu très ouvert du mont Dinero pour que l'on passe au large du danger. (Voir sur la carte N° 2869 la petite vue A.)

LA BAIE POSSESSION; AIGUADE. — PYRAMIDES DU CAP POSSESSION ET DE LA COLLINE DIRECTION. — LE BANC NARROW ET SA BOUÉE. — Le banc Wallis dépassé, on devra faire huit milles vers l'Ouest avant d'être Nord et Sud avec le cap Possession. C'est une pointe escarpée s'élevant perpendiculairement de 116 mètres au-dessus de l'eau; la partie qui regarde la plage est sillonnée de profondes rainures. C'est le point le plus haut d'une ligne de falaises à ondulations prononcées; il se distingue par sa base, plus foncée que celle des endroits voisins. Du reste, il ne saurait y avoir d'hésitation dans la reconnaissance, puisque le sommet du cap est surmonté d'une **pyramide** de 13 mètres de hauteur et de 8 mètres de base; une face de cette balise regarde les monts Direction et le premier goulet, l'autre la pointe Dungeness. En temps clair, on peut distinguer la pyramide à vingt milles de chaque côté, c'est-à-dire de Dungeness, en venant de l'Atlantique, du premier goulet, en venant du Pacifique. La terre s'abaisse rapidement en arrière du cap, de sorte que de loin il apparaît comme une île.

A peine a-t-on dépassé le méridien du cap Possession que l'on aperçoit la colline Direction, formant l'autre extrémité de la baie : on compte 20 milles de pointe en pointe. La colline Direction porte une **pyramide** de mêmes dimensions que celle du cap et élevée sur le point culminant de la chaîne, à 68 mètres au-dessus de l'eau (certains renseignements disent 62 mètres, différence insignifiante); l'une des faces regarde le premier goulet et l'autre le cap Possession. Au dire d'un rapport récent, la pyramide serait sur le sommet de la plus Nord des hauteurs. Les terres voisines des collines étant très basses, les sommets semblent d'abord être des îles, remarque déjà faite ci-dessus pour l'extrémité Est de la baie.

Mouillages. — Depuis le cap Possession jusqu'au banc Narrow et à la pointe Tandy, partie Est de la baie Possession, on peut mouiller à peu près partout, pourvu qu'on ne reste pas dans le lit du grand courant. Cependant on a coutume de distinguer des mouillages particuliers que nous allons définir.

Le premier, ou le plus à l'Est, est généralement appelé le mouillage du Stonewall, parce qu'un bâtiment cuirassé de ce nom, acheté par les Japonais au Gouvernement des États-Unis, y passa toute une semaine et put y renouveler son combustible. Il accosta le long de son bord un trois-mâts charbonnier auquel il avait donné rendezvous : ce fait prouve combien la mer était belle et les courants maniables.

Du point indiqué par ce navire, on relève :

Cap Possession............................	S. 74° E.
Mont Aymond.............................	N. 61° O.
Pointe Tandy.............................	N. 82° O.
Colline Direction.........................	S. 66° O.

On est, sur ces relèvements, juste au centre de la baie secondaire s'étendant du cap Possession à la pointe Tandy, à environ 900 mètres à terre de la ligne qui réunit ces deux points. Le fond est bon (vase bleue dure), les courants faibles, l'abri très sûr contre les vents de l'Est à l'Ouest par le Nord. Un très grand bâtiment se tiendra plutôt à une ou deux encablures plus au large.

Le mouillage du Stonewall ne laisse rien à désirer avec les vents de l'O. N. O. à l'E. S. E. par le Nord ; mais avec de forts vents de l'O. N. O. à l'O. S. O. les navires seront d'autant mieux qu'ils se rapprocheront davantage du méridien de la pointe Tandy. L'instruction anglaise recommande aux grands bâtiments manœuvrant pour mouiller ainsi de ne pas amener le mont Dinero à l'Ouest du N. 52° O. et la colline Direction au Sud du S. 68° O. Ces limites sont données pour parer, d'une part, l'accore Est du banc Narrow et, de l'autre, la ligne des petits fonds s'étendant au large de la côte. En portant sur la carte les deux relèvements précités, on conclut qu'il y a peut-être exagération de prudence, car le point de croisement des deux lignes est à 1 mille 6 des sondes de 8 mètres de chacun des hauts fonds que l'on entend parer ; de plus, l'ancre se trouverait par trente mètres de basse mer, ce qui en fait quarante de haute mer et peut-être plus, car *l'Astrée* a trouvé dans ce voisinage des fosses de 60 mètres de profondeur : c'est défavorable à la tenue. La seule inspection de la carte prouve qu'un bâtiment de la plus grande taille peut facilement s'avancer à 2 milles ½ dans l'O. q. N. O. du mouillage limite des instructions anglaises. Le banc Narrow procurera plus d'abri contre les lames du Sud.

Quant aux petits bâtiments, ils peuvent contourner par le Nord le haut fond précité et venir jeter leur ancre à 6 milles ½ dans l'O. q. S. O. du mouillage du Stonewall, relevant la colline Direction dans les environs du S. 50 O. et la pointe Tandy vers le Nord, un peu à l'Ouest ou un peu à l'Est suivant la taille du bâtiment. Cette dernière pointe se reconnaît aisément à un rocher noir et rond situé sur la plage, à 300 ou 400 mètres dans son Est.

Aiguade. — Cet endroit est bien abrité, mais les courants y sont plus violents qu'au mouillage du Stonewall. Le bâtiment est à moins de 2 milles de l'aiguade, étang de très bonne eau qui se trouve juste en dedans de la partie élevée de la plage, à 1 mille $\frac{3}{10}$ Ouest de la pointe Tandy. Mais si l'eau est excellente, elle est très difficile à faire à cause du ressac presque constant à la plage et de la quantité dont elle découvre à basse mer. Les embarcations ont aussi à traverser une ceinture de goémons courant parallèlement à la côte et ayant jusqu'à 600 mètres de large. En dedans de la ceinture, on trouve de l'eau libre à quelques encablures de terre, mais on a de la peine pour traverser les herbes. Donc, à moins de nécessité, on atteindra la baie San Yago, ou d'autres points plus à l'Est, pour y faire le plein des caisses. A basse mer, on peut recueillir sur la plage quantité de moules, dont viennent se nourrir, en grand nombre, des canards, des oies et autres grands oiseaux.

Dans toute la partie de la baie dont il vient d'être question, le retard de la marée est peut-être encore plus accentué qu'ailleurs. On a vu, accidentellement il est vrai, le courant vers l'Ouest ne se faire sentir qu'une heure après la pleine mer de plage.

Banc Narrow. — A 4 milles $\frac{3}{10}$ dans le S. q. S. E. de la pointe Tandy, on trouve une sonde de 4 mètres qui est la plus faible du banc Narrow, haut-fond ayant 4 milles $\frac{6}{10}$ de longueur, si l'on prend pour sa limite les sondes de 8 à 9 mètres. Hors le très petit plateau n'ayant que 4 mètres, on peut traverser le banc à mi-marée. Cependant on recommande de ne le faire qu'en cas de nécessité, surtout avec le jusant, car la mer ne baisse pas régulièrement, mais bien par à coups; à certains moments de la marée, le courant porte en travers avec force et l'on serait gêné si l'on ne se méfiait d'avance.

Bouée. — Le danger est indiqué par une bouée peinte en *rouge* et portant une boule de même couleur avec les mots *Banco Narrow Num. 2*, écrits en caractères noirs. Elle est visible de 4 à 5 milles dans des circonstances favorables de vent et de mer. Pour elle, comme pour toutes celles du détroit, quelques capitaines se sont plaints des boules parce que, par grands vents, elles couchent les flotteurs sur le côté et les rendent moins saillants. La bouée du Narrow est mouillée par 12^m70, à $\frac{1}{2}$ mille dans le Sud du fond de 4 mètres [1]. On recommande de lui donner un bon tour (quelques-uns disent jusqu'à 1 mille), afin d'avoir toujours le temps de manœuvrer si l'on est pris par les violents courants dont nous avons parlé.

Un canal large de $\frac{1}{2}$ mille et profond de 20 à 30 mètres sépare le banc Narrow d'un autre banc qui occupe tout l'Ouest de la baie et dont le sommet assèche. Ce bas-fond n'est que la suite du grand

---

[1] Malgré le soin apporté par le Gouvernement chilien dans le balisage, on ne peut garantir constamment la position exacte des bouées dans la partie Est du détroit; les courants les déplacent quelquefois. On ne devra donc pas cesser de prendre des relèvements après les avoir reconnues.

DE L'ENTRÉE AU PREMIER GOULET.

banc Direction, lequel s'étend entre la pointe Delgada et la colline Direction.

Mouillage du Plumper. — Dans le S. E. de la partie qui assèche et dans le S. O. du Narrow existe un mouillage dit *du Plumper* par les Anglais. Longtemps il a été recommandé pour venir se poster à portée du premier goulet, prêt à profiter de tout moment favorable. Une étude récente a montré que l'emplacement des bancs a notablement changé : c'est l'effet des courants violents remontant vers la pointe Tandy, après leur sortie du goulet. On ne saurait donc garantir l'exactitude constante des cartes, et, tant à cause de cela que de la violence des courants, les capitaines manœuvreront prudemment en venant chercher le mouillage, se rappelant que les bancs de l'Ouest sont accores, que le fond saute brusquement de 30 à 2 mètres. On corrigera les sondes avec soin, on se ménagera sûrement l'évitage à marée basse.

En l'état actuel des choses, on considère le mouillage comme pouvant être utilisé pour attendre pendant quelques heures un changement de circonstances, mais comme devant être évité pour un séjour un peu long. Sous réserve du déplacement possible des bancs, on donne les indications suivantes pour aller prendre le mouillage : gouverner sur le mont Aymond, au N. 18° O., et jeter l'ancre au moment où la colline Direction se relève à l'Ouest par 24 mètres de basse mer; ne pas tarder davantage, autrement on pourrait être gêné par les hauts-fonds.

Les divers mouillages de la baie Possession laissent à désirer comme abri contre les vents du S. O. au Sud, qui donnent cependant de fortes bourrasques, ainsi qu'il a été dit à l'article *Vents*. Tout bâtiment les prévoyant fera bien d'appareiller immédiatement pour le mouillage Spiteful. Les vapeurs y arriveront presque toujours. Quant aux voiliers, s'ils étaient surpris et cassaient leurs chaînes, ils n'auraient d'autres ressources que de rétrograder et d'aller, suivant les circonstances, ou mouiller dans l'Est de Dungeness, ou prendre la cape au large du banc Sarmiento.

LE MONT AYMOND. — C'est un sommet très distinct et utile pour porter les relèvements dans toute la baie Possession. Sa hauteur est de 264 mètres, et il y a près de lui quatre sommets aigus et rocheux que l'on nomme les Oreilles d'âne. Leur aspect varie beaucoup avec leur relèvement; tantôt on les voit toutes les quatre, tantôt on en distingue qu'une seule.

Ayant maintenant décrit la côte septentrionale du bassin de l'entrée, nous attaquerons celle du Sud en nous transportant, dans l'Est, au cap Espiritu Santo, qui fait face à celui des Vierges.

DU CAP ESPIRITU SANTO AU CAP ORANGE. — **MOUIL-**

LAGES DE LA POINTE SAINTE-CATHERINE, DE LA BAIE LOMAS ET SPITEFUL. — BOUÉE DU BANC LOMAS. — MARÉES.
— Sans le mouillage Spiteful, dont l'emploi peut être utile, la côte méridionale de l'entrée ne serait pour ainsi dire pas pratiquée. En effet, la plupart des bâtiments arrivent du Nord; ils rallient de préférence la côte septentrionale, sur laquelle les points de reconnaissance sont beaucoup mieux accentués. Cependant les navires venant des Malouines commercer avec Punta Arenas, les croiseurs, en temps de guerre, ou bien encore les bâtiments désemparés, peuvent avoir besoin de renseignements sur cette région déserte.

Le cap Espiritu Santo, qui la limite à l'Est, est une falaise blanche, escarpée, d'environ 60 mètres de hauteur. Il termine, du côté du large, une longue chaîne de collines, dont l'élévation varie de 60 à 280 mètres, et qui s'étend en arc de cercle, depuis l'entrée jusqu'à la pointe Boqueron, dans le Famine reach. La carte N° 877 figure très bien cette série de petites hauteurs dont le pic Gap est le point culminant, tandis que la carte N° 2869 donne la vue d'Espiritu Santo.

Pour un navire arrivant du Nord, et déjà en dedans de Dungeness, le cap apparaît bien comme formant un promontoire, mais il n'en est pas de même pour celui qui vient de l'Est. On voit des terres à droite et à gauche, mais néanmoins on reconnaît aisément le cap à ce qu'il forme la partie la plus élevée d'une ligne de falaises blanches, pour ainsi dire festonnées, tant on y trouve de découpures paraissant creusées à la mine. En contournant le cap, on se souviendra que la laisse de basse mer est de 1 mille dans sa partie Est et de 1 mille $\frac{6}{10}$ dans sa partie Nord : on aura donc soin de ne pas passer trop près des falaises.

A partir du cap, la terre va toujours en s'abaissant jusqu'à la pointe Sainte-Catherine, qui en est à 10 milles dans le N. 40° O. Cette pointe est formée par un épi de galets semblable à celui de Dungeness. Lorsqu'on évaluera la distance à laquelle on en passe, on aura grand soin de tenir compte du complet changement d'aspect que produit sur les pointes basses une différence de 12 mètres entre la haute et la basse mer.

Mouillages. — Entre le cap et la pointe on peut mouiller à peu près partout avec bon abri contre les vents de l'Ouest au Sud. La carte N° 2869 porte une ancre de laquelle on relève le cap au S. 10° O., la pointe au N. 62° O. On y est par 25 mètres. De plus deux bâtiments qui ont essuyé de forts coups de vent, mouillés devant cette partie de la côte, ont recommandé les deux points où ils étaient. Pour tous les deux, le cap Espiritu Santo se relevait au S. 30° E.; pour le plus grand, la pointe Sainte-Catherine était à l'O. S. O., et pour l'autre, à l'O. q. N. O. Le premier était par 18 mètres et le second par 9 mètres.

Malgré ces exemples, on engage tous les navires, quelle que soit leur tonnage, à ne pas dépasser, dans le Nord, une ligne O. q. N. O., E. q. S. E., passant par la pointe Sainte-Catherine. Dans le Sud de cette limite, les courants de marée sont modérés. Dans le Nord, ils sont au contraire très violents et tiennent parfois le bâtiment en travers malgré des vents impétueux; les roulis sont alors très fatigants. On remarquera qu'à tous ces mouillages on n'a pas de terre sous le vent à soi, ou qu'on ne l'a que très loin, avec les vents du N. O. au S. E. par le S. O. C'est une inquiétude de moins si les chaînes viennent à forcer.

A l'Ouest de la pointe Sainte-Catherine commence le banc Lomas, séparé du grand banc Orange par la baie Lomas. Si l'on pouvait sans danger s'enfoncer dans l'angle des deux bancs, on aurait en cet endroit le meilleur de tous les mouillages. Malheureusement la Terre de Feu n'a, comme il est dit plus haut, aucun sommet remarquable, ceux de la côte Nord sont trop loin, et il en résulte que sans balises on court un peu au hasard.

Au contraire, le mouillage Spiteful, à 7 ou 8 milles dans le N. O. de la baie Lomas, peut être abordé sûrement : 1° parce qu'il est plus près de la côte Nord; 2° parce qu'il est en vue du cap Orange; 3° parce qu'il est voisin de la bouée du banc Orange, qui guide pour chercher où jeter l'ancre. Il serait, à la rigueur, possible de s'avancer jusqu'à 8 milles Ouest du cap Orange; mais ce serait inutile au point de vue de l'abri, et l'on risquerait d'être drossé par la marée sur les hauts-fonds qui prolongent le grand banc. Les navires sont suffisamment près, par 18 à 20 mètres, relevant :

Cap Orange......................	S. 86° O.
Cap Possession..................	N. 21° E.
Bouée..........................	N. 28° E.
Colline Direction................	N. 72° O.

Avant de quitter ce mouillage, nous rappellerons qu'on le conseille vivement pour attendre la fin du S. O. et donner, à la première embellie, dans le goulet, qui en est distant de 14 milles. Les vents d'Ouest sont frais en cet endroit; mais on sait qu'ils forcent rarement avec le jusant et que les rafales dangereuses ont surtout lieu de flot. A ce moment le vent et la marée travaillent à contre, ce qui soulage l'effort des chaînes.

Marées. — Comme nous l'avons dit à l'article des *Marées*, les parages dont nous nous occupons en ce moment présentent une particularité en ce que l'on n'y observe pas le retard de trois heures, général dans la partie Est. Entre Espiritu Santo et la pointe Sainte-Catherine, ainsi que dans la baie Lomas, le flot s'établit le long de terre au moment même où la mer monte à la plage, le jusant au moment même où elle baisse. Au mouillage Spiteful, le renversement a lieu 1ʰ 30ᵐ après la basse et la haute mer. C'est seulement à quelques milles au large des mouillages, dans le grand courant, que l'on retombe dans la loi des 3 heures.

Connaissant suffisamment les deux côtes du bassin de l'Entrée, nous pouvons maintenant revenir devant les goulets, dont le passage fera l'objet principal du paragraphe troisième. (Voir, page 173, la description de la Terre de Feu, au Sud du cap Espiritu Santo.)

§ 3. — LES DEUX GOULETS. LE SECOND BASSIN. LES TROIS CHENAUX.

LE PREMIER GOULET (carte N° 2991 ; vue n° 3 de la 1ʳᵉ série). — Le navire partant de Dungeness ou du mouillage Spiteful gouvernera pour passer à 2 ou 3 milles au Nord de la bouée du grand banc Orange; puis il continuera vers l'Ouest jusqu'à reconnaître celle du banc Narrow, qu'il laissera à la même distance dans le Nord, par tribord à lui. Étant sur le méridien de cette dernière bouée, il inclinera vers le S. O. pour donner dans la passe, autant que possible au milieu, se méfiant plutôt du côté de bâbord à cause de l'avancée de la pointe Anegada. On prendra sans cesse des relèvements sur la pyramide Direction, le mont Aymond (s'il est visible), la pointe Anegada. Le cap Orange sera aussi très utile; il est terminé par un monticule de 45 mètres de hauteur, aigu et conique qui le fait bien reconnaître; de temps clair, on distingue sur sa face Est une remarquable tache blanche produite par des falaises. Enfin, on tirera très bon parti de la pointe Nuñez, falaise triangulaire de 30 mètres de haut, très nettement indiquée sur la vue n° 3. A mesure qu'on avance vers l'Ouest, il faut tenir cette pointe de plus en plus ouverte des terres qui en sont à l'Est.

Lorsque le bâtiment sera sur l'alignement du mont Aymond par la colline Direction (au N. 3° E.), il n'aura plus à se préoccuper d'aucun des bancs de l'entrée. Si la vue ne s'étendait pas jusqu'au mont Aymond, on veillerait l'alignement de la colline Direction par la pointe Delgada (au N. 13° E.), qui aboutit à 2 milles plus Ouest. A partir de l'un ou de l'autre de ces deux relèvements on cheminera, sans préoccupation, entre deux falaises absolument accores, distantes l'une de l'autre de 2 milles. Le seul point délicat est donc de bien chenaler entre le banc Direction et le grand banc Orange; pour un marin d'expérience il n'y aura de difficulté que si la vue manque entièrement. En ce cas, on restera mouillé.

Avec vent d'Ouest et marée contraire il est absolument inutile d'essayer de franchir, même sur un vapeur puissant. On arriverait facilement jusqu'à la pointe Delgada; mais là on serait pris par le jusant et refoulé en dehors, à moins d'avoir vent portant. En effet, les courants pouvant atteindre 8 nœuds, on ne peut plus lutter contre eux s'ils sont renforcés par le vent.

Les grands navires ayant appareillé, et ne pouvant franchir, retourneront en arrière, soit au mouillage du Plumper, sous les réserves indiquées page 33, soit à la baie Possession ou au mouillage Spiteful. Tant à cause de la grande profondeur que de la force des marées, on n'essayera, sous aucun prétexte, de mouiller dans le goulet. Il n'y a d'exception à cette règle que pour les tout petits navires, les goëlettes par exemple, qui peuvent jeter un pied d'ancre sous la côte Sud, entre les deux pointes Anegada et Espora.

Au milieu du chenal le jusant porte au N. E., droit dans la direction de l'axe du goulet; mais lorsqu'on se rapproche de la pointe Delgada, il s'infléchit vers la pointe Tandy, dans le Nord de la baie Possession. Au contraire, si l'on rallie la pointe Anegada, on le trouve poussant au S.E. sur le grand banc Orange. De même, le navire sortant du premier goulet pour continuer vers l'Ouest ressentira, dans le milieu, le flot portant au S. O. avec inflexion vers le N. O. s'il se rapproche de la pointe Barranca, et vers le Sud du côté de la pointe Baxa.

Le nom seul de cette dernière pointe (de l'espagnol *Baja*, basse) indique qu'on ne doit pas trop l'approcher. Au lieu des falaises accores du goulet, on y rencontre, au large de la muraille de pierre, une plage basse découvrant de 4 encablures et prolongée pendant 5 autres par des petits fonds de 3 à 5 mètres. Se méfier des courants qui portent toujours sur cette pointe lorsqu'on longe la Terre de Feu en venant du Sud.

Balise de la pointe Baxa. — Pour faciliter la navigation, le Gouvernement chilien a fait ériger en cet endroit une pyramide triangulaire en bois élevée de 12 mètres au-dessus du sol et large de 8 mètres à la base. Sur le sommet de la pyramide s'élève une tige de 5 mètres de longueur sur laquelle on a cloué, en croix, trois planchettes parallèles longues de $1^m 50$ et disposées perpendiculairement à la direction des goulets : le côté de la pyramide et des planchettes regardant le premier goulet est peint en blanc; celui qui fait face au second goulet l'est en rouge. Cette balise est à 1,500 mètres en dedans de la pointe Baxa proprement dite; on la voit de 15 milles par temps ordinaire. D'après un rapport récent, ce signal ne peut être utile que pour les navires venant de l'Ouest. Elle a été abattue par les Fuégiens en 1876 et aussitôt rétablie.

Banc Satellite. — En face, et à 4 milles $\frac{3}{10}$ dans le N. 55° O. de la pointe Baxa, se remarque la pointe Barranca, tout entourée de hauts-fonds et de goémons. Le point saillant de ces dangers est le banc ou plateau Satellite dont le centre, avec 1 mètre d'eau, est à 1 mille dans le S. 40° E. de la pointe Barranca. Le plateau est ordinairement signalé par des varechs; mais quand le vent et le courant sont forts, les herbes coulent, surtout entre la mi-flot et le trois-quarts de flot. Le bord extérieur de ce danger est accore.

Banc Barranca. — A l'Ouest, le banc Satellite est prolongé par la série de hauts-fonds qui forment le banc Barranca, avec des sondes de 4 à 8 mètres, pendant 6 milles $\frac{1}{2}$. On peut mouiller partout le long de l'accore du banc Barranca. Sa particularité est d'être entièrement recouvert de goémons qui forment contre la mer de l'Est un véritable rempart. En général, au milieu et sous le vent des amas d'herbes marines, la mer ne parvient pas à se faire, les lames sont brisées.

Suivant l'heure, l'état du temps et de la marée, le capitaine décidera s'il doit poursuivre, pour passer le second goulet, ou s'il prendra l'un des mouillages qu'offre le bassin intermédiaire. Prenant le navire sortant du premier goulet et relevant, par exemple, la balise de la pointe Baxa à l'Est et la pointe Barranca au N. 31° O., nous examinerons successivement les diverses routes à faire, de ce point de départ, suivant le parti que l'on a pris.

TRAVERSER LE SECOND BASSIN (carte N° 2991). — Il y a juste 20 milles, en ligne droite, de la sortie du premier goulet à l'entrée du second. L'espace est tellement vaste et les points à relever si nombreux que ce passage est des plus faciles. Sauf dans le centre, où il y a de grands fonds, on peut mouiller même hors des baies. Dans ce cas, on examinera la nature du fond avant de jeter l'ancre, parce qu'il y a quelques endroits de roche pure. Le capitaine n'a à se défier que du banc Triton, indiqué par une bouée, de l'écueil douteux dont nous parlerons plus loin, et du banc de la Tribune, qu'on pare en se tenant dans le Sud de la ligne passant par le cône et la balise Grégory.

Les points à relever sont : la balise Baxa, la pointe Barranca, le cap et l'épaulement Grégory, le sommet Hummock et le Cône (vue N° 5, 1re série). De beau temps on aperçoit même le pic Gap, dont nous aurons à reparler (vue N° 3 bis, 1re série). Par temps couvert, le point qui se cache le moins est l'épaulement Grégory. La vue, même intermittente, de ce seul point suffit pour guider un capitaine connaissant déjà le détroit et s'aidant bien de la sonde. Voici comment on devra procéder si l'on tient absolument à faire route malgré le manque de vue.

Donner la route au compas et relever le *Shoulder* à chaque apparition : on aura par là l'idée de la vitesse avec laquelle on s'avance vers le second goulet. Faire petite route et sonder fréquemment; ne pas changer le cap tant que la sonde est de 25 mètres ou à peu près; au-dessous de ce fond venir graduellement sur bâbord pour aller chercher dans le Sud une augmentation de profondeur; redresser lorsqu'elle sera trouvée. Jamais, en effet, les courants ne seront assez forts pour repousser un bâtiment de l'autre côté du bassin, par-dessus la fosse des grands fonds de 30 à 50 mètres. Donc, en venant sur tribord rechercher de temps en temps les fonds de 20 à 25, puis sur bâbord pour retrouver ceux de 30 à 35, on cheminera lentement, mais à peu près sûrement.

En aucune partie du détroit les terres ne changent plus d'aspect, suivant leur éclairage, que dans le bassin où nous sommes. En temps ordinaire, la chaîne Grégory semble s'élever régulièrement du bord de la mer au sommet : on dirait un plan incliné sans aucun accident de terrain. Au contraire, avec certains jeux de lumière, ou lorsque la neige abonde, ce qui était plan incliné se montre coupé de ravins profonds, séparés par des arêtes vives. Dans la partie avoisinant la côte surgissent quantité de petites collines, parmi lesquelles la pointe Valle se reconnaît à son escarpement; elle se détache nettement, sauf lorsqu'elle se projette sur les monts Grégory. Entre la ligne des collines et celle des plus hauts sommets s'étend une grande vallée où l'on trouve, pendant l'été, quantité de guanacos et d'autruches.

Comme on le voit, traverser le second bassin n'offre aucune difficulté. Les marées deviennent moins fortes, les courants ne dépassent plus 4 nœuds $\frac{1}{2}$, même lors des syzygies. En cas de brume, on peut jeter l'ancre, pour ainsi dire, n'importe où, sauf dans la grande fosse centrale. Enfin, le long de terre, il y a de bons mouillages que nous décrivons ci-dessous, en commençant par la côte Nord.

BAIE SAN YAGO. — Le navire surpris par la nuit à la sortie du premier goulet trouve mouillage, comme nous l'avons dit, tout le long du banc Barranca. Il ne poussera donc vers l'Ouest, au mouillage San Yago lui-même, que s'il désire faire de l'eau ou s'abriter contre un vent d'Est menaçant.

Dans ce cas, la route à faire est la suivante : venir se placer Est et Ouest avec la balise *Baxa* et gouverner droit à l'Ouest pour passer à mi-distance entre le banc Barranca et le banc Triton. On observera que la ligne joignant la balise *Baxa* à la chute de la chaîne Grégory, c'est-à-dire au Grégory *shoulder* (épaulement), est précisément Est et Ouest, d'où il suit que l'on aura toutes facilités pour faire la route indiquée. Après 8,5 milles dans cette direction, on sera Nord et Sud avec le mouillage, sur lequel on gouvernera. Lorsqu'on relève la bouée Triton au S. 20° O., il est temps de commencer l'évolution et de venir au Nord. Après 2 milles faits, on laissera tomber son ancre, relevant la bouée Triton au S. 12° O., la pointe Barranca au N. 86° E., la pointe Valle au S. 81° O.; fonds de 11 à 15 mètres.

En sondant pour accoster le mouillage, on ne s'étonnera pas de sauts brusques dans la sonde; elle change instantanément et sans régularité, tantôt de 2 mètres, tantôt de 4 mètres.

Aiguades. — Il existe de nombreux ruisseaux entre la pointe Valle et le fond de la baie; mais il y a deux bassins particulièrement abondants et commodes à 2 et 4 milles E.N.E. de la pointe Valle. En face de ces aiguades, un navire de moyenne taille peut mouiller à 1 mille de terre. On rencontre assez souvent des Indiens dans le voisinage de la baie.

LE BANC TRITON. — Ce danger est à mi-distance entre les deux goulets, à 10 milles de chacun d'eux. Il a été étudié une première fois par King et Fitzroy, en 1832, et en dernier lieu par Mayne, en 1868. Entre les deux explorations des changements considérables se sont produits. Le banc s'est beaucoup accru, et la sonde minima, qui était de 3 mètres $\frac{7}{10}$, est devenue 2,3. Contrairement à la règle générale, le haut-fond n'est formé que de sable; il n'y a pas d'amas de galets, même sur le sommet. La marée y produit fréquemment un fort remous.

Bouée. — Une bouée signale aujourd'hui ce banc dangereux; mouillée sur l'accore Ouest, par 8 mètres $\frac{1}{2}$, elle est de forme conique, peinte en *rouge* et surmontée d'un globe blanc. On y lit, en caractères blancs, les mots: *Banco Triton Num. 1*. On peut passer à $\frac{1}{2}$ mille dans le Nord, dans le Sud et dans l'Ouest de la bouée; mais dans l'Est la limite est de 1 mille $\frac{1}{2}$. La mer ne brise jamais sur ce haut-fond.

Pour le cas où la bouée disparaîtrait momentanément, nous noterons les relèvements suivants pris, non de la bouée, mais du centre du banc:

Balise Baxa....................................	N. 81° E.
Pointe Barranca................................	N. 60° E.
Pointe Valle...................................	N. 52° O.
Grégory Shoulder...............................	N. 81° O.
Balise Grégory.................................	S. 79° O.
Pic Gap (pour mémoire).........................	S. 26° E.

Roche douteuse. — Le paquebot *Lusitania* a signalé, dans le S. q. S. O. et à 3 ou 4 milles du banc Triton, une roche que les instructions anglaises placent dans les relèvements suivants:

Cap Grégory...................................	N. 85° O.
Pointe Saint-Isidore...........................	S. 55° O.

D'après la carte française n° 2991, les mêmes points, relevés de l'écueil, donnent:

Cap Grégory...................................	N. 80° O.
Pointe Saint-Isidore...........................	S. 62° O.

La position de la carte française est à 0,7 mille dans le S. q. S. E. de la position anglaise; mais cette différence est peu importante, car l'écueil n'existe probablement pas. Il a été vainement cherché en 1874 par le navire de guerre anglais *Chanticleer*.

Il est à souhaiter que tout navire passant par là, dans des circonstances favorables, prenne le temps d'amener des canots et de sonder dans le voisinage. Si de nombreuses recherches restent infructueuses, il deviendra possible de supprimer cette vigie gênante pour naviguer de temps sombre, alors que les relèvements sont rares.

Il en est sans doute de ce danger comme du banc signalé, en 1860, par le navire *Termargant* dans le N. O. du Triton. Des recherches postérieures ont établi que ce bâtiment avait rencontré le banc Triton lui-même, alors qu'il croyait l'avoir laissé dans le S. E.

BANC DE LA TRIBUNE. — C'est une série de hauts-fonds de 8 à 6 mètres, séparés par des sondes de 10 et 11, et occupant l'espace de 3 milles dans le N. 75° E. du cap Grégory. Les fonds de 6 mètres sont rares et se remarquent seulement sur un petit espace, dans la partie Ouest du banc, de sorte que ce danger est à peine à craindre. Les navires en destination de la baie Grégory peuvent en passer aussi bien dans l'Est que dans l'Ouest, moyennant quelques précautions indiquées ci-dessous. Déjà nous savons que pour en passer au Sud il suffit de tenir le cône ouvert dans le Sud du cap Grégory.

L'absence de galets roulés sur le sommet des bancs, l'accroissement rapide du Triton, la formation des bancs de la Tribune et Barranca, ainsi que des hauts-fonds de la baie Philippe, indiquent une action particulière dans cette partie du détroit. On estime que les masses liquides se précipitant d'un goulet vers l'autre coulent plus rapidement dans le grand lit central que dans les parties Nord et Sud; que le flot et le jusant, en se rencontrant au milieu, luttent ensemble et forment des tourbillons sous-marins qui troublent l'eau, puisque les ondes écartées du centre pour aller remplir les baies perdent peu à peu leur vitesse, se calment et laissent alors déposer un mélange de sable et de vase.

BAIE GRÉGORY (plan N° 2831). — La baie Grégory offre un fond de bonne tenue et un excellent abri contre les vents du N. E. au S. O. par le N. O. Comme ce sont les plus fréquents, il en résulte que cet endroit est considéré comme une des bonnes relâches du détroit.

Une **balise** en indique l'approche. C'est une pyramide à jours de 17 mètres de hauteur et de 8 mètres de largeur à la base; les bandes horizontales sont rouges. La base est à 35 mètres au-dessus du niveau de la mer et à 100 mètres en dedans de la plage. La balise devait se voir de 16 milles dans toutes les directions, mais il paraît que lorsqu'on vient du premier goulet on ne la voit pas d'aussi loin.

Mouillage. — On peut jeter l'ancre tout le long de la côte entre la pointe Valle et le cap Grégory; mais le meilleur mouillage se trouve dans le N. E. du cap, à peu près à mi-distance entre ce dernier et la fin des hautes terres de la chaîne Grégory.

En venant de l'Atlantique, la route la plus simple pour prendre le mouillage est de passer entre les bancs Triton et de la Tribune; on aura plus d'abri que par le Sud avec les vents d'Ouest et de N. O. Ayant reconnu la bouée Triton, on la contournera à bonne distance, veillant bien la pointe Valle, qui servira de guide pour parer le banc de la Tribune. Tant que l'on tiendra cette dernière pointe légèrement dans l'Ouest du Nord, on n'aura rien à redouter du banc. En même temps on relèvera le Hummock, et lorsqu'on l'aura Est et Ouest, on gouvernera sur lui, le maintenant dans cette direction.

Le navire se présentant de la sorte verra l'épaulement Grégory se détacher franchement à droite du Hummock et de la série de collines reliant ce dernier sommet au cap Grégory. Les deux systèmes de hauteurs paraîtront bien séparés par un plateau de terres basses. On a très facilement, par ces sommets, des relèvements perpendiculaires à la côte et il est aisé d'en obtenir d'autres parallèles. Si la côte Sud du second goulet se voit bien, on veillera l'alignement du cap Grégory par la pointe Sweepstakes; lorsqu'on l'atteindra, on n'aura plus qu'à courir de quelques longueurs pour laisser tomber son ancre. (Voir la vue N° 5, 1re série.)

A défaut de la pointe Sweepstakes, on se guidera sur le relèvement de la balise; il suffit, avec celui du Hummock ou de l'épaulement, pour mouiller juste où l'on voudra. Avec un navire moyen, on est très bien relevant le cap au S. 40° O. à 2 milles $\frac{1}{2}$ de distance, fond de 25 mètres. On se trouvera alors à 1 mille de terre, mais seulement à $\frac{1}{2}$ mille de la laisse de basse mer. Il serait imprudent d'approcher davantage; mais, d'un autre côté, à $\frac{1}{2}$ mille plus au large on aurait des fonds de 35 à 40 mètres ou plus. Il importe donc de manœuvrer avec précision.

La carte N° 2991 est très commode pour prendre le mouillage, parce qu'elle indique nettement tous les sommets du voisinage. Cet avantage manque au plan N° 2831, mais il donne, par contre, un dessin extrêmement exact de la laisse de basse mer. Ce détail est fort important, puisque la plage découvre de $\frac{1}{3}$ à $\frac{2}{3}$ de mille, suivant que l'on se déplace vers le Nord et vers le Sud. L'appréciation de la distance à la terre change beaucoup suivant l'heure de la marée, ce qui rend les relèvements et la sonde indispensables pour éviter, d'un côté, les trop grands fonds, de l'autre, les hauts-fonds de la plage.

Tout bâtiment accostant la baie en venant du second goulet passera entre le banc de la Tribune et le cap Grégory, distants l'un de l'autre de 3 milles $\frac{1}{4}$. La simple appréciation de la distance à la terre suffit pour parer le banc; de plus, la sonde indique les approches des hauts fonds. Enfin, si l'on tient à plus de sûreté, on se dirigera sur la pointe Valle au N. 42° E. et l'on rondira de bonne heure pour venir dans le relèvement choisi du Hummock et de la balise Grégory; puis on manœuvrera comme ci-dessus. Quelques rapports signalent dans l'Est du cap Grégory des sondes de 55 mètres qui ne sont pas portées sur les cartes.

Marée. — Le régime de la marée exige une mention spéciale. En effet, quoique le retard de trois heures soit régulier dans le second goulet, il disparaît entre la pointe Valle et le cap Grégory. Tout près de la plage, il se forme un courant S. O. portant sur le cap, juste au moment où la mer commence à monter. A mesure qu'on s'avance vers le large, au mouillage des grands navires, un petit retard se produit, mais il atteint tout au plus une demi-heure ou une heure. Il résulte de là que partant de la baie pour aller vers Punta Arenas, et ne voulant pas se présenter à contre-marée devant le second goulet, on attendra pour appareiller environ deux heures après le moment où l'on aura évité de flot, le cap vers le N. E. La différence ne peut être exactement prévue, puisqu'elle varie d'une manière encore indéterminée; mais déjà il est utile d'être fixé à une heure près. Les navires mouillant dans la baie feront bien d'y étudier la marée et de faire connaître leurs observations.

Le plan N° 2831, comme la carte N° 2991, porte à 5 milles N. N. E. du cap Grégory (à l'Est d'un petit lac et près d'un ruisseau) un sommet dépendant du grand massif Grégory et coté 79 mètres. D'après un rapport récent le sommet en question aurait plutôt 200 mètres que 79 mètres, de sorte que cette erreur causerait de l'hésitation dans la reconnaissance des terres. Il serait bon d'obtenir une mesure exacte de la hauteur de ce sommet.

LA BAIE PHILIPPE ET LE RÉCIF BARNACLE; LE PIC GAP. — On entend par baie Philippe l'enfoncement ayant 20 milles d'ouverture que terminent les deux pointes Baxa et Saint-Isidore. On y rencontre plusieurs mouillages faisant pendant à ceux des baies San Yago et Grégory. Ils sont bons comme tenue et très bien abrités des vents du Sud à l'Est; mais, au contraire, les vents d'Ouest et de N. O. y donnent avec beaucoup de force. En plusieurs endroits la sonde rapporte sable et pierre ou pierre seule, mais on ne s'en inquiètera pas parce que la couche de pierre est peu épaisse et que les pattes trouvent de la vase dès qu'elles ont un peu forcé.

On distingue quatre mouillages le long de la baie Philippe :

1° L'ancre est à mi-distance entre la pointe Baxa et la colline Noire, en face d'une plage basse, fonds de 10 mètres à 1 mille $\frac{3}{10}$ de terre. La balise Baxa reste au N. 25° E.

2° Autre mouillage à 2 milles $\frac{1}{2}$ dans le S. S. O. du précédent, fonds de 18 mètres; même distance de terre; même relèvement de la balise. Le pic Gap, un peu plus visible, reste au S. 4° E. Un navire quittant ce mouillage pour continuer vers l'Ouest, avec le flot, mettra tout d'abord le cap sur le *Grégory Shoulder,* afin de n'être pas drossé par les courants traversiers portant au fond de la baie Philippe.

3° Le mouillage central de la baie, bon contre le S. O., le Sud et le S. E. Il n'est pas toujours d'un accès commode à cause du récif Barnacle, des hauts-fonds s'étendant loin de terre et du défaut de points précis pour prendre des relèvements. On distingue souvent beaucoup mieux le *Grégory Shoulder* et le Cône que les terres de la côte Sud. La pointe Stone est très indécise et le pic Gap ne se voit pas toujours, étant à 11 milles de la côte. Entre la plage et le sommet ci-dessus il y a de petites collines, mais elles ne ressortent qu'avec certains jeux de lumière. Le plus généralement la terre paraît aller en pente douce de la côte au sommet. La vue N° 3 *bis* (1re série) donne la forme de ces hauteurs. On y remarquera que le pic Gap est une montagne aux formes peu accusées, à laquelle ne convient nullement le nom employé pour le désigner.

Si l'on reconnaît bien le Double pic, il sera d'un précieux secours pour arriver au mouillage et parer le récif Barnacle. On se placera de bonne heure de manière à le relever au S. 27° O. et l'on gouvernera sur lui jusqu'à avoir :

Pic Gap...............................	S. 49° E.
Pointe Saint-Isidore..................	N. 75° E.
Grégory Shoulder.....................	N. 51° O.
Cône.................................	N. 68° O.

On sera là par 26 mètres, fonds très inégaux, à 4 milles de terre, ayant sauté par-dessus les fonds de 16 à 18 mètres qui prolongent le récif Barnacle.

4° Par vent de S. O. ou pour attendre le moment de donner dans le second goulet, un navire moyen peut jeter un pied d'ancre bien plus à l'Ouest, entre le récif Barnacle et la pointe Saint-Isidore, relevant le Double pic au Sud et la pointe Saint-Isidore au N. 56° O. Mais la sonde servira plus que le compas pour prendre ce mouillage, qui est à 1 mille de terre.

En le quittant, on veillera sur bâbord le haut-fond de la pointe, sur tribord le récif Barnacle. Ce dernier est tout de roche : le toucher serait dangereux. Du reste, les plus petits fonds étant à l'Est, il serait extraordinaire qu'on vînt les accoster.

On a remarqué que dans la baie Philippe les courants sous-marins sont plus forts que les courants de surface.

LE SECOND GOULET (vue N° 5, 1re série). — Il est large de 4 à 6 milles, c'est-à-dire deux fois autant que le premier avec la même longueur (11 milles). L'entrée en est très facile, puisqu'elle n'est pas précédée de grands bancs comme ceux du cap Orange et des collines Direction.

Il est vrai que la côte Nord du passage est prolongée par des hauts-fonds, mais on les évite facilement, comme il sera dit ci-dessous; parfois ils procurent la possibilité de mouiller. La côte Sud est, au contraire, absolument accore, et cependant, en franchissant de l'Est à l'Ouest, on ralliera plutôt la côte Nord à cause du jeu des courants. En effet, si l'on se tenait, pour sortir, du côté du cap Saint-Vincent, on aurait deux inconvénients : avec le flot, on serait jeté très fortement vers la baie Lee et le Nouveau-Banc; avec le jusant, on éprouverait un courant contraire beaucoup plus fort que du côté du cap Gracia.

Les bancs de la côte Nord dont il est question ci-dessus sont faciles à éviter et, pour plus de facilité, nous les diviserons en deux parties : 1° du cap Grégory jusqu'à l'Ouest du Halfway; 2° de l'Ouest du Halfway au cap Gracia. Dans la première partie, l'extrémité N. E., voisine du cap Grégory, a des plateaux venant à sec jusqu'à 1 mille $\frac{1}{2}$ de terre; mais on évite tout danger en se tenant légèrement en dehors de la ligne qui joint *le cap Grégory au cap Gracia*. Le banc Halfway est paré par la même règle, et l'on arrive de la sorte jusqu'à relever le Cône au Nord. A ce moment on n'a plus à se préoccuper que de la partie Ouest des hauts-fonds : comme ils s'étendent beaucoup moins au large, il suffira de se tenir à l'œil à plus de $\frac{1}{2}$ mille de terre pour n'en avoir rien à craindre.

Mouillage. — Entre le banc Halfway et les hauts-fonds du cap Grégory on trouve à jeter un pied d'ancre sur l'accore des bancs, et par des fonds de 15 à 20 mètres; mais ce sont des mouillages précaires, car la tenue est assez mauvaise et les courants très violents; on n'usera de cette faculté que de beau temps et pour quelques heures seulement, restant toujours en appareillage et veillant bien. Les petits voiliers sont en réalité les seuls qui puissent se trouver réduits à des mouillages aussi précaires, et cela pour éviter de perdre, par courant contraire, les milles péniblement acquis.

Les petits bateaux peuvent se remiser dans l'anse Susannah, où ils sont absolument à l'abri.

LES TROIS CHENAUX. — On est à peine dans le second goulet que l'on aperçoit l'île Élisabeth. Sainte-Marthe et Sainte-Madeleine se montrent ensuite, lorsqu'elles passent à droite du remarquable cap Saint-Vincent. Le mont Saint-Philippe et les hauteurs de l'île Dawson apparaissent dès la sortie pour peu que le temps soit clair : on dirait une barrière obstruant le passage (vue N° 6, 1re série).

Trois routes distinctes s'offrent à ce moment aux bâtiments allant dans le Sud, savoir, en se dirigeant de l'Est à l'Ouest : le Nouveau chenal, entre les îles Sainte-Marthe, Sainte-Madeleine, d'une part, et la Terre de Feu, de l'autre; le chenal de la Reine, le long de l'île Élisabeth; celui de la Rade Royale, entre cette dernière île et la terre de Patagonie. Nous décrirons successivement ces trois passages, ainsi que les terres et baies qui dépendent de chacun d'eux. Le Nouveau chenal est le plus large, mais il force à faire un détour; le chenal de la Reine est le plus direct et le plus usuel; celui de la Rade Royale est délicat et convenable seulement pour les vapeurs calant moins de 5 mètres 5.

Si le temps est brumeux, on ne s'engagera dans aucun de ces passages. On ne peut les pratiquer, à cause des courants, que si l'on voit bien les divers points servant à déterminer la position, c'est-à-dire le cap Saint-Vincent, les îles Élisabeth, Sainte-Marthe et Sainte-Marguerite. On sera bien pour attendre dans la grande baie s'étendant entre le cap Gracia et la pointe Perno.

Les instructions anglaises recommandent de se servir, pour naviguer dans ces parages, non de relèvements au compas, mais d'angles pris au sextant, méthode, disent-elles, plus exacte que la première et aussi rapide lorsqu'on en a l'habitude.

Quelle que soit la route choisie, nous nous supposerons partant de la ligne qui joint le *cap Gracia* au *cap Saint-Vincent*, à 1 mille ½ du premier de ces caps et à 3 du second.

LE NOUVEAU CHENAL; LES BAIES LEE ET GENTE-GRANDE. — La route du Sud, faite à partir du point de départ ci-dessus, engagerait le bâtiment juste dans le milieu du Nouveau chenal, passage qui n'a jamais moins de 4 milles de largeur. Il serait extrêmement facile sans les courants, qui sont très variables, comme force et comme direction. Ils ont, aux environs de la baie Lee une impétuosité rappelant celle du premier goulet; pendant une bonne partie de la marée ils sont traversiers, à hauteur du Nouveau banc, portant à l'Ouest avec le jusant, à l'Est avec le flot, vers le fond de la baie Lee.

La bouée du banc Sainte-Marthe suffit pour éviter le danger de ce nom; quant au Nouveau banc, il est limité par une ligne S. 5° O. partant du cap Saint-Vincent. En ne passant pas dans l'Est de cette ligne on ne craint rien du Nouveau banc. Il sera paré, dans le Sud, lorsqu'on relèvera le centre de Sainte-Marthe au N. 82° O. Quand le navire sera dans la partie Sud du chenal, il verra le flot tourner au S. O. et porter sur Sainte-Madeleine; mais il y a tellement de marge entre cette île et le Quartier-Maître qu'il est inutile d'insister sur les précautions à prendre.

Au résumé, le Nouveau chenal n'offre aucune difficulté lorsqu'il y a de la vue; mais il a l'inconvénient d'allonger la route lorsqu'on relâche à Punta Arenas, c'est-à-dire presque toujours. Sur un vapeur, on ne le prendra que si la violence du vent debout amène à louvoyer sous les goélettes. Avec un voilier, au contraire, on devra choisir ce passage toutes les fois que, le vent ne portant pas, il faut courir des bords.

On peut aussi faire une route mixte et couper entre Sainte-Marthe et Sainte-Madeleine; mais on aurait devant soi le banc Walker, de sorte que cette route, incommode, n'est pas à recommander, surtout à un capitaine qui n'est pas pratique du pays.

Baie Lee. — A l'Est du Nouveau banc s'étend la baie Lee, dont le fond est inégal et sans tenue, où les courants sont violents, où l'abri est tout à fait nul contre les vents d'Ouest et de S. O. Cette baie est donc à éviter. Tout au plus peut-on s'en servir pour attendre, de beau temps, un renversement de marée. Lorsqu'on veut l'utiliser dans ce sens, les instructions anglaises disent de jeter l'ancre à 1 mille $\frac{1}{2}$ dans l'Est du cap Saint-Vincent, par 15 à 20 mètres. Elles n'indiquent pas avec précision la route à suivre pour atteindre ce mouillage temporaire, mais donnent assez clairement à entendre qu'il faut doubler le Nouveau banc par le Nord. Les lignes ponctuées sur lesquelles on doit passer, en manœuvrant ainsi, commandent de s'avancer prudemment.

La baie Gente Grande (*des hommes grands*), formant bassin dans les terres, n'est d'aucune utilité, étant pleine de hauts-fonds. Si l'on se trouve dans la nécessité de relâcher dans cette partie du détroit, on contournera l'île du Quartier-Maître et l'on viendra en mouiller dans l'Est, par 9 à 13 mètres, relevant la pointe Nord au N. 17° O., la pointe Sud au S. 69° O. La passe du Nord est plus large que celle du Sud. On remarquera que la pointe Nord est prolongée par un long épi de sable découvrant à plus d'un mille dans la direction de l'E. N. E. La pointe Sud est basse et toute recouverte d'herbes. L'île est peuplée de cormorans, qui l'habitent en si grand nombre que, même du mouillage, on est gêné par leur odeur.

On a cru longtemps, vu les remous, à l'existence de très grands dangers entre les îles du Quartier-Maître et Sainte-Madeleine. On appelait ce passage le *pont de l'Adventure* (*Adventure bridge*), tant on le croyait barré pour les grands navires; mais les explorations de Mayne ont prouvé que les craintes conçues étaient vaines.

LE CHENAL DE LA REINE ET LE MOUILLAGE SAINT-SYLVESTRE. — L'ÎLE SAINTE-MARTHE, SON BANC ET SA BOUÉE. — L'ÎLE SAINTE-MADELEINE. LE BANC WALKER. —

Du point de départ dont nous sommes convenus (voir la fin du paragraphe *les trois chenaux*) la route au S. 38° O. conduit juste sur la pointe Saint-Sylvestre et coïncide exactement avec la ligne passant par cette pointe et par une autre de la même île qui se trouve à 2 milles $\frac{3}{10}$ (dans le S. 38° O.) de la première. On suivra cette direction jusqu'à être à trois ou quatre encablures de la pointe Saint-Sylvestre. Au passage on reconnaîtra la bouée du banc Sainte-Marthe; si elle avait accidentellement disparu, on saurait que le banc est paré lorsqu'on est dans l'Ouest de l'alignement *Pointe Est de l'île Sainte-Marthe* par *Pointe Ouest de l'île Sainte-Madeleine*.

Arrivé devant la pointe Saint-Sylvestre, on prolongera la côte Est de l'île Élisabeth à 1 mille de distance, au plus, avec choix de s'arrêter ou de continuer vers le Sud. Si l'on craint de ne pouvoir atteindre Punta Arenas, ni même la baie Laredo, on a la ressource de jeter l'ancre dans l'anse de la pointe Saint-Sylvestre relevant :

Le milieu de Sainte-Marthe.................. N. 78° E.
La pointe Saint-Sylvestre................... N. 36 E.
Le monticule S. O. de Sainte-Madeleine......... S. 24 E.

Ce mouillage peut recevoir les plus grands navires et l'on y est bien à l'abri de la violence des courants; néanmoins on ne le prendra qu'en cas de nécessité, parce que les vents de S. O. y donnent dans toute leur force. Toutes les fois qu'on le pourra, on continuera vers le Sud, toujours à 1 mille d'Élisabeth, pour éviter le banc Walker. Les seuls points dangereux de ce haut-fond sont à plus de 2 milles de terre. L'œil suffit donc pour guider le bâtiment; mais si l'on veut plus de sécurité, on fera le Sud à partir de la pointe Saint-Sylvestre jusqu'à se placer sur l'alignement de la *pointe Est de Sainte-Marthe* par le *cap Saint-Vincent*, direction que l'on suivra en la surveillant derrière soi. A partir du moment où le cap Thorax est au N. O. q. O. la route est claire : jusqu'à Punta Arenas il n'y a pas un danger.

La vue N° 7 (1re série) montre l'entrée Nord du chenal de la Reine, avec les îles Élisabeth, Sainte-Madeleine et Sainte-Marthe. La carte N° 2991 est excellente pour suivre la route, parce qu'elle contient tous les points saillants du bassin; néanmoins, on pourra également se servir de la carte N° 3179, qui est à échelle double et sera commode pour prendre le mouillage de Saint-Sylvestre.

Le banc de l'île Sainte-Marthe, dont nous avons parlé ci-dessus, est à 2 milles $\frac{2}{10}$ dans le N. 35° E. de l'île du même nom; on y remarque une sonde de 3 mètres. Le danger est accore du côté du N. E., mais prolongé pendant 1 mille dans le N. O., l'Ouest et le Sud par des fonds de 9 à 12 mètres, roche. Ce banc est signalé par une **bouée noire** surmontée d'un globe de 45 centimètres de diamètre, mouillée à 40 mètres dans le N. E. du plus petit fond et visible de 3 milles. Sur le flotteur sont écrits, en lettres blanches, les mots : *Banco Martha Num. 4.* **4.** La bouée est visible de 3 milles.

L'**île Sainte-Marthe** elle-même gît à 1 mille $\frac{1}{2}$ E. S. E. de la pointe Saint-Sylvestre; elle n'a que 0,3 mille dans sa plus grande dimension et ses bords sont des falaises s'élevant perpendiculairement à 30 mètres au-dessus de la mer.

Île Sainte-Madeleine. — On y remarque quatre ou cinq collines qui la rendent très reconnaissable, surtout lorsqu'on vient de l'Ouest. La plus haute de ces collines surgit à l'extrémité S. O. et s'élève de 41 mètres presque perpendiculairement à la mer.

Tout autour de l'île existe un plateau de sondes de 12 à 18 mètres qui s'étend à 2 milles dans l'Est et à 1 mille $\frac{1}{2}$ dans les autres directions. Le navire ayant rencontré ces sondes s'écartera aussitôt, à moins qu'il ne veuille prendre le mouillage temporaire du Nord de l'île, à $\frac{1}{2}$ mille de terre, fonds de 15 mètres, sable et coquille ; on y relève Sainte-Marthe au Nord, la pointe Tern à l'Ouest. Il y a un autre mouillage d'attente à l'opposé, dans le Sud de l'île, à $\frac{1}{2}$ mille de terre, fonds de 11 à 13 mètres.

L'île Sainte-Madeleine est le séjour favori des cormorans, des pingouins plongeurs (genre *spheniscus demersus*), des lions marins et des phoques. Lorsqu'on en approche, les pentes apparaissent couvertes de pingouins et de cormorans, tandis que la mer semble vivante tant on y voit s'agiter de phoques et de lions marins ; ils plongent dans toutes les directions et viennent tranquillement regarder le navire et les embarcations. On aperçoit aussi, sur la plage, des quantités considérables de lions marins. Les cormorans couvent en décembre.

Le **banc Walker** est situé entre l'île Sainte-Madeleine et l'île Élisabeth. On désigne sous ce nom trois hauts-fonds distincts séparés par des fosses profondes. Hauts-fonds et bas-fonds compris, le banc occupe 2 milles $\frac{6}{10}$ de long sur 1 mille de large. On pourrait passer entre les trois pâtés; mais comme il n'y a pas d'alignements distincts pour faire les chenaux, ce serait dangereux et d'ailleurs sans utilité. Les parties les moins profondes du danger sont à ses extrémités N. O. et S. O. ; elles ont encore 6 mètres d'eau de mer basse. Entre l'extrémité S. O. et le cap Negro on compte 3 milles $\frac{1}{2}$, de sorte qu'il n'y a pas de difficulté pour passer entre les deux.

LE CHENAL DE LA RADE ROYALE ET SON MOUILLAGE. — LES HAVRES OAZY ET PECKET. — AIGUADE. — LA BAIE WHITSAND (carte N° 2991 et plan N° 3179). — Nous reportant une troisième et dernière fois à notre point de départ, entre les caps Saint-

Vincent et Gracia, nous nous supposerons voulant atteindre le cap Negro par le chenal de la Rade Royale et le passage du Pélican. Nous étudierons en même temps les mouillages voisins de cette route et l'île Élisabeth.

Nous observerons tout d'abord qu'en joignant par la pensée le cap Gracia à la pointe Saint-Sylvestre on rencontre de très grands fonds dans l'Est de cette ligne et des fonds moyens dans l'Ouest. Donc, si l'on est pris par la nuit ou par toute autre circonstance faisant désirer un mouillage aussi voisin que possible de la sortie du second goulet, c'est sur tribord qu'il faut venir. Nous parlerons tout d'abord des divers refuges qui s'offrent aux navires à l'Ouest du cap Gracia.

Baie Whitsand. — Ayant donné à ce promontoire un bon $\frac{1}{2}$ mille de tour, le plus grand des bâtiments peut ensuite aller se ranger graduellement sur la ligne du *cap Gracia* et de la *pointe Perno* et mouiller dans le S. S. O. de la baie Whitsand, soit sur la ligne indiquée ci-dessus, soit à quelques encablures en dedans, par des fonds de 12 à 15 mètres, sable et coquille. Les petits navires pourront s'avancer plus au Nord, dans la baie Whitsand elle-même, par des fonds de 6 à 7 mètres; mais ils n'en tireront pas grand avantage et feront mieux de préférer le havre Oazy, qui est seulement à 1 mille $\frac{1}{2}$ dans l'O. N. O. du cap Gracia.

L'entrée du **havre Oazy**, de la pointe John aux falaises du mont Hale, a 1,700 mètres de large et va se rétrécissant jusqu'à 500 mètres, puis 200 mètres dans le boyau précédant le havre lui-même. L'avant-port est, en réalité, plus utilisable que le port lui-même, qui dessèche presque entièrement, ne laissant, pour le mouillage, qu'un espace extrêmement étroit. Pour sortir, on recommande aux voiliers ayant du vent debout de ne pas établir de voiles, mais de se laisser aller au courant, qui ne porte jamais sur les pointes.

On ne trouve pas de bois en cet endroit, et l'eau ne peut s'y faire qu'à marée haute avec beaucoup de difficulté.

Havre Pecket. — A 5 milles dans le S. O. du havre Oazy se trouve le havre Pecket, qui lui ressemble comme structure, mais a son entrée dirigée de telle manière que les voiliers, même les plus maniables, ne peuvent la pratiquer que très rarement. Au contraire, les vapeurs de petites dimensions ont la faculté de se réfugier à l'intérieur, dans la partie Sud, car le Nord et le centre ne sont que bas-fonds, couverts de galets, sur lesquels la mer déferle à la moindre petite brise. Malgré l'apparence fermée du havre, les vents d'Ouest y soulèvent de petites lames, courtes il est vrai, mais dangereuses pour les canots.

Bien qu'il y ait 1 mille $\frac{1}{2}$ entre les deux pointes de l'entrée, les bancs réduisent le chenal à $\frac{1}{4}$ de mille de largeur. Pour le pratiquer, mettre la pointe Puño (épi de sable à pic) par le centre de l'île Pitcher ; suivre cet alignement jusqu'à petite distance de la pointe, dont on passera à 100 ou 150 mètres. Étant par son travers, gouverner sur le centre de l'île Pitcher jusqu'à être à mi-distance entre la pointe Puño et l'île Pitcher elle-même ; alors, gouverner au S. O. q. O. pendant $\frac{3}{4}$ de mille et laisser tomber l'ancre. On pourrait aussi s'enfoncer un peu plus loin jusqu'à relever l'île Pitcher à l'E. N. E. Le courant de flot est rapide à ce mouillage ; il peut tenir le navire en travers, même par de forts grains. Au contraire, le jusant est insensible. La mer ne marne que de 2 mètres.

Deux bras de mer, sortes d'arroyos, s'enfoncent dans l'intérieur, à l'Ouest du havre : celui du Sud n'a que 1 mille de long et se perd dans un marais ; celui du Nord est profond, court 2 milles à l'O.N.O., puis débouche dans une vaste lagune, dont une ramification s'étend au loin, peut-être jusqu'au bassin Otway. On trouve dans ce voisinage, en mars et avril, quantité de gibier sauvage.

Les navires trop grands pour donner en dedans peuvent mouiller devant l'entrée ou dans le S. E. de la pointe Pecket ; mais cette relâche est tellement en dehors de la route usuelle qu'on ne saurait la recommander. Le havre a reçu le nom du lieutenant de sir John Narborough. L'étendue considérable des plaines y prenant naissance ne rendrait pas impossibles des essais de colonisation par le Gouvernement chilien.

Au lieu d'aller mouiller au Sud de la baie Whitsand, les bâtiments qui ne sont pas absolument à court de temps peuvent continuer jusqu'à la pointe N. O. de l'île Élisabeth, où ils laisseront tomber l'ancre, relevant le cap Gracia au N. 36° E., la pointe Nord d'Élisabeth par la pointe S. O. de l'île Sainte-Marthe, au S. 58° E.

Un très grand bâtiment mouillera un peu plus au large. Cet endroit est meilleur, par vent de S. O., que celui dont nous avons parlé précédemment, dans le Sud de la pointe Saint-Sylvestre. Il est également supérieur à la rade Royale proprement dite, où l'on peut mouiller à peu près partout, mais où la mer est mauvaise par vent d'Ouest. Au contraire, dans les relèvements ci-dessus, le banc du Milieu procure un abri relatif.

Pour éviter ce banc, en venant du Nord, il suffit de se tenir à l'Est de la ligne qui, du cap Gracia, va dans le S. 36° O. Mais si l'on veut, au contraire, passer entre l'accore Ouest du banc et la Grande-Terre, on se tiendra dans l'Ouest de la ligne qui, du même cap, se dirige dans le S. 53° O. Ce relèvement tangente les sondes de 4 mètres 6, qui sont les plus dangereuses du haut-fond. Le bâtiment a tout paré dès qu'il est sur l'alignement de la pointe Saint-Sylvestre par la pointe Sud de l'île Sainte-Marthe.

Il est bon de faire remarquer que l'occasion de passer dans

l'Ouest du banc du Milieu se présente extrêmement rarement. En effet, le peu d'espace séparant le cap Thorax du cap Porpesse, au Sud de l'île Élisabeth, et la difficulté des manœuvres dans ce chenal ont conduit à limiter à 5 mètres 5 le tirant d'eau des bâtiments prenant le passage du Pélican. Pour de semblables navires, il est infiniment plus simple de longer la côte Ouest de l'île Élisabeth, à $\frac{1}{2}$ mille de distance, que d'aller chercher les grands fonds du chenal de la Rade Royale. Ces fonds sont inutiles pour un navire ne calant pas six mètres d'eau, et ils n'empêcheront pas un grand bâtiment d'être arrêté plus au Sud, dans le passage du Pélican. Ainsi, le chenal de la Rade Royale est à peu près inutile. Dans la plupart des cas, on lui préférera le chenal de la Reine ; seuls, les petits vapeurs en tireront un bon parti par les vents du Sud au S. E., et encore auront-ils soin de bien longer Élisabeth, comme nous l'avons dit ci-dessus.

L'ÎLE ÉLISABETH ET LE PASSAGE DU PÉLICAN. — Un peu avant d'arriver à Shoal-Haven, les bâtiments s'engageant dans le passage du Pélican veilleront le jeu des courants dans le tournant. Le relèvement du cap Porpesse les empêchera de se jeter sur les bas-fonds qui prolongent le Shoal-Haven. Si le vent de S. E. force, on en sera bien abrité dans le Nord du cap Porpesse, aussi près de la terre que le permettra la grandeur du bâtiment. Il est bon d'être prévenu qu'entre les caps Porpesse et Thorax la rencontre du vent et de la marée, portant l'un vers l'autre, occasionne de forts remous, ainsi qu'un certain soulèvement de l'eau analogue au mascaret. On a vu cette espèce de barre atteindre deux mètres de hauteur.

Une fois le cap Porpesse doublé, les bâtiments venant de la passe du Pélican rentrent comme les autres dans le *Broad reach*, où les difficultés cessent.

L'île Élisabeth, que nous venons de contourner par le Sud, a reçu ce nom de sir Francis Drake en l'honneur de la reine qui régnait alors en Angleterre. Elle est parcourue, du N. E. au S. O., par une chaîne de collines, dont les sommets suivent à peu près la ligne centrale et sont peu élevés, le plus haut n'ayant que 55 mètres. Il est à remarquer que cette chaîne a la même direction que celle des monts Grégory et de divers massifs s'élevant, dans le voisinage, sur la côte de Patagonie.

De même que l'île Sainte-Madeleine est le refuge des pingouins, des lions de mer et des phoques, de même l'île Élisabeth est couverte de cygnes et d'oies que l'on peut tuer en grande quantité, et dont on peut ramasser les œufs. Le printemps (du 21 septembre au 21 décembre) est la meilleure saison pour les cygnes, du moins dans le commencement, car en novembre ils abandonnent l'île aux oies. Il est probable que ces oiseaux se retirent de la Grande-Terre pour éviter les renards, qui y sont en très grand nombre.

Arrivés en face du cap Negro, nous assistons au changement notable de l'apparence du pays. La vue N° 8 (1re série) nous montre le cap Negro, ainsi que les hautes terres qui s'étendent dans le Sud de ce promontoire. De beau temps on voit le mont Tarn, qui est pourtant à 50 milles, et le mont Sarmiento, distant de 95 milles. Devant nous se présentent le Broad reach et le Famine reach sans un écueil, avec des fonds énormes et des falaises accores. La navigation devient simple, au moins jusqu'au cap Froward; nous touchons d'ailleurs à Punta Arenas, le seul établissement européen de ces contrées inhospitalières.

§ 4. — BROAD REACH ET FAMINE REACH.

CARACTÈRES GÉNÉRAUX DE CES REACHS. — Du cap Negro jusqu'au cap Pillar, la route se divise en zones ou étapes, pour lesquelles toutes les nations maritimes ont adopté le mot anglais *reach*, du verbe *to reach*, atteindre, et aussi du substantif *reach*, étendue, ou bassin, lorsqu'il s'agit de plaines liquides.

Le *Broad reach* tire son nom de sa largeur, le *Famine reach* du port où était l'ancien établissement chilien transporté, au bout de quelque temps, à Punta Arenas. Le *Froward reach* est nommé d'après le cap qui limite au sud la terre de Patagonie. Le canal séparant la presqu'île de Brunswick des îles Charles et Charles III est dit *English reach*, parce que l'on en doit la connaissance surtout aux explorations anglaises, tandis que Sarmiento et Churruca, navigateurs espagnols, ont étudié le passage du Sud entre les îles Charles et l'île Santa Inès de Sarmiento. Le *Crooked reach* est courbe. Le *Long reach* est long; il le semble surtout parce que l'on n'y connaît pas encore de mouillage vraiment commode. Le *Sea reach* mène à la mer.

Dans les deux *reachs* qui font l'objet du présent paragraphe, la route usuelle longe à petite distance la côte de Patagonie. Nous eussions pu nous dispenser, à la rigueur, de parler de la côte de la Terre de Feu et de la grande île Dawson; cependant, comme on doit tenir compte des cas exceptionnels, nous décrirons, mais très sommairement et pour mémoire, la côte orientale des deux reachs.

Le *Broad reach* commence à la ligne joignant le cap Negro à la pointe Gente, pour finir à celle qui joint la baie Freshwater au cap Monmouth. Le *Famine reach* commence à cette dernière ligne pour se terminer à celle qui unit la pointe Glascott et le canal Saint-Gabriel. La direction de ces deux zones est franchement Nord et Sud, et elles ont ensemble 60 milles de long, avec de bons points de relâche. C'est le meilleur endroit pour les voiliers; ils ont souvent brise du travers.

Afin d'éviter les coupures, nous étudierons, sans interruption, toute la côte de la presqu'île de Brunswick, du cap Negro à la pointe Glascott; nous nous reporterons ensuite aux terres opposées, celles que l'on approche si rarement.

La carte N° 877 suffit parfaitement pour naviguer dans ces bassins faciles; cependant il existe une carte à échelle double, N° 3398, qui donne deux vues de côte et doit être par suite préférée. Les vues N°s 9 et 10 de la première série, prises dans le *Famine reach*, sont aussi à consulter.

A partir du cap Negro, on peut être assailli par les grains, dits *williwaws*, qui tombent sur le navire sans que rien les annonce et soufflent parfois en ouragan. La voilure sera donc toujours prudente; les embarcations de portemanteaux seront bien saisies, le gréement débarrassé de tout fardage inutile.

Les marées n'ont plus, dans ces parages, l'importance qu'elles avaient dans l'Est. Le courant de flot porte au Sud, celui de jusant au Nord, et cela jusqu'au cap Froward. La force de la marée se fait à peine sentir. Le vent de Sud de quelque durée occasionne, dans le milieu du chenal, un courant Nord tout à fait indépendant de la marée et persistant même pendant le flot. En hiver (21 juin-21 septembre) les marées montent quelquefois assez haut pour inonder une partie considérable des terres basses qui touchent la plage.

Vu les fonds énormes, il n'y a plus possibilité de mouiller en dehors des ports, comme il est facile de le faire dans toute la partie Est.

LA BAIE LAREDO. — BOIS A BRÛLER. — En sortant de l'un des trois chenaux, le navire faisant route au Sud pourra généralement atteindre Punta Arenas, attendu que la route est claire et que l'existence de deux feux facilite les mouillages de nuit. Ce dernier port est à 13 milles dans le Sud de la baie Laredo.

Lorsque, par une cause quelconque, on ne saurait atteindre Punta Arenas, on peut profiter de la baie Laredo, qui est excellente avec les vents de N. O. au S. O. par l'Ouest, et tolérable même par vent d'Est. La mer ne s'y fait jamais grosse, et si l'on a de bons apparaux de mouillage, on résistera par tous les temps.

La carte N° 2991 est la plus commode pour mouiller, parce qu'elle donne tous les environs et porte les points qu'on recommande comme alignements. La carte N° 3179 est à plus grands points, mais ne contient pas la partie Sud de la rade.

Le navire venant dans la baie donnera un bon tour au cap Porpesse, que prolongent pendant 1 mille des fonds de 6 à 9 mètres; puis il mouillera dans la partie Nord, par 12 à 15 mètres, à $\frac{1}{2}$ mille du cap Negro, en laissant la falaise Hawk (île Élisabeth) légèrement ouverte à droite du cap Negro. Cette falaise Hawk paraît, de là, comme la pointe extrême de l'île Élisabeth. Si la vue ne s'étend pas aussi loin, on relèvera le cap Negro, et l'on aura soin de ne pas passer à terre d'une ligne qui, partant de ce cap, va dans le S. 38° O. On se méfiera de la partie Sud de la baie, parce qu'il y existe un pâté rocheux de 4 mètres 6 qui se détache à 0,7 mille de terre. On sera paré de cet écueil en ne venant pas au Sud de la ligne joignant la pointe Est de Sainte-Marthe à la pointe N. E. des falaises du cap Saint-Vincent. Le point spécialement désigné est celui qui se trouve à 1 mille 1 dans le N. E. du cap précité. En se tenant dans le Sud du même alignement, on passe au large des hauts-fonds du cap Porpesse. Mais, en bien des circonstances, ces amers ne se distingueront pas, de sorte que nous croyons plus pratique, pour prendre le mouillage, de se fier à la sonde à la distance du cap Negro, et aussi au bouquet d'arbres indiqué par la carte N° 3179 : en le relevant à l'Ouest, on ne craindra rien du pâté rocheux.

La baie Laredo est le premier port où l'on rencontre du bois, en venant de l'Atlantique ; mais celui de Punta Arenas étant meilleur, on fera bien d'attendre à ce port, si l'on doit y relâcher.

ROUTE VERS LE SUD. — BAIE CATALINA. — En quittant la baie Laredo, on peut, s'il y a de la vue, venir se placer sur l'alignement très apparent du mont Philippe par le mont Tarn (au S. 12° O.). Le premier de ces sommets n'a que 399 mètres et le second en a 792, d'où il suit que ce dernier se détache très hardiment sur le ciel. Le premier mouillage qui se rencontre est la baie Catalina, ainsi nommée par Sarmiento. Cette baie présente si peu d'avantages et est si près de Punta Arenas qu'on ne saurait la recommander.

On peut, en passant, prendre le relèvement d'une tache blanche qui se trouve dans la partie septentrionale de la baie, à 3 milles dans le Nord de Punta Arenas. Par certains jeux de lumière, cette tache, vue du Nord, apparaît comme un bâtiment sous voiles. C'est un bon amer pour reconnaître les approches de la pointe Arenas et fixer la position du bâtiment.

PUNTA ARENAS. — BOUÉE. — FEUX. — PYRAMIDE. — RESSOURCES (plan N° 2829). — Le port chilien de Punta Arenas, étant le seul endroit du détroit où l'on trouve quelques ressources, est toujours choisi comme point de relâche dans le tracé de l'itinéraire.

Le mouillage est à près de 3 milles dans le S. O. de la pointe Arenas proprement dite : c'est cette pointe qui a donné son nom à l'établissement chilien, parce qu'elle est formée de sable. Pendant longtemps Punta Arenas a été très difficile à trouver, parce que les maisons, peu nombreuses, disparaissaient dans les arbres ; mais aujourd'hui il n'en est plus de même. Le bois a été abattu dans les alentours, le village s'est développé, et il se voit maintenant de 10 milles.

Balise. — On annonce la construction d'une pyramide en bois à l'extrémité même de la pointe Arenas (pour les Anglais *Sandy Point*). Cette balise sera haute de 8 mètres et peinte en blanc.

Il importe de donner du tour à la pointe Arenas, car, si elle est saine dans le Nord et le N. E., elle se prolonge, au contraire, dans l'Est et dans le S. E. par des hauts fonds qui s'étendent à 1 mille 3 de l'épi.

Bouée. — La limite de ces hauts fonds est indiquée par une grosse bouée cylindrique rouge, mouillée par 12 mètres 8 et surmontée d'un ballon rouge et blanc; elle est visible de 3 milles par temps clair, et il faut en passer à 2 encablures au large *pour le moins*.

De la bouée on relève la pyramide de la pointe Arenas au N. 40° O. vrai et la charpente du feu blanc au S. 72° O. On pare bien les dangers de la pointe Arenas en ne fermant pas la pointe Sud de l'île Élisabeth par le cap Negro.

Le bâtiment venant du Nord n'a, du reste, aucun intérêt à longer la terre de si près. Il lui est, au contraire, recommandé de s'en tenir à 2 ou 3 milles et de ne faire route sur le mouillage que lorsqu'on relèvera au N. O. q. O. le mât de pavillon, ou, ce qui revient au même, le nouveau phare qui est situé à côté, un peu dans le N. O., et paraît de loin sous l'aspect d'une tour cylindro-conique.

Les instructions anglaises mentionnent une tache blanche très remarquable sur la chute d'une montagne au S. O. de l'établissement; elles l'indiquent comme un bon amer. Mais cette tache n'est pas portée sur les cartes et n'est pas toujours visible; on ne doit pas compter sur elle.

Feux. — L'éclairage du port date de 1868 et a été perfectionné petit à petit, puis il a été interrompu le 12 novembre 1877 parce que la caserne portant le feu principal a été détruite pendant une révolte qui éclata à cette date. Un avis de juin 1879 annonce le rétablissement de l'éclairage tel qu'il était auparavant. Il consiste en deux feux fixes, l'un blanc, l'autre rouge.

Le **feu blanc** doit se voir de 10 milles (les deux tiers de la largeur du détroit) quand on relève entre le S. 23° O. et le N. 2° E. L'appareil est établi sur une tourelle élevée de 12^m5 au-dessus du sol et de 24 mètres au-dessus de la mer, et reconstruite sur l'emplacement de la tourelle détruite en 1877. (*Annonce chilienne*, N° 9, 1879.

Le **feu rouge** n'est qu'un feu de port visible de 3 milles, installé sur deux montants blancs supportant une cage et élevés de 9 mètres au-dessus du sol; il est à 6 mètres dans l'Ouest du mât de pavillon de la carte N° 2829. De jour les montants blancs se voient mieux que le mât de pavillon, qui aurait même disparu, à en croire certains documents. On peut, dès aujourd'hui, considérer cet éclairage comme en fonction.

La position des deux feux a été calculée de telle manière qu'il suffit de les mettre l'un par l'autre pour atteindre le mouillage. Le plan N° 2829 donne le N. 16° O. comme orientation de cette ligne, mais ce relèvement a besoin d'être vérifié.

Les instructions anglaises et des avis chiliens, datant de 1875, disent que les feux sont allumés seulement lorsqu'on attend des navires; que tout bâtiment arrivant sans être annoncé doit tirer des coups de canon ou lancer des fusées pour faire connaître sa présence. Alors on lui répond en allumant. Les avis annonçant le rétablissement de l'éclairage ne font pas mention de cette particularité[1].

La rade de Punta Arenas est excellente par les vents dominants du N. O. au S. O.; mais dès qu'ils passent tant soit peu à l'Est du Sud, la mer se fait et il y a du ressac à la plage. Par coup de vent de S. E. ou d'Est la rade est mauvaise, mais nullement intenable, si le navire a de bonnes chaînes. Les vraies tempêtes de cette direction sont extrêmement rares; mais lorsqu'elles viennent à se produire, elles modifient considérablement la ligne de la plage et l'accore des bas-fonds. Pour donner une idée de leur rareté, il suffit de dire qu'en neuf années de séjour un gouverneur n'en vit qu'une méritant vraiment ce nom.

Le temps est aussi irrégulier que possible et ne saurait être prédit; cependant les anciens résidents assurent avoir fait les quelques remarques suivantes : en été (21 décembre à 21 mars) le vent augmente au lever du soleil et diminue à son coucher; suivant les années, septembre et octobre, ou octobre et novembre, sont les mois les plus venteux. L'établissement semble placé dans un endroit abrité, car souvent il vente grand frais entre le second goulet et le cap des Vierges et l'on ne ressent sur rade de Punta Arenas que des brises modérées. On en conclut que les grands courants d'air, venant de l'Ouest, passent directement par le Sea reach, le golfe de Xaultegua et le bassin Otway, et qu'ils arrivent ainsi au cap Negro et aux goulets; tandis que les vents du N. O. suivent le Long reach, l'English reach et le Froward reach et traversent les terres basses de la Terre de Feu, qui ne leur opposent pas de résistance. Il en résulte que le climat de Punta Arenas est moins rude et que les pluies y sont moins fréquentes qu'à l'Ouest du cap Froward.

Les communications avec la terre sont fréquemment difficiles. Un

---

[1] Voir le Livre des phares, série L, N° 2, 2ª et 2ᵇ.

débarcadère en bois et pierre a été construit en 1866, mais emporté en 1867, pendant un coup de vent. Il n'existe pas non plus de bateaux spéciaux faits pour franchir les brisants. On met ordinairement pied à terre près de deux hangars pour canots construits en même temps que le débarcadère et qui existent encore; puis on prend une chaussée, faite par remblai, sur laquelle on traverse un terrain bas, marécageux, précédant l'établissement. Les maisons ont été construites sur un plateau élevé de 10 mètres, adossé à des collines.

La colonie de Punta Arenas, appelée par les Chiliens *Colonia de Magalhanes*, a été fondée le 21 septembre 1843 avec le personnel existant à Port-Famine. Jusqu'en janvier 1868 la nouvelle colonie végéta, et servit seulement de lieu d'exil à quelques criminels. Mais, à cette époque, le Gouvernement chilien porta ses regards vers elle et fit partir sur un navire de guerre 300 émigrants, à qui des terres furent données. On leur fournit la ration, jusqu'à la mise en valeur de leurs lots; on leur donna des planches pour construire les cases. De 250 âmes (tout compris) au 31 décembre 1867, la population monta à 500 âmes au 31 décembre 1868, à 1,000 âmes en janvier 1877, dont un bon nombre de Français. Une révolte éclata le 12 novembre de cette dernière année et les bâtiments du Gouvernement furent incendiés; mais l'ordre fut promptement rétabli, des exécutions capitales eurent lieu et les dégâts furent réparés.

Une ligne de vapeurs subventionnée par le Gouvernement chilien et allant, par le détroit, de Liverpool à Valparaiso envoie quatre fois par mois ses navires à Punta Arenas, deux fois à l'aller, deux fois au retour. Tout en gardant son caractère d'établissement pénitentiaire, la colonie a pris un essor relatif au point de vue de la production. Des mines de houille commencèrent à être exploitées en 1870 et elles donnèrent jusqu'à 4,000 tonnes, par trimestre, d'un combustible très utilisable; elles approvisionnaient les vapeurs passant le détroit. Le travail a cessé dans les mines, en janvier 1878, sans que l'on annonce pourquoi; le Gouvernement a aussitôt pris des mesures pour faire approvisionner la place par des navires venant de l'extérieur.

Les colons ont aussi trouvé de l'or dans la rivière, dite *des Mines*, qui limite la ville au Nord; quelques-unes des pépites valaient 125 francs. Le petit cours d'eau qui les roule devient torrent après les grandes pluies et inonde toute la plaine qui s'étend devant l'établissement.

En dehors de ces industries minières, les colons ont essayé l'exploitation des bois, la pêche et le commerce avec les Indiens. Quelques scieries mécaniques ont été organisées; le commerce des peaux de guanacos, de phoques et d'autres animaux et celui des plumes d'autruche ont fourni l'occasion de petites spéculations. Les Indiens viennent par groupes de 50 à 100 personnes apporter leurs marchandises ou bien encore les *blancs* s'enfoncent eux-mêmes dans les Pampas, où ils sont fort bien accueillis. En 1871, les importations, égales aux exportations, montèrent à 250,000 francs. On a parlé dans ces derniers temps de faire la pêche à la baleine et d'exploiter des salines existant dans l'intérieur. Le blé, l'orge et tous les légumes, sauf les haricots, réussissent assez bien; il en est de même de l'élevage du bétail et des chevaux. En un mot, l'expérience a démontré que la côte boisée comprise entre la baie Laredo et le cap Froward peut aussi bien nourrir l'homme laborieux que certaines terres au Nord de l'Europe et de l'Amérique.

Ressources. — Sans être encore suffisantes, les ressources du port ont considérablement grandi. Jamais l'assistance des autorités locales ne fait défaut aux navires en relâche, et ils peuvent se procurer aujourd'hui chez les particuliers un certain nombre d'articles qui manquaient entièrement avant la colonisation de 1868 et les premières années qui suivirent.

Le bois est fourni à bon marché par les soins du Gouvernement, soit comme bois de chauffage, soit sous la forme de bordages pour les réparations. Des navires de commerce en détresse ont été assistés par les ouvriers du Gouvernement et ont reçu des vivres de mer et même des ancres et des chaînes. On ne vend pas d'eau douce, mais on en fait, non sans quelque difficulté, avec les embarcations du navire. A ce point de vue, Port-Famine offre plus de facilité que Punta Arenas.

On se procure des bœufs venant pour la plupart de Montevideo et des moutons des Malouines. En janvier 1878, le très bon bœuf coûtait 1 fr. 50 cent. le kilogramme et des moutons médiocres 45 francs l'un. Les bœufs vivants sont énormes et donnent 300 kilogrammes de viande. En hiver, les petits navires peuvent néanmoins en prendre sans inconvénient, car la viande se conserve 15 ou 20 jours. Les habitants fournissent en petite quantité des poules, des cochons et aussi quelques légumes, surtout des pommes de terre. Les marchands vendent du thé, du sucre, des épices, du tabac et des effets chauds. Les pêches à la seine sont souvent fructueuses, surtout à l'entrée de la rivière. Le commencement du flot est une circonstance à rechercher; le soir vaut mieux que le jour parce qu'il fait généralement plus calme et que l'on peut faire des feux clairs sur la plage. Lorsque le flot commence le soir, une bonne pêche est très probable.

Depuis l'existence de ces ressources, les quelques navires à vapeur qui relâchaient aux Malouines en allant dans le Pacifique ont abandonné cette route, qui les souventait de 400 à 500 milles.

On remarque maintenant dans l'établissement la maison du gouverneur, une chapelle, une école, des magasins de vivres, des ateliers et une caserne. Il y a autour de la ville un espace suffisamment dégagé pour permettre au visiteur de faire une promenade à pied ou une course à cheval; on se procure facilement des montures. En décembre, on tire quelques perroquets dans les bois; en mars et avril, il y a des passages de bécassines. On rencontre aussi des bandurias (espèce d'ibis), mais elles sont difficiles à approcher. Dans les étangs salés qui sont à 2 ou 3 milles au Nord de l'établissement on surprend parfois des canards et des oies. Dans les bois il y a deux ou trois espèces de pics et quelques autres petits oiseaux. En février et mars, les champignons abondent dans la plaine.

BAIE FRESHWATER. — POSTE CHILIEN. — BOIS À BRÛLER. — PROVISIONS. — AIGUADE. — En partant de Punta Arenas un navire allant vers le Sud fera bien de se placer sur l'alignement du mont Saint-Philippe par le mont Tarn. Il cheminera de la sorte, sans préoccupation d'aucune sorte, jusqu'au moment où la saillie de la pointe Rocky le forcera à prendre du tour. Par vent soufflant fortement de terre on ralliera la côte, et l'on ira tout près des varechs qui forment une ceinture parallèlement à la plage. Les plus avancés sont par des fonds de 9 à 11 mètres, de sorte qu'on ne craint rien en les côtoyant. On évitera seulement de les toucher.

De Punta Arenas jusqu'à la pointe Sainte-Marie, on peut mouiller à $\frac{3}{4}$ de mille de terre par 20 à 22 mètres, fond de sable argileux et de coquille. Au Sud de la pointe on rencontre la baie Freshwater, qui peut servir à l'occasion et dont nous dirons quelques mots.

On reconnaît aux signes suivants l'entrée de la baie Freshwater, lorsqu'on est à quelques milles au large : 1° la pointe Sainte-Marie, qui limite le mouillage au Nord, est parfaitement apparente; dans le Nord de cette pointe le terrain est bas et boisé, tandis qu'elle est elle-même plus élevée et présente deux taches où il n'y a pas du tout d'arbres; 2° le mont Centre, haut de 290 mètres, domine le milieu de la baie et a une apparence frappante, tandis que les collines qui l'entourent n'ont pas de formes saillantes et s'abaissent du côté de la mer avec une grande régularité; 3° la pointe Sud de la baie a la forme d'un morne.

Pour prendre le mouillage, donner un bon tour à la pointe Sainte-Marie, que prolonge dans le Sud une longue traînée de goémons. Ne pas s'engager dans ces goémons, car s'il y a du fond dans certaines parties du banc d'herbes il y a du danger dans d'autres (récif Cachiywyo). On sera sûr de tout parer si l'on descend dans le Sud jusqu'à relever le mont du Centre au N. O. Alors on gouvernera sur lui, ou un peu plus au Sud, et l'on mouillera par 18 à 16 mètres, sable vasard recouvrant de l'argile. Un petit vapeur pourrait s'avancer plus loin jusque par 9 à 11 mètres, relevant la pointe Sainte-Marie au N. 14° E., le mont Centre au N. 60° O.; mais ce serait imprudent, à moins de très beau temps et d'une courte relâche.

Le mouillage de la baie Freshwater est tout à fait comparable comme sécurité à celui de Punta Arenas; la colonie y a détaché un poste de quelques soldats. En 1871 on n'y trouvait que 300 ou 400 têtes de bétail, dont les militaires étaient chargés. En janvier 1878 il y avait un petit village, abritant 62 colons, presque tous d'origine suisse. On peut s'y procurer de la viande en toute saison, des légumes de novembre à avril. Le bois est abondant et bon pour les vapeurs. Deux ruisseaux qui se jettent dans la rade donnent une excellente eau. La pêche est fructueuse.

La baie Freshwater est celle que les Espagnols avaient appelée de Romay.

DE LA BAIE FRESHWATER À LA POINTE SAINTE-ANNE. — Toute cette côte est escarpée et infiniment trop accore pour que l'on puisse y mouiller; il n'y aurait d'exception que dans la petite anse du Sud de la pointe Rocky. Mais l'endroit est petit, l'appareillage y est difficile pour les voiliers : aussi conseille-t-on de l'éviter.

La pointe Sainte-Anne se détache nettement de la côte à 3 milles dans le Sud de la pointe Rocky. Les arbres de son extrémité lui donnent un caractère si saillant qu'il arrive de la reconnaître, le navire n'étant encore qu'à la hauteur de Punta Arenas. Un plateau de 9 mètres, dit plateau *Arauco*, se détache à 600 mètres dans le S. 40° E. de la pointe.

De même que la pointe Sainte-Anne, le mont Saint-Philippe, qui en est à 3 milles dans le N. O., aide à reconnaître l'entrée de Port-Famine. De beau temps, on peut encore s'aider du mont Graves, principal sommet de l'île Dawson, et même du pic Sharp, sur l'île Wickham, dans le Sud du mont Graves.

PORT-FAMINE (plan n° 2988). — L'abri y est excellent, sauf par vent d'Est. On y distingue deux mouillages. Le premier est dans la partie S. O. de la baie, et convient pour l'été, saison pendant laquelle les plus grands vents sont de la partie Ouest. Le second est dans le Nord, à l'Ouest de la pointe Sainte-Anne; c'est le meilleur en hiver parce qu'on y rencontre un certain abri contre les vents d'Est, à craindre dans cette saison seulement.

La baie passait pour être parfaitement saine lorsque la division espagnole commandée par le contre-amiral Mendez Nuñez signala, en 1867, une roche recouverte de 5 mètres 5, comme gisant à 1,270 mètres dans le S. 78° O. de la pointe Sainte-Anne, là où la carte porte 13 mètres. Malgré ses recherches consciencieuses, le capitaine Mayne n'a pu retrouver cet écueil. Il a bien découvert un plateau rocheux, mais ce danger est tout près de terre, et à 4 encablures dans le S. S. O. de la position indiquée plus haut. On le nomme *Rocher des Espagnols*, bien que ce ne soit sans doute pas celui dont croyaient parler les officiers de cette nation; mais il a été trouvé sur leur instigation.

Pour prendre le **mouillage du Sud-Ouest** passer à un bon mille dans l'Est de la pointe Sainte-Anne et descendre dans le Sud, en rondissant jusqu'à relever le mont Saint-Philippe au N. 40° O. Faire route sur lui pour approcher de terre, en cherchant à distinguer l'embouchure de la rivière Sedger et celle du ruisseau du Nord. La première se reconnaît aux eaux troubles qu'elle jette dans la baie, et la dernière à une petite coupée commençant immédiatement après l'espace dénudé qui s'étend pendant près d'un mille au Nord du lieu d'observation. L'herbe seule pousse sur cette partie du rivage, tandis que plus au Sud il y a beaucoup d'arbres. Du mouillage, l'entrée de la rivière Sedger est légèrement fermée. On y relève :

La pointe Sedger....................	S. 34° O.
L'embouchure du ruisseau Nord.............	N. 34° O.
La pointe Sainte-Anne..................	N. 53° E.

L'ancre est alors par 18 mètres, vase. Il faut sonder rapidement, aux approches du mouillage, car pour un déplacement de 200 mètres la sonde saute de 46 mètres pas de fond à 15 mètres, limite qu'un grand bâtiment ne doit jamais dépasser : il n'est déjà, par ces fonds, qu'à 2 encablures 5 du *Rocher des Espagnols*. Si l'on s'était, par erreur, un peu trop rapproché de terre, on aurait la ressource d'affourcher pour diminuer le rayon de l'évitage.

Les instructions anglaises donnent comme amer du mouillage Sud-Ouest l'alignement de la pointe Sainte-Anne par le cap Valentyn (île Dawson). En prenant cet alignement sur la carte N° 3398, la seule qui le donne, on trouve une ligne S. 71° O.-N. 71° E. La reportant sur le plan N° 2988, à partir de la pointe Sainte-Anne, on tombe à 400 mètres plus Nord que le mouillage du Sud-Ouest, tout près de la position assignée par les Espagnols à la roche de 5 mètres 5. L'alignement précité est donc à vérifier.

Si l'on veut, au contraire, prendre **le mouillage du Nord,** on contournera la pointe Sainte-Anne, en se méfiant des remous de courant, qui portent quelquefois sur elle, et même du banc Arauco, si l'on veut être très prudent. Mouiller Est et Ouest avec ladite pointe, l'embouchure du ruisseau Nord restant au N. 49° O., l'entrée de la rivière Sedger au S. 22° O. Un petit navire pourra s'avancer à la sonde jusqu'à 150 ou 200 mètres plus en dedans.

La hauteur de la marée est très variable à Port-Famine. Jamais elle ne marne plus de 1^m,80, mais elle diminue beaucoup avec vents d'Ouest et de Sud-Ouest. Au contraire, les vents d'Est et de N. E. produisent les plus grands gonflements. Le port est de ceux que l'on considère comme praticables de nuit.

Port-Famine est sur l'emplacement où Sarmiento fonda la colonie espagnole de *San Philippe*. On peut voir encore, sur la pointe Sainte-Anne, des tombes et des restes de grilles provenant du cimetière de ce premier établissement. Les Chiliens reprirent ensuite l'œuvre des Espagnols, mais en 1843 ils se transportèrent à Punta Arenas. Le point marqué sur la carte *lieu d'observation* est celui où King et Fitzroy déterminèrent la longitude.

Aiguade. — La rivière qui se remarque dans le Sud du port est obstruée par une barre qui assèche à mer basse, mais à mi-flot les embarcations peuvent entrer. Cette rivière a été successivement appelée *San Juan* par Sarmiento, *Segars* par Pecket et *Sedger* par Byron : ce dernier nom a prévalu. On peut remonter ce cours d'eau jusqu'à 4 ou 5 milles de l'entrée, mais alors on se trouve arrêté par les troncs d'arbres charriés. L'eau est douce à $\frac{1}{2}$ mille de l'entrée ; on la fait avec des barils à l'heure de la marée basse, mais elle se conserve mal à cause des détritus végétaux qu'elle tient en suspension. On l'emploiera donc pour les usages journaliers, et l'on se servira pour l'approvisionnement à garder en caisses des puits creusés par l'*Adventure* sur la pointe Sainte-Anne elle-même. Ils sont sur le petit plateau qui domine la troisième anse de galets, en partant de la pointe. Si ceux-là ne suffisaient pas, on en creuserait aisément de nouveaux.

Bois. — Le bois abonde ; mais comme il faut le couper soi-même, on préfère généralement s'en procurer à Punta Arenas, où il s'achète préparé. On trouve de très bonnes essences pour les travaux de charpentage et les embarcations.

La pêche à la seine donne souvent de magnifiques résultats ; on prend des perches, des mulets et de fort beaux *smelts* ou saumons argentés. On trouve à chasser des oies, des canards, des bécassines et des pluviers, mais les chances sont très variables.

On a rencontré des Fuégiens campés dans cette localité.

DE LA RIVIÈRE SEDGER AU CAP SAN ISIDRO. — BAIE VOCES. — A 1 mille dans le Sud de l'entrée de la rivière Sedger on rencontre la baie Voces, au milieu de laquelle se jette la rivière *Second*. Ce petit cours d'eau descend du fond d'une vallée qui s'étend assez loin dans l'intérieur ; son entrée est obstruée par un haut-fond. On mouillera par le travers de l'embouchure, fond de 13 à 18 mètres. Cet endroit est inférieur à Port-Famine, mais il serait utilisable par une division nombreuse, ne pouvant tenir dans ce dernier port ; elle détacherait le surplus dans la baie Voces.

Plus au Sud, jusqu'à la pointe Tree, il n'y a pas de mouillage, car le fond est considérable, même à toucher la côte. Au contraire, dans le N. E. du cap San Isidro, un plateau assez étendu offre une relâche temporaire aux navires à faible machine, ne pouvant remonter les rafales arrivant du cap Froward. En temps de brumes, on pourrait également se réfugier sous le cap; cependant il est bon de dire que les brumes sont peu fréquentes dans ce reach.

La côte occidentale du *Famine reach* se termine à la pointe San Isidro. Nous passerons maintenant de l'autre côté du détroit pour examiner la côte orientale, de la pointe Gente au canal Saint-Gabriel, y compris l'île Dawson, la baie *Useless* et l'*Admiralty Sound*. Ces parages étant en dehors de la route usuelle, le lecteur qui ne désire pas les connaître peut passer immédiatement à la page 170, où il reprendra la côte fréquentée, au-dessous du cap San Isidro. Nous conservons à dessein l'orthographe espagnole de ce nom, pour éviter toute confusion avec la pointe Saint-Isidore, sur la côte Sud du second goulet.

Pour suivre la description de la côte orientale des deux premiers *reachs* et des ports de l'île Dawson, il faut recourir à la carte N° 877. C'est la seule qui contienne les localités en question.

DE LA POINTE GENTE AU CAP VALENTYN. — BAIE USELESS. — La pointe Gente doit être évitée, parce qu'elle est basse et prolongée par des hauts fonds; des courants violents et irréguliers y ont été observés. A 6 milles dans le Sud la côte devient tout accore; elle est sans point remarquable jusqu'au cap Monmouth, que ses falaises rendent apparent.

De ce cap, la terre s'infléchit brusquement au S. E. et présente la pointe Boqueron, promontoire abrupt où vient aboutir la longue chaîne de hauteurs dont nous avons déjà parlé comme s'étendant en arc de cercle jusqu'au cap Espiritu Santo. Tout près de la pointe Boqueron cette chaîne présente un épaulement ou chute fort remarquable, qu'on peut relever même du voisinage de Punta Arenas. Le nom de *Boqueron* (en espagnol, ouverture) fut donné à ce promontoire parce qu'il forme avec le cap Valentyn l'entrée de l'énorme baie Useless. On crut, au premier abord, que cette grande étendue d'eau formait coupure à travers la Terre de Feu et rejoignait sur l'Atlantique le cap Saint-Sébastien. Les cartes anciennes portent sur ce parcours un chenal dit de Saint-Sébastien.

Un examen plus sérieux a montré que la baie Useless s'étend seulement à 30 milles dans l'Est et qu'elle a 12 milles d'ouverture. L'inutilité de ce grand bassin lui a valu son nom. En effet, toute la partie Nord n'offre aucun abri, et c'est à peine si l'on soupçonne dans le Sud un mouillage sous le pic Nose. On tient ce renseignement du *Beagle*, qui est entré dans la baie Useless, mais qui n'a pas expérimenté lui-même la relâche. Si l'on avait à séjourner dans ces parages on serait mieux dans la baie Willes, sur l'île Dawson (voir page 69).

Les terres à l'Est de la baie sont basses, plates, entrecoupées de flaques d'eau; ce terrain ingrat paraît se prolonger jusqu'à la côte de l'Atlantique. Le guanaco est abondant dans l'intérieur; les Indiens semblent occupés exclusivement à le chasser, car leurs feux se voient de loin, dans les terres, et on ne leur connaît pas de pirogues.

Le cap **Valentyn** limite, au Sud, l'entrée de la baie Useless; il est bas à sa pointe extrême; mais, à petite distance dans le Sud, on remarque un morne qui peut être relevé pour le cap et qui se voit des environs de Punta Arena ou de la baie Freshwater. La pointe extrême du cap présente un petit enfoncement où les goélettes pourraient mouiller; cette anse est parfaitement abritée des vents de l'Est à l'Ouest par le Sud, mais lorsque la mer se retire on observe que la partie de plage qui découvre est pleine de petits rochers, ce qui indiquerait un fond dangereux.

Au Sud du cap Valentyn, tout le littoral donnant sur le Famine reach est tellement abrupt que l'on ne peut y débarquer, sauf dans l'anse Préservation, qui offre juste assez de place pour un canot un peu fort. Au pied des falaises s'étend une ligne de galets.

Si le cap Valentyn lui-même n'était très apparent, on chercherait le sommet Graves, désigné par le nom du lieutenant anglais à qui on doit principalement les renseignements publiés sur le Nord de l'île. Ce mont, ayant 400 mètres de haut, se voit d'extrêmement loin. La vue N° 9 de la 1re série le représente très clairement, pris du travers de la pointe Sainte-Marie.

BAIE LOMAS. — EAU, BOIS À BRÛLER. — PORTS SAN ANTONIO ET VALDEZ. — Ce sont les seuls endroits où l'on puisse mouiller sur la côte Ouest de l'île Dawson, et encore l'abri est-il si précaire qu'on aura soin de ne s'y réfugier qu'en cas de nécessité.

La baie Lomas est le moins mauvais de ces mouillages, bien qu'il soit le plus ouvert, parce que l'espace y est très grand et le fond de vase bleue donnant une excellente tenue. On y est bien par des vents de S. O., mais la mer se fait très vite avec ceux de l'Ouest et du N. O. L'entrée étant large de 6 milles et la baie dépourvue de dangers, il n'y a pas d'instructions à donner pour la pratiquer : l'œil et la sonde suffisent. On fera observer seulement qu'à 1 mille de terre il y a 27 mètres d'eau.

L'eau douce et le bois peuvent se faire à volonté. Lorsque King et Fitzroy firent l'hydrographie de l'île Dawson, ils trouvèrent sur la plage 20 *wigwams* ou cabanes, ce qui prouve que l'île est très fréquentée par les indigènes. Il serait bon d'appeler cette baie *deuxième baie Lomas* ou *baie Lomas de Dawson*, pour la distinguer de celle du même nom qui se trouve dans le bassin de l'Entrée (page 35).

Le **port San Antonio** (plan N° 3170), paraît, au premier abord, devoir être très supérieur à cette dernière. L'étroit canal compris entre l'île Dawson, les îles du Nord et San Juan, est intenable par les vents de N. O., qui s'y engouffrent avec force; l'*Adventure* y passa 15 jours et faillit s'y perdre malgré trois ancres mouillées. Toute la partie Nord du port est encombrée de rochers, visibles il est vrai, mais restreignant l'évitage, de sorte qu'en réalité la seule partie praticable est située entre la crique du Colibri et la côte de l'île Dawson, tout près de l'entrée du Sud, par 20 à 25 mètres. Excepté par vent de Nord, on choisira cette dernière passe, parce qu'elle est encore la plus large, bien que n'ayant que 500 mètres. On rangera bien la pointe San Juan pour éviter la roche sous-marine qui en est à $\frac{1}{4}$ de mille dans le S. E. Malgré cet écueil, l'entrée Sud est préférable, parce qu'on n'a pas à manœuvrer au milieu des roches hors de l'eau qui encombrent la partie Nord. En résumé, c'est un endroit à éviter, sauf le cas de force majeure.

En manœuvrant dans les environs de l'île, on se souviendra que la pointe N. O. est prolongée par un récif jusqu'à $\frac{1}{3}$ de mille au large. Au contraire, les îlots rocheux existant dans le S. O. de cette même île sont bien sains; il est possible de passer entre eux et l'île San Juan. L'île du Nord et l'île San Juan sont séparées par un petit canal impraticable.

Le **port Valdez** (même plan N° 3170) n'est pas plus à recommander que le port San Antonio : c'est une crique étroite, encaissée entre deux murailles de 600 à 900 mètres de haut. Le vent de N. O. s'y engouffre avec une telle force que l'on voit, sur le flanc des montagnes, des traînées de très gros arbres tordus et arrachés.

CANAL SAINT-GABRIEL ET CASCADE REACH. — MONTS SARMIENTO ET BUCKLAND. — Du port Valdez à la pointe Cône, la côte occidentale de Dawson s'étend vers le Sud, accore, abrupte, sans mouillages, et sans autres saillies que les pointes Hillock, de l'Atterrage et Zigzag, très peu reconnaissables. Entre la pointe Cône, sur l'île Dawson, et la pointe Anxious, sur la Terre de Feu, s'ouvre le canal Saint-Gabriel, prolongé par le *Cascade reach*, les deux formant ensemble un détroit long de 23 milles et large de $\frac{1}{2}$ mille à 2 milles. C'est une véritable tranchée de nature schisteuse, à travers laquelle l'eau s'est précipitée en isolant l'île Dawson de la Terre de Feu; la direction de la tranchée est absolument parallèle à celle des couches de schiste. Sur la côte Nord, ou de Dawson, le bord du canal s'élève à pic pour former une crête aiguë de laquelle on tombe presque verticalement dans une vallée qui court parallèlement au canal et lui est en tout semblable. S'il y avait plus de profondeur, on verrait un second bras de mer courir parallèlement au premier. Dans le canal Saint-Gabriel et le *Cascade reach*, le flot porte au S. E. et le jusant au N. O.; autrement dit, les eaux viennent du Froward reach et non de la baie Useless.

Immédiatement dans le Sud du canal Saint-Gabriel commence une chaîne de hauteurs dont les deux sommets dominants sont les monts Sarmiento et Buckland. Le premier, haut de 2,073 mètres, a servi à King et à Fitzroy pour coordonner les diverses parties de leur triangulation; ils ont pu prendre des angles sur lui de l'île Élisabeth, de Port-Famine, du cap Holland, de Port-Gallant, et même du mont Skyring, dans les îles Magill, sur le Pacifique, à la sortie du canal Santa Barbara.

Le mont Sarmiento occupe l'angle S. E. du *Magdalene Sound*. Sa base est large, puis il s'amincit et se termine par deux petits pics distants de $\frac{1}{4}$ de mille et gisant N. E., S. O., l'un par rapport à l'autre. Vus du Nord, ces deux petits pics ressemblent à un cratère de volcan; mais lorsqu'on est à l'Ouest du cap Froward, ils se confondent ensemble et la forme de cratère disparaît. Le sommet est revêtu de neiges perpétuelles et presque toujours entouré de vapeurs condensées. C'est par temps froid, avec vents du S. E. au N. E., qu'on peut le voir absolument dégagé et admirer sa magnificence dont parlent tous les voyageurs, notamment Sarmiento et Cordova.

Le mont Buckland est à 18 milles dans l'E. q. N. E. du premier. Il n'a que 1,200 mètres d'élévation et est de formation schisteuse, genre ardoise; il se termine par un pic recouvert de neiges perpétuelles. Entre les sommets des deux monts précités s'étend un contrefort accidenté, sorte d'immense glacier, lequel alimente par ses fontes les innombrables ruisseaux tombant à pic des falaises dans la partie Sud du canal Saint-Gabriel : c'est pourquoi on a donné le nom de *Cascade reach* à ce bras de mer et celui de *Port Waterfall* à la petite baie qui le termine.

ADMIRALTY SOUND. — En sortant du *Cascade reach*, un navire a devant lui, à droite, un bassin fermé où se remarque le havre Fitton; à gauche, un canal large de 2 milles et donnant sur l'*Admiralty Sound* : on désigne sous ce dernier nom une découpure profonde s'enfonçant de 43 milles dans la Terre de Feu. On rencontre sur la côte Sud un certain nombre de baies, dont quelques-unes ont des mouillages, tandis que la côte Nord est, au contraire, tout à fait inhospitalière.

Port Cooke. — Parmi les endroits praticables, le premier est le port Cooke, petit bassin formé par l'île High et la Terre de Feu.

5.

On mouille en face d'un ruisseau, par 16 mètres. L'île High est non seulement haute, mais encore boisée.

Havre Brookes. — Immédiatement après le port Cooke vient le havre Brookes, qui est infiniment plus grand que lui, mais cependant très inférieur, parce que les fonds y sont énormes et que pour mouiller il faut se haler dans des anses; on ne peut y pénétrer qu'à la remorque ou à la cordelle.

Le **port Ainsworth** vaut un peu mieux, au moins dans sa partie Ouest, où l'on rencontre d'assez bons fonds. Les montagnes auxquelles il est adossé sont recouvertes d'un énorme glacier dont les eaux de fonte viennent se jeter à la mer.

Le **havre Parry** a environ 5 milles de profondeur e 3 milles de largeur. Sur bâbord, en entrant, on rencontre les deux anses Stanley, qui peuvent indistinctement abriter un petit navire. Tout à fait au fond, il y a mouillage sous le mont Hope, par 20 à 30 mètres; mais les vents de N. O. doivent souffler si fort au fond de cet entonnoir, qu'il vaut mieux ne pas s'y tenir.

Le mont Hope a l'air d'une île, tant l'eau ou des terrains bas l'entourent de tous côtés. Si, de son pied, on fait face au S. E., la vue s'étend, pendant près de 12 lieues, sur une plaine sans accidents; puis, à cette distance, l'œil est frappé par une montagne dont la longitude est de 70° 22′ et la latitude de 54° 48′ : ce point géographique correspond à la position assignée par le capitaine Basil Hall à un volcan qu'il dit avoir aperçu en 1820, alors qu'il passait le cap Horn. A ce sujet, le capitaine King fait observer qu'il y a peut-être erreur, car pendant la durée de ses travaux il n'y eut pas trace d'éruption. Nous pourrions ajouter qu'aucun des nombreux rapports ayant paru depuis vingt ans ne parle de ce phénomène, assez frappant pour être noté.

A 9 milles dans le S. O. du sommet en question existe la mission anglaise d'Ushuwia, recommandée pour assistance aux marins abandonnant leurs navires dans les parages du cap Horn (page 178).

Partant du mont Hope, nous sortirons de l'Admiralty Sound en côtoyant la rive Nord. Dans le N. O. de l'île Three Hummocks, nous observerons une sorte d'entrée de baie, mais personne n'a donné de renseignements sur l'intérieur. Enfin, ayant longé les longues chaînes schisteuses qui bordent le Sound au Nord et continué vers le pic Nose, nous retrouverons la baie Useless, que nous connaissons déjà.

Les documents nautiques concernant l'Admiralty Sound ne disent rien du régime des eaux; mais il paraît évident que le flot arrive du Nord et n'est que le prolongement de la grande onde qui remplit la baie Useless. Les deux flots descendant au Sud, de chaque côté de l'île Dawson, se rencontrent vraisemblablement sous le mont Sherrad.

CÔTE EST DE L'ÎLE DAWSON; SES MOUILLAGES. — Le *Brenton Sound* est un bras de mer à large ouverture que prolonge encore le port Owen, sorte de long boyau s'enfonçant dans l'île Dawson. Le fond du port n'est qu'à 4 milles de la baie Lomas et le terrain intermédiaire est bas, plein de marécages.

Le Brenton Sound présente deux bras séparés l'un de l'autre par l'île Wickham. Le pic Sharp, principal sommet de cette île, se voit très distinctement, même de Port-Famine, comme nous l'avons fait observer.

Au Nord de l'île Wickham, la côte de l'île Dawson présente une petite découpure semblant offrir un mouillage. En sondant entre les deux pointes on a trouvé de 16 à 35 mètres. Aucun navire n'est entré en dedans, à ce que l'on sache du moins, et c'est pour cela que l'on appelle cet enfoncement la baie *Non-Entry*.

Baie Fox. — Un petit navire peut mouiller dans la baie Fox par des fonds de 5m5 à 9 mètres. Un torrent se déverse à la mer en cet endroit. Il y a peu d'eau dans la partie Sud, mais les dangers sont indiqués par des goémons. Au contraire, la pointe Tree Bluff est accore : à 20 mètres d'elle la sonde accuse 16 mètres.

La **baie Harrie** est une coupure de la côte ayant 2 milles de pointe en pointe; on n'a pas de renseignements sur elle.

La **baie Willes** est dans le N. O. de l'île Offing, qui la fait bien reconnaître. Quoique peu étendue, elle offre un excellent mouillage par 16 à 18 mètres, fond de vase. L'anse Gidley, bassin ayant 5m5 de profondeur, peut recevoir les petits navires, qui y seront en complète sécurité.

De la baie Willes jusqu'au Nord de l'île Dawson il n'y a plus de point notable.

§ 5. — LE FROWARD ET L'ENGLISH REACHS.
LES BASSINS EN DÉPENDANT.

SOMMAIRE DU CHAPITRE. — Reprenant le bâtiment en face de la pointe San Isidro, nous le conduirons maintenant jusqu'à l'entrée du Crooked reach.

La carte N° 877 est la seule qui permette de suivre dans toutes ses parties la lecture du présent chapitre; elle suffirait, à la rigueur, pour la navigation. Cependant la route usuelle sera plus facilement suivie sur la carte N° 3398, dont l'échelle est double par rapport à la première. Enfin la partie de côte comprise entre le cap San Isidro et la pointe Glascott est détaillée sur le plan N° 3170, à une échelle trois fois plus grande que celle du N° 3398.

Les navigateurs consulteront aussi avec fruit les vues de la première série, du N° 11 au N° 17.

CAP SAN ISIDRO; MONT TARN. — Ce cap se termine par une colline basse, de forme ronde, et rendue apparente par des arbres qui la recouvrent dans le voisinage de la pointe. Cette colline n'est que le prolongement du mont Tarn, dont il importe de parler, car il est le principal point de reconnaissance des terres dans cette partie du détroit. On le verra représenté sur les vues N°s 9 et 10 de la première série, prises du travers de la baie Freshwater et de Port-Famine; mais on se souviendra que son aspect change beaucoup avec la position du bâtiment. Le sommet est une crête aiguë, avec dents, dont les deux extrêmes gisent N. O. et S. E. et sont à 1 mille l'une de l'autre. La plus élevée a 792 mètres, hauteur obtenue par Fitzroy à l'aide du baromètre. Dans la direction du cap San Isidro, il y a des pentes praticables; au contraire, les côtés S. O. et N. E. sont à pic ou remplis de précipices. Vu de loin, dans le Nord, le mont Tarn apparaît comme n'ayant qu'un pic unique; puis, lorsqu'on arrive à la hauteur de Port-Famine, on voit une selle se dessiner. En été on remarque, la plupart du temps, quelques taches de neige près et au-dessous du sommet; en hiver, les deux tiers les plus élevés sont toujours couverts de neige.

Le cap San Isidro se termine par un récif rocheux, recouvert de goémons, et se prolongeant jusqu'à deux encablures au large. A l'extrémité du récif existe une roche qui est au ras de l'eau, de mer haute. On dit qu'il y a mouillage le long de la côte, dans le N. N. O. de ces dangers, sous terre, où l'abri est bon contre les vents régnants. Mais le voisinage de baies infiniment supérieures, comme celle de Saint-Nicolas, doit faire qu'on se sert rarement de la possibilité qui s'offre aux navires.

BAIES DE L'AIGLE, DU CANON, INDIENNE, DUBOUCHAGE, BOURNAND ET BOUGAINVILLE; AIGUADES. — Nous réunissons sous ce même paragraphe divers mouillages pour petits navires répartis sur un espace de 4 milles entre le cap San Isidro et la pointe Sainte-Brigitte. On y est bien à l'abri de tous les vents dominants (plan N° 3170).

La **baie de l'Aigle** est un petit enfoncement de $\frac{3}{4}$ de mille s'ouvrant dans le Sud du cap San Isidro. Le mouillage est au fond de la baie, par 18 à 22 mètres; si le navire n'est pas tout petit, il n'aura pas son évitage et sera obligé d'envoyer des amarres à terre : on les choisira solides, car il tombe des hauteurs voisines des rafales très violentes (*williwaws*). Un récif s'étend à une encablure au large de la pointe Sud de la baie; un petit îlot ou plutôt un rocher le termine.

BAIES ENTRE SAN ISIDRO ET SAINTE-BRIGITTE.

Deux ruisseaux se jettent dans la baie, mais leur eau est pleine de matières en suspension et ne se conserve pas dans les caisses. On trouve en abondance dans les bois le *Winterana aromatica*, dont l'écorce est une sorte de cannelle blanche ou de quinquina. Il y a de fort beaux arbres. C'est cette baie que Cordova avait appelée Valcarcel.

La **baie du Canon**, qui confine avec celle de l'Aigle, offre plus de ressources comme mouillage. Un navire, même de fortes dimensions, peut y mouiller et éviter dans tous les sens sans aucun besoin d'amarres à terre. Le fond est de vase dure, donnant une bonne tenue. Deux ruisseaux fournissent de l'eau excellente.

Baie Indienne. — Une pointe prolongée vers l'intérieur par une colline à sommet arrondi sépare la baie du Canon de la baie Indienne; cette colline est très boisée. Au premier aspect, la baie Indienne semble offrir plus de développement que la précédente; mais cependant le mouillage y est moins commode, parce qu'il est rétréci par un rocher gisant à 2 encablures de terre et élevé de 3^{m}60 au-dessus de l'eau. On mouille soit dans le N. E., soit dans le S. O. de ce rocher, mais on a plus de place dans le N. E. Le rocher sert beaucoup pour prendre le mouillage; mais il se voit moins, en arrivant du large, que le petit îlot boisé s'en trouvant à 250 mètres dans le N. O. Seules les embarcations peuvent passer entre l'îlot boisé et la terre. La côte de la baie Indienne est moins accore que ses voisines : dans la partie Est on trouve des fonds de 7 à 8 mètres jusqu'à 4 encablures de terre; un banc de goémons s'étend à 2 encablures au large de la pointe Sud, mais il y a 16 mètres d'eau à son centre. On attribue les hauts-fonds bordant la côte à des dépôts d'alluvions charriés par le fort ruisseau qui se jette au fond de la baie. Ces dépôts donnent partout une bonne tenue; on mouille par 13 à 16 mètres.

La **baie Dubouchage** est la moins utilisable de toutes; elle est aussi petite que la baie de l'Aigle, et les fonds y sont bien plus grands à la même distance de terre. Il faut s'avancer jusqu'à toucher terre pour trouver 15 mètres d'eau. Entre cette baie et celle de Bournand se projette le cap justement appelé *Remarquable* par le célèbre Bougainville : c'est un morne arrondi par le haut, et dont le sommet est boisé. Il est extrêmement accore, car la sonde accuse 36 mètres à $\frac{1}{4}$ d'encablure et 55 mètres, pas de fond, à 2 encablures.

La **baie Bournand,** de forme carrée, est une des meilleures de la série; les fonds y sont modérés; elle est bien abritée par l'île Nassau des vents de S. O. et même de S. S. O. On mouille par 15 mètres, vase dure, en face de la plage rocheuse qui occupe la partie N. O. de la baie. Un ruisseau donnant de très bonne eau se jette à la mer sur cette plage.

La **baie Bougainville** ressemble en tout point à celle de l'Aigle, mais est encore plus encaissée; Cordova l'appelle la baie Tejada, et les pêcheurs de phoques le havre Jack. On s'y croirait dans un bassin à flot, tant la mer y est tranquille. La manœuvre à faire pour entrer est rendue délicate par le défaut d'espace. Il faut jeter l'ancre par 22 mètres et s'amarrer ensuite à quatre sur les arbres de la plage. C'est là que Bougainville mouilla la frégate *la Boudeuse* et fit un chargement de bois de construction pour la colonie française des Malouines. On y trouve encore de beaux arbres. L'eau est bonne, mais en petite quantité. On pourrait, sans aucune crainte, y abattre un navire en carène.

La mer est brisée par l'îlot de l'Observatoire, et surtout par l'île Nassau, qui gît à $\frac{1}{2}$ mille seulement dans le Sud de la baie. Il y a bien passage entre l'île Nassau et la terre, mais le canal est si étroit que la mer ne peut s'y faire. A distance, on n'aperçoit pas du tout le passage; l'île Nassau semble une presqu'île. Parfois aussi la pointe Sainte-Brigitte fait l'effet d'une petite île détachée; elle est formée de roches pointues, sortes d'aiguilles, couvertes de broussailles malgré leurs formes anguleuses. Quoique les fonds soient grands dans le canal Nassau, on recommande aux capitaines de ne pratiquer cette passe qu'en cas de nécessité : le jeu de la marée y est irrégulier. Les navires un peu grands qui voudront s'amarrer dans la baie seront, la plupart du temps, obligés de mouiller d'abord entre l'île Nassau et l'îlot de l'Observatoire, par 50 ou 60 mètres; de là, ils élongeront des amarres.

BAIE SAINT-NICOLAS (plan N° 2989). — C'est le meilleur mouillage de toute cette côte. Il y a largement de la place pour les plus grands bâtiments; c'est la relâche indiquée pour tout navire qui ne peut atteindre la baie Fortescue.

Au centre de la baie se remarque l'île Sanchez, quelquefois appelée *du Bouquet* à cause des grands arbres qui s'y élevaient autrefois; mais ils ont été ou coupés ou brûlés, car il n'existe plus aujourd'hui que quelques squelettes d'arbrisseaux. Cet îlot divise le mouillage en deux parties; celle du S. O. est la plus vaste et peut aisément contenir trois bâtiments à la fois.

La baie étant exempte de dangers sous-marins est d'un accès des plus simples; le capitaine Mayne estime qu'il est possible de la pratiquer de nuit sans aucun inconvénient. Dans la partie S. O. on peut mouiller à partir du moment où l'on est sur la ligne joignant l'île Sanchez à la pointe Glascott; mais il est possible d'approcher encore plus de terre. On se défiera seulement du banc de la rivière de Gennes; il se prolonge assez au large, ainsi que le montre le plan, et change fréquemment de contour. A moins de calme complet, on observe sur tout son accore une ligne de clapotis qui dessine exactement la limite et suffit pour l'indiquer. Le relèvement de l'île Sanchez guide également pour éviter les hauts-fonds; il ne faut pas passer au Nord de la ligne qui, du centre de l'îlot, va dans le S. 78° O.

Pour prendre le mouillage de la partie N. E., on se guidera sur le relèvement de la pointe Sainte-Brigitte (île Nassau) et sur celui de l'îlot Sanchez. On peut passer d'un mouillage à l'autre en dedans de l'île Sanchez, qui est parfaitement saine. Mais la sortie de la rivière de Gennes occasionne souvent des remous de courant, de sorte qu'à moins de motifs sérieux on passera au large de l'île. En se jetant à la mer, le cours d'eau s'infléchit vers l'Est et forme un petit courant qui porte vers la pointe Sainte-Brigitte, avec de légères inflexions variables avec la marée. Il faut aussi remarquer que les hauteurs du pic Nodales occasionnent, lors des jeux de la brise, de grandes intermittences dans sa force. Parfois on remarque des calmes subits, ne durant que quelques minutes, mais dont les voiliers tiendront compte : ils se ménageront de l'aire, pour n'être pas arrêtés s'ils rencontrent l'accalmie sous terre.

La rivière de Gennes débite un volume d'eau considérable : elle n'a pas moins, à sa sortie, de 90 mètres de large. Mais cette eau est très sale et difficile à embarquer parce que l'embouchure est encombrée de bancs mobiles et de troncs d'arbres en dérive.

DE LA POINTE GLASCOTT AU CAP FROWARD. — La pointe Glascott n'est que le prolongement à la mer du massif à sommets aigus que le pic Nodales domine. Dès que le bâtiment a doublé cette pointe, il est en face d'une portion de côte presque absolument droite; les terres de l'intérieur sont accidentées et boisées. On compte 6 milles de la pointe Glascott au cap Froward, et la seule saillie de la côte est à 2 milles 5 du cap : c'est une *pointe de galets couverte d'arbres* jusqu'à 20 mètres du bord de la mer. Avant cette pointe, c'est-à-dire dans son N. E., l'observation attentive fait reconnaître une petite embouchure de rivière, arrosant la seule vallée qui existe sur cette côte. Entre la pointe et l'embouchure de la rivière il y a mouillage à $\frac{1}{4}$ mille de terre, par 20 mètres, en face d'une plage de sable. C'est une relâche tolérable par vent d'Ouest, mais précaire dès qu'il hale le Sud. Jamais les vapeurs n'auront à s'en servir, mais les voiliers qui comptent même par mille, en luttant contre les vents debout, peuvent en tirer quelque parti, à titre de mouillage temporaire; ils y seront en observation, prêts à doubler le cap Froward.

Le **CAP FROWARD** est la pointe extrême de la Patagonie : pour cette raison, les premiers navigateurs anglais l'appelèrent cap *Forward*, ou cap *avancé, extrême*. Le capitaine Mayne attribue le changement de nom à une erreur typographique qui se glissa dans l'impression de la première instruction nautique concernant le détroit. En la traduisant, les autres nations maritimes reproduisirent l'erreur qui devint ainsi générale. Tout en la reconnaissant, Mayne a continué à imprimer *Froward*, de sorte que c'est aujourd'hui le nom définitif.

La vue N° 12 de la première série en donne le dessin très clair. Le promontoire est surmonté par un morne rond appelé par Sarmiento le Morro de San Agnedo. Bougainville et le lieutenant Graves parlent d'un petit rocher existant sous le cap même; ils purent y débarquer, et ce fut même une des importantes stations pour la triangulation du détroit.

Ainsi que nous l'avons fait observer au chapitre des généralités, on rencontre au cap Froward un grand changement dans le climat. De ce cap au golfe de Peñas, à la sortie des canaux latéraux, les marins quittent rarement leurs vêtements cirés. Les coups de vent d'Ouest occasionnent des rafales furieuses; les grains, très fréquents, sont accompagnés de pluies diluviennes, de grésil, de grêle et de neige. Sur le soir, il se produit ordinairement une diminution dans l'intensité du vent : on saisira cet instant au passage, si l'on se présente pendant une mauvaise série. Un vapeur remisé dans la baie Saint-Nicolas n'a que 22 milles à faire pour atteindre la baie Boisée et 40 pour mouiller à Fortescue; il a bien des chances pour doubler. Quoique les courants soient faibles, on aurait tort de les négliger dans les prévisions de la route.

La *Santa Maria de la Cabeza*, frégate de Cordova, y fut gravement compromise par les tourbillons (*williwaws*). Ce navigateur fait observer que le vent, tourmenté par les hautes terres, ne se meut pas horizontalement, mais qu'il tombe sur le navire avec une inclinaison notable. En frappant la mer obliquement il la fait sauter en l'air, sous forme de colonnes d'eau pulvérisée et de brouillard. Cette marque sur l'eau est très apparente, et c'est le seul indice que l'on ait de l'approche des *williwaws*. On ne saurait trop conseiller une diminution de voilure dès que ce signe apparaît.

DU CAP FROWARD AU CAP HOLLAND; LA BAIE SNUG ET LA BAIE BOISÉE. — Les deux caps sont distants de 13 milles 5 et séparés par une chaîne de montagnes hautes d'environ 700 mètres et sans points vraiment remarquables. La route longe la côte accore à 2 ou 3 milles de distance.

Le navire passe ainsi devant la baie Snug, mouillage médiocre au dire des rapports de King et de Fitzroy. Ces officiers estiment que la baie Wood ou Boisée est préférable pour les bâtiments allant dans l'Ouest et la baie Saint-Nicolas pour ceux qui cheminent vers l'Est; que le mouillage est un simple plateau formé par les apports d'un ruisseau descendant de la montagne. En s'approchant, on cherchera une petite île à peine détachée de terre et l'on jettera l'ancre dans le S. E. du centre par 16 mètres, fond de sable.

A côté des appréciations désavantageuses des instructions anglaises nous croyons devoir reproduire l'extrait suivant d'un rapport de M. Thomas S. Phelps, master du *Decatur*, dont les observations sur le détroit paraissent toutes dignes de confiance.

« Le meilleur amer pour aller prendre le mouillage de la baie Snug, c'est une petite île verte. Le port Snug est le premier que l'on rencontre dans l'Ouest du cap Froward, dont il est à 5 milles de distance. C'est une belle et vaste baie avec une plage de sable; deux petits ruisseaux viennent se jeter dedans. Dans l'Est de l'îlot et de la chaîne de roches qui s'étend de l'îlot vers la côte en se dirigeant vers le N. O., la sonde donne de 11 à 15 mètres de fond dans toute la baie et jusque auprès de terre; le fond tombe tout à coup de 31 à 15 mètres, et on ne trouve pas de fond avec une sonde à main jusqu'au moment où l'îlot reste au N. 61°O. environ.

« **Baie Snug.** — En entrant dans la baie Snug, donnez à l'îlot un tour de $\frac{1}{4}$ à $\frac{3}{4}$ de mille, lorsque vous en passerez dans l'Est. Le mieux est d'en passer entre $\frac{1}{4}$ de mille et $\frac{1}{2}$ mille, et quand la roche qui est au Nord et à l'Ouest des îles reste dans l'alignement du centre du mont qui forme le cap Holland, la sonde donne $15^m 5$ de fond.

« Quand le mont ci-dessus nommé reste entre la roche et la pointe Ouest de la baie ou quand le premier touche le dernier, la sonde donne $12^m 8$, et c'est là probablement le meilleur endroit pour mouiller, parce qu'on est bien abrité contre les vents de l'Est au S. O. par le Nord.

« Quand la pointe Sud du cap Holland est dans l'alignement de la pointe Ouest du port, la sonde donne 11 mètres, et à 1 encablure, un peu plus loin, on trouve $7^m 3$. Le fond est composé d'argile, sable et coquilles brisées.

« Probablement les hautes montagnes escarpées qui entourent la baie Snug la font paraître plus petite que ce qu'elle est réellement; et c'est pour cela sans doute que les navigateurs ont passé devant sans y faire attention. Elle est tout à fait semblable à la baie Saint-Nicolas. »

Baie Wood ou Boisée. — L'aspect uniforme des terres qui se remarque après la baie Snug cesse complètement au cap Holland, ainsi que le montre la vue N° 14 *bis* (1re série), donnant aussi l'entrée de la baie Wood ou Boisée. Le cap Holland fait à peine saillie, mais il n'en est pas moins remarquable parce qu'il vient après une grande dépression de terrain formant le fond de la baie Wood et que ses flancs présentent des sortes de coupures parallèles analogues à des gradins. On distingue dans cette baie (plan N° 2988) trois mouillages qui pourraient être occupés simultanément. Les relèvements du cap Holland, de l'entrée de la rivière Saint-Joseph et de la pointe Cushing serviront, avec la sonde, à choisir celui qu'on préfère. On remarquera que le meilleur mouillage est celui du N. O., que le cap Holland forme par lui-même. Un banc de goémons prolongeant le promontoire pendant 200 mètres dans le S. E. augmente l'abri. Ce banc se termine par une roche presque à fleur d'eau ($1^m 25$). Quoique le mouillage du N. O. soit fort restreint, on remarquera cependant qu'on peut y décrire une circonférence de 180 mètres de rayon ne touchant aucun danger : c'est dire qu'en manœuvrant avec précision, et en affourchant, on peut y amarrer un navire même d'assez fort tonnage. Les très grands navires mouilleront sur l'ancre qui est dans le S. E. du cap Holland. Le troisième poste ne sera pris que les deux autres étant occupés et en observant que les hauts-fonds s'étendent à 400 mètres de terre dans l'Est de la rivière Saint-Joseph. Au mouillage intérieur il y a deux fois plus de fond qu'aux postes extérieurs, mais ces derniers sont seulement abrités contre les vents de N. O.

Pour prendre le mouillage intérieur il faut jeter l'ancre à mi-distance entre le cap Holland et l'embouchure de la rivière. Les instructions anglaises donnent encore le moyen suivant pour ceux qui ne voudraient pas se fier à l'œil. Chercher dans le fond de la baie, près de la mer, une colline très apparente et couronnée d'un bouquet d'arbres. Se placer de telle manière qu'on la relève au N. N. O. Alors on verra en arrière-plan, à 1 ou 2 milles vers l'intérieur, un pic des plus remarquables. Se diriger sur l'alignement du pic par la colline et jeter l'ancre par 30 à 33 mètres. Ni la colline ni le pic n'étant marqués sur les cartes, ces indications sont vagues, et nous ne les donnons que pour mémoire. Étant dans la petite baie, évité au N. O., on ne pourra appareiller qu'en culant. Il faudra faire attention au banc ou épi Baxer, sur lequel le jusant porte.

Le vaisseau français *le Duguay-Trouin* a trouvé à mouiller en pleine côte, par 20 mètres, à 3 milles environ dans l'E. S. E. du cap Holland, c'est-à-dire à peu près à mi-distance entre la baie Snug et la baie Boisée. Toutefois le mauvais temps n'a pas permis de fixer exactement la position de ce mouillage.

DU CAP HOLLAND AU CAP GALLANT. — Entre le cap Holland et la baie Cordes, les petits navires, surtout les voiliers, peuvent encore jeter un pied d'ancre soit devant la baie André, soit à l'Ouest du cap Coventry, à $\frac{1}{2}$ mille de terre, par 20 à 25 mètres. En ce dernier mouillage, l'abri contre les vents d'Ouest est nul.

La **baie Cordes** est reconnaissable à l'îlot Mussel, tout couvert de verdure, et au mont des Trois Pics, auquel les instructions anglaises donnent 413 mètres de haut et les cartes, également anglaises, 533 mètres (voir vue N° 15, 1re série). Le mont des Trois Pics se détache très nettement des terres environnantes. Le voisinage de la baie Fortescue, qui est plus grande, fait que cette relâche est très peu fréquentée par les vapeurs, mais elle est bonne pour les voiliers. En passant à l'Ouest de l'île Mussel, ils mouilleront dans le N. E. de la pointe Ouest et au Sud du grand banc de goémons qu'indique la carte par les pointillés. Il est possible de contourner ce banc, en passant dans l'Est, et d'aller mouiller devant l'entrée du port Saint-Michel, où l'abri est excellent. Mais ce mouvement est difficile, à cause des nombreux bancs de goémons qu'il faut éviter de toucher. Un voilier sera fréquemment obligé de se touer avec des amarres. Entre les bancs, le fond est de sable vasard, de tenue très suffisante.

Le **port Saint-Michel** serait un vrai bassin à flot, pouvant recevoir des cuirassés, sans le pas qu'il faut franchir pour entrer. Aussi, ayant en dedans jusqu'à 24 mètres de fond, ce port ne peut aujourd'hui recevoir que les caboteurs calant au plus deux mètres.

BAIE FORTESCUE. — PORT GALLANT. — BOIS À BRÛLER. — AIGUADE. — Ces deux mouillages se font suite comme la baie Cordes et le port Saint-Michel, mais la dimension considérable de la baie Fortescue la fait considérer comme bien supérieure à la baie Cordes ; c'est la meilleure relâche de cette partie du détroit. On est, cependant, en droit de se plaindre de la qualité du fond ; quoique bien meilleur dans l'Est que dans l'Ouest de la baie, il est partout trop léger. Aussi, en cas de mauvais temps, fera-t-on bien de mouiller deux ancres.

La baie Fortescue est celle que les Espagnols avaient appelée *Bahia de fuerte escudo*, baie du fort abri. Comme on n'a connaissance d'aucun navigateur anglais qui ait donné à cet endroit le nom actuel de Fortescue, on pense que le mot est venu de la réunion de *fuerte escudo* ou *fort escudo*, par corruption *fortescue*. C'est là que s'arrêta Dumont d'Urville avec *l'Astrolabe* et *la Zélée*.

La vue N° 15 de la 1re série indique l'entrée de la baie : le mont Cross y est très caractérisé au milieu des sommets voisins. Avec certains éclairages les détails du fond de la baie, c'est-à-dire de sa partie Nord, ne sont pas faciles à analyser. L'îlot Cross n'est qu'un rocher bas se voyant seulement à quelques encablures. Quant à l'île Wigwam, elle se confond avec les hautes terres du fond, et c'est bien plutôt une presqu'île qu'une île. Sa partie Ouest se croise avec la pointe de la terre ferme, qui est vis-à-vis, et c'est seulement aux trois quarts de flot qu'elle est entourée d'eau de tous côtés ; le très petit espace (20 mètres) que l'eau vient alors couvrir est trop oblique pour être vu de l'extérieur, à moins que l'on ne soit sous la côte du mont Cross. Le plan N° 2989 indique, dans la partie Ouest, une tache déboisée qui peut être de quelque secours comme amer.

Les navires fréquentant la baie auront soin de ne jamais dépasser, dans l'Ouest, le méridien de la partie Ouest de l'île Wigwam : non seulement ils auraient alors des fonds plus grands et plus mauvais, mais encore ils seraient plus exposés aux tourbillons tombant des montagnes. L'endroit le plus recommandé est entre deux lignes S. S. E. et S. S. O. tracées du centre de l'îlot Cross, fond de 18 mètres ou environ, mais pas beaucoup moins, car on n'est déjà qu'à 4 encablures 5 de terre. En manœuvrant soit pour entrer, soit pour sortir, les navires se souviendront que le flot porte sur le cap Gallant et le jusant sur la pointe Pétrel, que leur effet est fort dans les grandes marées.

Le **port Gallant** est, comme le port Saint-Michel, une sorte de bassin à flot. Des réparations importantes pourraient y être entreprises, mais l'entrée est difficile et ne saurait s'effectuer qu'en élongeant des amarres. Les ruisseaux considérables arrivant du fond du port obstruent de plus en plus l'entrée par les apports qu'ils charrient. Les derniers rapports conseillent de n'y pas entrer si l'on cale plus de 4 mètres 50. Bien que la mer n'y marne que de 2 mètres 40 au plus, les courants sont violents dans la passe étroite séparant le port de la baie : cela tient aux grands espaces recouverts de marais et de lagunes que la mer couvre et découvre alternativement. Les navires quittant la baie Fortescue, et particulièrement les voiliers, observeront bien l'effet du courant au moment de leur appareillage ; à certains moments de la marée, ils seraient jetés sur la pointe Milagro, s'ils ne prenaient des précautions.

Malgré les nombreux ruisseaux que la carte signale dans la baie Fortescue même, l'usage est de faire l'eau au port Gallant ; il y en a aussi de bonne sur la côte Est de la baie, en face de l'île Wigwam. On trouve sur les plages des moules en énormes quantités. Un poteau s'élevant sur l'îlot Cross porte les noms de divers navires ayant passé en cet endroit.

Le nom de *port Gallant* a été donné par Cavendish en 1587, mais les uns disent que *Gallant* était le nom d'un de ses navires, d'autres que c'était celui d'un de ses hommes, *Hugh Gallant*, qu'il y perdit et enterra.

LES ÎLES CHARLES ; LE PORT DES TROIS PASSES. — BOIS À BRÛLER. — A hauteur du cap Gallant, le chenal, si large depuis le cap Froward, se trouve soudain rétréci par une longue chaîne d'îles et d'îlots commençant aux rochers Canoas et se terminant 20 milles plus loin, à la pointe Nord de l'île Charles III. Cette chaîne forme deux canaux, celui du Nord étant le plus large et le seul usuel. Ce rétrécissement subit occasionne une recrudescence dans la force des courants ; ils atteignent fréquemment 3 nœuds, et plus, dans toute la longueur de l'English reach.

Port des Trois Passes. — Les trois plus grandes des îles Charles forment entre elles un port, dit port des Trois Passes (plan N° 3188). La baie Fortescue est plus grande et plus sur la route que le port en question, de sorte qu'elle lui est toujours préférée; cependant le port des îles Charles peut servir dans les cas imprévus. On se souviendra que la carte N° 3188 en donne le croquis plutôt que le plan, car l'orientation n'est pas exacte; les relèvements ne cadrent pas : il existe un haut-fond de 9 mètres à mi-marée à 150 mètres de la pointe gisant dans le S. q. S. O. de la pointe Jacquinot; des sondes de 58 mètres existent au centre de la baie. Les navires entreront par la passe du Nord ou par celle de l'Ouest; celle du S. E. est trop étroite. Un navire très long sera obligé d'effourcher, ce qui lui sera incommode vu les grandes profondeurs. Dans la passe du Nord, les goémons s'étendent assez au large de chaque côté. Où que l'on mouille, les courants sont toujours sensibles et parfois forts. Le fond est de sable; tenue médiocre.

Le bois à brûler est abondant, mais on ignore s'il y a de l'eau.

Aucune des trois îles principales n'a reçu de nom. Celle de l'Est porte sur sa partie Nord un remarquable rocher blanc (Wallis Mark) qu'on aperçoit en faisant route dans l'English reach. L'île Wren, ou Secretary Wren, est aussi assez apparente; elle figure sur la vue N° 15, 1re série. Les îles Monmouth, James, le rocher Rupert et l'île Rupert forment une sorte de chaîne reliant les îles Charles à l'île Charles III. On pourrait, au besoin, communiquer, en passant entre elles, de l'English reach au bras Sud du détroit. Il n'y a de dangers qu'entre l'île Rupert et l'île Charles III, passage peu étudié jusqu'à ce jour et qu'il y a lieu d'éviter. Quelques documents mentionnent dans ce voisinage un îlot Cordova qui ne figure pas sur les cartes; mais comme ces mêmes documents ne disent rien du rocher Rupert, il est probable que c'est de lui qu'ils entendent parler.

CÔTE DE LA PRESQU'ÎLE BRUNSWICK, DU CAP GALLANT AU CANAL JÉRÔME. — Cette côte est presque en ligne droite, accore et dépourvue de bons mouillages. Le premier point saillant, après le cap Gallant, est la pointe du Passage. Au large de cette pointe, et à petite distance dans l'Ouest, il existe un haut-fond de 3 mètres 60 que les goémons signalent en tout temps.

Cette pointe forme la partie Sud de la **baie Élisabeth**, qui est le seul mouillage passable du littoral compris dans le présent paragraphe. On la reconnaîtra à une plage de sable coupée par une embouchure de ruisseau. On mouille devant la partie Est de la plage à $\frac{1}{4}$ mille de terre, fond de 23 à 29 mètres, sable. Un plateau aride, sur une colline dominant le mouillage, sert à reconnaître la baie, surtout lorsqu'on vient de l'Ouest. En se tenant dans le Sud de la ligne Est et Ouest passant par la tache, on évitera la chaîne de roches limitant la baie dans l'Ouest : elle s'étend à une encablure au large et est entièrement couverte à mer haute. Il existe aussi un mouillage du côté de ces dangers, près de la limite des goémons ; mais il est trop près de terre ; à 230 mètres, on a encore de 25 à 27 mètres de fond. L'abri contre les vents régnants est meilleur que dans la partie Est ; néanmoins, on évitera d'y jeter l'ancre, à cause des courants extrêmement violents qui s'y font sentir. Le mouillage de l'Est est plus ouvert aux vents d'Ouest, mais jamais il n'y a beaucoup de mer dans la baie. Ce qui pourrait arriver de pire serait de casser une chaîne, et, comme la pointe du Passage a peu de saillie, on la doublerait sans peine, car les vents forts sont du N. O. Par vent d'Est, la baie est excellente. En définitive, c'est le seul mouillage praticable dans cette partie de la presqu'île Brunswick. Les navires ne pouvant atteindre ni la baie Tilly ni la baie Borja peuvent s'y remiser pour attendre. Byron et Cordova se sont loués d'y avoir relâché : le premier jeta son ancre à $\frac{3}{4}$ de mille dans le N. q. N. O. de la pointe Passage, par 18 mètres, étant ainsi trop près de la partie rocheuse ; le second mouilla par 27 mètres à $\frac{1}{2}$ mille dans le N. O. de la même pointe, c'est-à-dire un peu trop en dehors.

Il n'existe aucun renseignement sur la baie Albuquerque, qui vient immédiatement après celle d'Élisabeth ; tout indique qu'elle est encore plus mauvaise que cette dernière.

La **rade d'York** et la **baie Bachelor** n'inspirent également qu'une confiance très limitée. Le mouillage n'y est pas absolument mauvais, mais les courants de marée sont très violents et tiennent le navire en travers ; les rafales arrivant du canal Jérôme sont pesantes. Il faut, du reste, remarquer qu'il n'y a en cet endroit qu'un seul et même mouillage, car la baie Bachelor est improprement nommée baie, n'étant en réalité que l'embouchure d'une petite rivière aboutissant à la rade. Pour mouiller, on se servira de deux points : l'embouchure de la rivière, qui est apparente, et la pointe Ouest de la baie, qui est bien boisée. Fitzroy conseille de mouiller, relevant :

L'embouchure de la rivière............... N. 43° E.
La pointe boisée (à 1/2 mille)............. N. 4 E.

Cordova relevait :

L'embouchure de la rivière............... N. 4° E.
La pointe boisée....................... N. 3 O.

Il était donc dans l'Est du mouillage recommandé par Fitzroy et à la même distance de terre.

La pointe boisée dont il est question ci-dessus est prolongée par des bas-fonds assez étendus. On les pare en tenant l'entrée de la rivière bien ouverte pour faire route sur le mouillage; ajoutons que les baies Élisabeth, Tilly et Borja devront toujours être préférées à la rade d'York par tout capitaine maître de ses décisions.

La rivière Bachelor n'est accessible qu'aux embarcations. Elles auront soin, pour entrer et pour sortir, de se tenir exactement dans le lit du plus fort courant; c'est le moyen de franchir sans encombre la barre qui obstrue la rivière. A mi-marée, les grands canots ne peuvent plus franchir.

A $\frac{3}{4}$ de mille dans l'Est de la rivière il y a un récif sur lequel on ne trouve pas, à mer basse, plus de 1^{m}80 d'eau; il gît à $\frac{1}{2}$ mille de terre et est signalé par des goémons. Les navires faisant route près de terre lui donneront $\frac{1}{2}$ mille de tour au moins.

ÎLE CHARLES III; BAIES MUSSEL, BONNET ET TILLY. — En face de la côte que nous venons de décrire, de la pointe Passage au canal Jérôme, s'étend la grande île Charles III, nommée Carlos III par Cordova. Elle compte trois baies, dont deux sont utilisables et très supérieures aux mouillages situés en face sur la presqu'île de Brunswick. On cite en plus une petite anse située entre la pointe Whale et le récif Lucky, où l'on jette l'ancre par 27 mètres; mais le fond y est mauvais et les courants violents. Le flot porte vers le Nord, par-dessus le récif Lucky, et le jusant au Sud.

La **baie Mussel** a quelque valeur, bien qu'inférieure à la baie Tilly. La carte N° 2987 en donne un croquis suffisant. Elle s'ouvre à 1 mille 5 dans le N. O. du cap Middleton (vue N° 16, 1re série). L'avantage de cette baie est d'offrir un très bon abri contre les vents régnants; mais un grand navire sera obligé de mouiller au centre de la baie par 46 mètres, fond médiocre comme tenue. En s'approchant de terre autant que possible, un très petit navire sera encore obligé de jeter l'ancre par 27 mètres. Les instructions anglaises parlent « d'un grand banc de goémons à 2 ou 3 encablures de la pointe Est de la baie, avec un canal profond de chaque côté de ce danger, le canal de l'Ouest étant le plus large. » Il est probable que le banc en question est celui qu'indique le croquis dans le Nord de la pointe Est : dans ce cas, il eût fallu dire le canal *Nord* et non le canal *Ouest*.

Baie Bonnet. — Nous ne parlerons que pour mémoire de la baie Bonnet, ainsi nommée par Cordova. Elle est formée par deux petits îlots stériles près desquels on mouille par des fonds de 27 à 54 mètres. La grande profondeur de l'eau, le défaut de renseignements et la force des courants font qu'on évitera cette relâche précaire. Cordova dit de mouiller en tenant l'îlot *extérieur* (?) entre le N. N. O. et l'O. N. O.; il a observé des courants Est très violents entre l'île et la côte.

La **baie Tilly**, quoique petite, peut rendre les plus grands services aux navires contrariés par les bourrasques à l'entrée du Crooked reach. En se plaçant bien au centre on a, comme évitage, une circonférence de 180 mètres de rayon, ce qui est suffisant même pour de grands bâtiments, à la condition d'affourcher. La grande profondeur de l'eau est l'inconvénient de ce mouillage; mais, d'un autre côté, la baie ne s'ouvre qu'au N. E., vent qui n'est pas à redouter : donc on y est en sécurité. Les petits navires trouvent à mouiller par 20 mètres dans la partie Ouest du bassin.

Parfois, et surtout si l'on a filé beaucoup de chaîne, on ressentira de violentes secousses aux bittes : cela tient à ce qu'il existe dans le fond des têtes de roches sur lesquelles la chaîne s'engage. Lorsqu'elle pare à l'évitage ou sous les rafales, il y a naturellement des rappels brusques mais sans danger sérieux. Cette observation s'applique non seulement à la baie Tilly, mais à bon nombre de mouillages dans toute la région occidentale du détroit. Entre les roches il y a de bonne vase, ainsi qu'on le voit aux pattes de l'ancre, en caponnant.

LES MARÉES DANS L'ENGLISH REACH. — Le régime des eaux y est très obscur. Fitzroy a observé, en face de la rivière Bachelor, «que la mer monte à la plage pendant 3 heures après le moment où le courant du large commence à porter au S. E. (jusant), qu'elle descend pendant 3 heures après le moment où ce même courant commence à porter au N. O. (flot).» Ce serait donc la reproduction exacte de l'anomalie si bien constatée dans l'Est du détroit. Mais d'autres observations ont donné des résultats différents. Cordova parle d'un contre-courant très sensible près de terre, et redescendant vers le cap Froward quand la masse des eaux remonte vers le *Crooked reach* au milieu du chenal. Il est permis de se demander si les navires peuvent réellement profiter de ce contre-courant, lequel a été signalé par des canots longeant la terre à petite distance.

Des renseignements nouveaux sont absolument nécessaires pour fixer les navigateurs. La seule affirmation possible, en l'état actuel des choses, est que les marées reprennent de la force dans l'*English reach* et qu'il faut en tenir grand compte dans la navigation.

CANAL St-JÉRÔME, BAIE ARAUZ. — ANSES ET COUPURES DIVERSES. — Arrivé devant la pointe Nord de l'île Charles III, le navire a devant lui deux embranchements séparés par le massif des pics Thornton, si remarquables sur la vue de la carte N° 3398 : le bras courant vers l'Ouest, puis au N. O., est le *Crooked reach*; celui qui marche vers le N. q. N. O. est le canal Saint-Jérôme, dont il est question ci-dessous. Les lecteurs n'ayant besoin de renseignements ni sur le canal, ni sur les bassins intérieurs (*Otway* et *Skyring*), ni sur la côte Sud du Froward et de l'English reach, peuvent passer immédiatement à la page 93, où se trouve la continuation de la route.

Sarmiento eut le premier connaissance de la grande artère navigable que nous allons maintenant parcourir. Il supposait, sur la côte Ouest de ce bras de mer, des coupures communiquant avec le golfe de Xaultegua. Cette opinion prévalait encore 200 ans après le voyage du célèbre marin espagnol. Encore au temps de Cordova, en 1788, les cartes marines désignaient vaguement sous le nom d'*Indian Sound* le canal que l'on appelle aujourd'hui Saint-Jérôme et toutes les étendues d'eau que l'on soupçonnait dans le N. E. Cordova fit remonter le canal par ses embarcations pour éclaircir les problèmes soulevés par Sarmiento : elles rencontrèrent la terre au fond du bassin dit *lac de la Botella*, et prouvèrent ainsi que l'île de Sarmiento était réellement une presqu'île. De là vint le nom de presqu'île Cordova donné à la terre de l'Ouest du canal. On doit aussi quelques renseignements sur la portée Sud du canal au commodore Byron (1764); il mouilla en deux endroits différents de la baie dite aujourd'hui Arauz. Lès renseignements donnés par ce navigateur, aussi bien que ceux qui ont été obtenus récemment, doivent écarter les navires de cette relâche sans abri, où, de plus, les fonds sont énormes. Étant à $\frac{1}{2}$ mille de terre, *le Dolphin* avait mouillé par 30 mètres, et, lorsque l'arrière était au large, la sonde accusait 80 mètres, la touée étant de 120 mètres.

Le capitaine Fitzroy est le premier qui dépassa, dans le Nord, le canal Saint-Jérôme et fit des observations assez précises pour tracer à peu près exactement le canal lui-même et les petites mers lui faisant suite, les bassins Otway et Skyring. Il partit en embarcation et resta 32 jours dehors.

La côte Ouest du canal Saint-Jérôme est haute, escarpée, couverte d'arbres; la côte Est est plus basse et moins boisée.

Cette dernière présente, plus au Nord que la baie Arauz, divers enfoncements et saillies dont il importe de dire quelques mots. C'est : 1° la baie des Trois-Îles, praticable, mais ayant de trop grands fonds; 2° une petite anse, dans le Sud des îles Terran, refuge passable pour un petit navire; 3° l'anse Cutter, seule relâche sérieuse de cette partie de côte; elle a 1 mille d'ouverture et des fonds de 9 à 14 mètres.

Sur la côte opposée nous remarquons, toujours en partant du Sud : 1° les anses Wood et Seal, utilisables pour les petits navires; 2° le lac de la Botella, s'enfonçant profondément dans la terre, mais sans utilité pratique; 3° la crique Nuñez, ayant de trop grands fonds; 4° le Sound Sulivan, également inutilisable; 5° l'anse Bending, mouillage à recommander et valant celui de l'anse Cutter. En résumé, on peut dire que la navigation est simple dans tout le canal Saint-Jérôme.

LES BASSINS OTWAY ET SKYRING; LE CANAL FITZROY.
— On fait commencer le bassin Otway à la ligne qui joint Child Bluff à la pointe Stokes : cela donne au canal Saint-Jérôme une longueur de 25 milles. Le bassin Otway a été étudié par Fitzroy; on en verra le dessin sur la carte N° 877. La côte Est est composée de terres basses et de lagunes; son tracé n'est qu'approximatif. L'isthme qui sépare cette côte du fond du Shoalhaven (près du cap Negro) n'a que 8 milles d'étendue. Cette étroite langue de terre est basse et très coupée de lagunes. La partie Sud est formée de hautes terres, présentant trois ouvertures encore inexplorées. La côte occidentale, s'étendant du Child au Bolton Bluff, offre plus d'avantage pour la navigation. La baie Fanny a toutes les apparences d'un bon mouillage; enfin on peut jeter l'ancre en pleine côte entre les pointes Villiers et Sunshine, ou mieux encore entre celles du Lackwater et de Hall, avec fond de sable vaseux. Les îles Inglefield et Vivian sont basses, mais boisées.

En ces derniers temps les recherches des colons chiliens se sont étendues jusqu'à ces parages. L'un d'eux a signalé un récif prolongeant la pointe Sunshine de 1 mille vers le large.

On a également signalé à 808 ou 1,000 mètres au large de la pointe Islets un banc de varech ayant 50 mètres d'étendue qui indiquerait la présence d'un haut-fond.

De la pointe Stokes à la baie Whaleboat, le bassin Otway a 46 milles de long. Il communique avec le bassin Skyring par un canal étroit et sinueux qui a reçu le nom de Fitzroy; ce passage est sain, sauf à hauteur de la pointe Nord de l'anse Donkin. Cette dernière pointe est prolongée par un récif très dangereux, que l'on nomme récif Artigas, et qui s'étend jusqu'au milieu du canal, sinon un peu plus; il est indiqué par quelques goémons, peu visibles lorsque le courant est très fort. On pare ce danger en reliant la côte opposée, qui est bien saine.

La mer marne peu dans le bassin Skyring, mais il est si étendu (30 milles de long et 12 de large) que les courants sont très violents dans le canal Fitzroy. Ils y atteignent 6 nœuds et auraient un jeu singulier, au dire des instructions espagnoles : depuis la côte Est jusqu'à une ligne parallèle tracée au milieu du canal il y aurait marées régulières, c'est-à-dire 6 heures de courant N. N. O. et 6 heures de courant S. S. E.; au contraire, dans l'autre moitié, le courant S. S. E. durerait beaucoup plus longtemps que l'inverse.

Fitzroy et ses compagnons durent regagner leur navire sans avoir complètement achevé le tracé de la côte Ouest. Ils se contentèrent d'indiquer l'ouverture Euston et l'entrée Rhys. Comme ils y aperçurent de l'eau fort au loin, surtout dans l'entrée Rhys, ils partirent tous convaincus que le bassin Skyring communiquait par un bras de

BASSINS OTWAY ET SKYRING. — MAGDALENE SOUND. 85

mer avec les canaux latéraux. Plus tard, travaillant à l'hydrographie de ces derniers canaux, Skyring reprit cette idée et poussa ses recherches dans l'Est pour retrouver son bassin par mer; mais il aboutit à l'*Obstruction Sound*, dont nous parlons page 27, et put ainsi se convaincre de l'existence d'un grand isthme ayant en réalité une partie marécageuse, mais au moins 5 milles de terre ferme.

En 1877, les officiers de la corvette chilienne le *Magallanes* ont reconnu deux mouillages dans le bassin Skyring. L'un est situé par 52° 32′ 50″ de latitude Sud et par 74° 6′ 45″ de longitude Ouest; il porte le nom d'*anse Las Minas*. Il y existe une jetée; la mer marne de 1ᵐ 50; les marées sont irrégulières.

Le second mouillage est par 52° 34′ de latitude Sud et 74° 18′ de longitude Ouest; il s'appelle *Puerto Altamirano*.

Les positions géographiques données ci-dessus prouvent que le contour du Skyring Water n'est pas exactement celui qu'a dressé Fitzroy.

Arrivés à la limite occidentale des grands bassins intérieurs, nous reviendrons sur nos pas pour donner quelques renseignements sur les côtes méridionales du Froward reach et de l'English reach et sur les bras de mer qui en dépendent.

LE MAGDALENE SOUND. — Ce passage a été découvert par Sarmiento; par ce bras de mer et par le canal Cockburn il est possible de se rendre du détroit de Magellan dans le Pacifique. La navigation, dans cette région, n'offre rien de particulièrement difficile. Les cartes actuelles sont suffisantes. Les deux rives, mais surtout celle de l'Ouest, sont formées par des hauteurs élevées et escarpées.

La **baie Sholl** est une petite découpure de la côte. Il y a devant elle un récif qui est marqué par des goémons.

Les **îles Labyrinthe** sont basses et bordées par des bancs de goémons. De petits bâtiments peuvent trouver mouillage au milieu d'elles; quant aux grands, ils les éviteront et se porteront plutôt sur la côte orientale en naviguant dans le Sound. (Plan N° 3170.)

La **baie Transition** est profonde et de petite importance.

Le **canal Cockburn.** — En naviguant dans ce canal, on ralliera de préférence le rivage Sud, parce que c'est en général le côté du vent et aussi parce que les points de relâche y paraissent plus nombreux que du côté Nord. Le détour à faire est aussi moins grand que si l'on passait par le Nord des îles King et Fitzroy. Ces îles sont d'un abord sain, de même que les rochers Kirke, qui sont plus à l'Ouest.

La **baie Warp,** quoique petite et exposée aux vents du Sud, est commode pour y jeter un pied d'ancre.

La **baie Stormy** est un endroit sauvage, désert, sans abri; il serait mauvais d'y entrer. Au mouillage, la sonde accuse de 31 à 37 mètres, fond rocheux. La baie est parsemée de hauts-fonds; bien qu'ils soient tous signalés par des goémons, ils rétrécissent assez le chenal pour rendre l'entrée et la sortie difficiles pour un navire qui ne serait pas et petit et maniable.

Baie Park. — Elle est petite, mais saine; elle a le désavantage d'être sur la côte de sous le vent, ce qui rend souvent la sortie délicate pour les navires à voiles. Cependant il y a de la place pour louvoyer et tous les dangers sont visibles.

M. le capitaine de frégate don Jorje Montt, commandant de la corvette chilienne *le Magallanes*, conseille de jeter l'ancre par 22 mètres, coquilles, au centre d'une anse de forme demi-circulaire située sur la côte Ouest de l'île qui est le plus en dedans. Entre cette île et une petite pointe de l'intérieur il est également possible de mouiller par 31 mètres, mais il y a dans ce voisinage un pâté de goémons recouvrant des fonds de 9, 7 et 4 mètres.

L'anse dont il est parlé en premier lieu a environ 2 encablures d'ouverture et 1 encablure $\frac{1}{2}$ de profondeur. Les fonds y varient de 11 à 31 mètres; le bois y est abondant; une petite cascade se remarque au Nord de l'anse.

Le **Mercury Sound** n'a pas été sondé; le dessin en a été fait d'après un levé à l'œil.

Dyneley Sound. — Sur le côté Ouest de l'entrée du Sound il y a un groupe d'îles présentant plusieurs mouillages. Quant au Sound lui-même, il n'a pas été sondé.

La **baie Eliza** est bien abritée contre tous les vents de la partie Ouest, qui sont les plus mauvais dans cette région. Pour atteindre le mouillage, on gouverne à mi-distance entre l'île Baynes et la partie Ouest du Dyneley Sound, jusqu'à ce qu'on aperçoive un grand banc de goémons que l'on contournera à 100 mètres au moins. Ce banc passé, on mettra le cap sur le centre d'une île qui occupe la partie Ouest de la baie : on jettera l'ancre lorsque la sonde accusera de 30 à 32 mètres.

Le banc de goémons que l'on contourne à 100 mètres montre à basse mer cinq têtes de roche. D'autres pâtés de goémons paraissent dans l'intérieur de la baie, mais le plus petit fond trouvé sur ces pâtés est de 11 mètres.

Deux autres petites baies intérieures communiquent avec celle dont il est parlé ci-dessus; elles sont mieux abritées contre tous les vents, mais l'espace est insuffisant. De tout petits navires pourraient seuls y éviter.

Les **îles Prowse,** sur la côte Sud, sont très nombreuses et occupent une longueur de plusieurs milles. Il y a plusieurs mouillages au milieu des îles; on en connaît un dans une baie qui est sur le côté Nord de l'une d'elles, en face du Barrow Head, par 11 mètres. Mais il y a beaucoup d'endroits analogues aussi sûrs et aussi commodes. Un bâtiment à la recherche d'un mouillage fera bien d'amener une embarcation et d'attendre au large qu'elle en ait trouvé un. Lorsque l'on entre dans une de ces baies aux eaux profondes, il faut toujours qu'il y ait une embarcation prête à porter une aussière à terre. Il est souvent nécessaire de se touer jusqu'au fond du port, car, à cause de la hauteur de la terre, le vent tombe généralement, ou bien il joue beaucoup.

Passage Adélaïde. — Ce passage relie le Magdalene Sound au canal Cockburn. Les îles Magill et le Melville Sound sont décrits page 189; le canal Barbara, page 89.

L'ÎLE CLARENCE ET SES MOUILLAGES. — Sur les bords mêmes du *Magdalene Sound* nous remarquerons, tout d'abord, les monts Vernal et Boqueron. Le premier a reçu son nom de Sarmiento, à cause d'un amas de roches remarquables qui se trouvent à son sommet et figurent une maison de campagne. Quant au Boqueron, c'est une montagne aussi escarpée que possible, haute de 914 mètres et couronnée par trois petits pics tout à fait distincts et originaux; son extrémité forme la pointe Squally. Les rafales qui descendent de ces deux montagnes sont violentes et dangereuses: un navire sous voiles devra faire très petite toile.

Entre les deux monts s'ouvre le Stokes *inlet*, qu'il ne faut nullement confondre avec la crique Stokes, laquelle est à 20 milles plus à l'Ouest, dans le Lyell Sound. Les îlots Rees servent à reconnaître l'entrée du *Stokes inlet*, bassin inutile, car on ne peut y mouiller, sauf dans une crique de la partie Nord; encore cette crique est-elle fort inférieure au havre Hope, qui en est extrêmement voisin et que l'on préférera toujours.

Le **havre Hope** n'est pas non plus sans inconvénients. L'abri est excellent contre la mer, on ne souffre que des rafales tombant du haut des montagnes, mais l'entrée est fort étroite et le bassin intérieur n'a que 7 mètres 3 de fond. On ne se laissera pas effrayer par les bancs d'herbes marines qui encombrent l'entrée; elles indiquent un fond rocheux, mais la sonde n'y a pas accusé moins de 13 mètres d'eau.

L'étude de la côte de Clarence remonte à l'époque de King et de Fitzroy. Depuis eux, les renseignements ont été pour ainsi dire nuls, et c'est encore à leurs rapports que nous devons avoir recours. En marchant vers l'Ouest nous rencontrons successivement de très nombreuses échancrures, dont quelques-unes sont utilisables.

Le **port Beaubassin** se présente d'abord; on y donnera aisément, se guidant sur l'îlot Périagua et le mont Vernal. L'entrée est étroite et n'a que 5 mètres d'eau, tandis qu'on en trouve 9 dans le bassin. L'abri est bon à l'intérieur, mais les voiliers ne peuvent sortir avec les vents de Nord, lesquels cependant sont excellents pour faire route.

On n'engage aucun navire à se servir des baies Inman, Staples ou Hawkins, pas plus que du havre Sholl, car ce sont des découpures fort à pic, avec des profondeurs énormes. Au contraire, le Lyell Sound offre deux mouillages très sûrs, le havre Kempe et la crique Stokes. Le havre Kempe est d'un accès assez difficile, mais il offre de la place pour six bâtiments; la crique Stokes est peut-être encore préférable, mais elle a l'inconvénient d'être bien loin du détroit.

Nous avons encore à mentionner, avant le Sound San Pedro, les baies Mazaredo et Cascade, ainsi que le havre Hidden. Les deux baies ont de trop grands fonds, et le havre a une entrée très étroite; mais, une fois en dedans, le navire est en sûreté. La baie Cascade tire son nom d'une chute d'eau que Bougainville a décrite.

Le **Sound San Pedro** est l'enfoncement le plus considérable de ceux que présente la côte; mais de toutes les baies que forme ce bras de mer, la seule utilisable est l'anse Murray, et encore n'est-elle pas grande. L'anse Freshwater sera évitée avec soin.

La **baie Bell**, malgré sa grande étendue, n'offre qu'un petit mouillage, l'anse Bradley, qui s'ouvre sur son côté Ouest; l'entrée se reconnaît par un petit monticule rond, couvert de verdure, et qui forme la pointe Nord. Le mouillage est par 30 mètres; mais si l'on veut s'amarrer à quatre, on peut n'avoir que 16 mètres et être en parfaite sûreté. On peut aussi mouiller à la baie Pond, mais l'entrée est délicate; il y aurait souvent lieu de recourir aux amarres, soit pour entrer, soit pour sortir. On se guidera, pour entrer, sur le mont Pond, haut de 702 mètres et visible dès qu'on l'ouvre par le cap Froward. De ce cap, le mont Pond semble n'avoir qu'un sommet, mais de plus près on en distingue deux qui sont très pointus.

La **baie Simon** n'offre par elle-même aucun intérêt; elle est parsemée d'îlots et de roches groupés sous le nom de Castellano et de Castro. Sur ses bords s'ouvrent les anses Mellersh, Shipton, Millar, ainsi que le port Langara. Les anses Mellersh et Shipton sont inutiles à cause de leurs grands brassiages; le port Langara offre un mouillage à son extrémité Ouest, c'est-à-dire au fond, par 15 mètres, et dans une crique de la côte Nord, par 9 mètres.

L'anse Millar est vraiment bonne. Trois îlots rocheux situés devant elle en marquent bien l'entrée, de même qu'un sommet remarquable surgissant de la pointe Est. On jette l'ancre par 9 mètres; l'abri est complet; le bois et l'eau sont abondants. A la rigueur on pourrait encore mouiller dans la partie Nord de la plus grande des îles Castro, mais il faudrait y être forcé et sortir le plus tôt possible.

Le grand intérêt de la baie Simon est de donner accès dans les canaux Saint-Michel et Barbara. Il y a deux chenaux faisant le tour de l'île Burgess. Celui de l'Ouest se nomme goulet Gonzalès; il a 30 mètres de large seulement; la force de la marée et la chute des torrents en rendent le passage dangereux, même en embarcation. Le canal de l'Est s'appelle goulet Toms et est suffisamment large; mais, par suite de l'irrégularité et de la force de la marée, on lui préférera le goulet Shag, dont il sera question plus loin.

LE CANAL BARBARA (carte N° 2015). — L'île Santa Inès est séparée de l'île Cayetano et de celle de Clarence par le canal Barbara, bras de mer long de 38 milles qui permet, comme le Magdalene Sound, de passer du détroit de Magellan dans l'océan Pacifique. Ce long canal est bordé d'une quantité de roches et de hauts-fonds, dont quelques-uns découvrent à mi-marée. Les herbes marines sont fréquentes, mais il y en a aussi bien sur les rochers ayant peu d'eau que sur les plateaux profonds. Il faut donc beaucoup veiller dans cette navigation difficile. Un navire, surtout un voilier, voulant s'engager dans le canal Barbara, fera bien de s'arrêter à la baie Fortescue et d'y guetter un temps favorable. Les anses Murray et Dighton peuvent également servir de postes d'observation. Par vent de S. O. d'excellents vapeurs sont les seuls qui puissent franchir, et encore feront-ils mieux d'attendre.

Le goulet Shag. — On désigne sous le nom de goulet Shag l'étroit passage existant entre l'île Santa Inès et les îles Wet et Woodcock. Cette dernière est la plus grande du groupe; elle forme la côte Sud du goulet, et bien que son nom ne soit pas porté sur la carte, elle fut un des points importants de la triangulation. Avant de parler du goulet lui-même, il importe de connaître le régime de la marée : les courants atteignent 7 nœuds dans ce passage étroit, et c'est à eux seuls qu'on s'adressera pour transporter le navire; franchir à contre-courant serait absolument impossible. Il a été reconnu que tout le canal Barbara est alimenté par les eaux de l'Atlantique. Le flot porte donc au Sud et le jusant au Nord; mais, dans le goulet, l'eau est naturellement assujettie à contourner les deux rives, autrement dit à se mouvoir quelque temps vers l'Ouest.

L'entrée du passage, à l'Ouest de l'île Wet, n'a, pendant 300 mètres de longueur, que de 90 à 150 mètres de largeur, comme partie navigable. Au sortir du goulet, c'est-à-dire à l'Ouest de l'île Woodcock, la passe a 4 encablures 1/2. D'où qu'on vienne, on s'y engagera à sec de toile, avec le courant pour soi. Le vapeur tiendra sa machine prête à manœuvrer, le voilier aura devant lui deux embarcations pour gouverner. En venant du détroit pour aller dans le Sud, on manœuvrera de manière à ranger toujours tribord en entrant, car c'est la côte la plus saine. L'île Wet doublée, on veillera à ne pas être entraîné dans le petit canal qui en est dans le Sud; puis on sera saisi par le flot et emporté par le courant, de l'autre côté, sans aucune crainte d'accoster la terre, tant le navire est vivement pris. On parcourra de la sorte les 2 milles séparant l'entrée de la sortie. Les voiles seraient très nuisibles à cause du rond que fait la passe et de la soudaineté des rafales ou des changements de vent. Partout il y a de grands fonds sur la côte, que l'on recommande de rallier; il n'y a d'exception qu'à l'entrée Nord, où un haut-fond de 9 mètres se détache de la côte de Santa Inès. On observe un remous sur ce haut-fond. 10 milles après la sortie du goulet Shag, on peut prendre un mouillage sûr à la baie Bedford.

La **baie Field** est trop exposée aux vents de Sud pour être recommandée comme lieu de relâche, à moins que le vent ne soit du Nord. La baie Nutland est un meilleur point de départ lorsqu'on veut passer le goulet Shag pour rentrer dans le détroit de Magellan.

Le **havre Dean** est profond et présente peut-être un bon mouillage, mais les renseignements font défaut.

La **baie Broderip** a quelques bonnes anses dans sa partie Nord et une autre très commode à son extrémité Est. Cette anse s'étend dans le Nord pendant $\frac{1}{8}$ de mille et offre, par 18 mètres, un bon mouillage, suffisamment bien abrité et assez distant de la haute terre pour être hors des atteintes des tourbillons venant des montagnes.

L'**Icy Sound** est un enfoncement profond, avec un glacier de grande étendue duquel des masses de glace tombent constamment et dérivent hors de la baie. L'eau est profonde, et c'est un mouillage qu'on ne doit pas choisir lorsqu'il y en a tant d'autres meilleurs.

La **baie Nutland** a des fonds de 15 à 27 mètres sur sable et vase. Sa position peut être reconnue par deux rochers, nommés les îles Hills, qui sont à 1 mille dans le N. E. du mouillage. Entre les baies Nutland et Bedford il y a beaucoup de baies et d'enfoncements qui n'ont pas été décrits, mais qui pourraient probablement être commodément occupés. Il y aurait lieu de les examiner avant d'y recourir, car en plusieurs de ces endroits il y a des rochers ou bien le fond est trop grand. La côte Ouest est la meilleure, puisque c'est celle du vent.

La **baie Bedford** est un bon mouillage avec des profondeurs de 37 à 15 mètres; il y a de la tenue et de l'abri contre les vents régnants. A l'entrée sont plusieurs paquets de goémons, dont le plus oriental est recouvert de 7 mètres d'eau (plan N° 2028).

La **baie Nort** est tolérable, mais ne peut pas être vraiment recommandée. Entre les baies Hewitt et Nort le chenal est parsemé de roches et de hauts-fonds dont quelques-uns, bien que couverts de goémons, ne se montrent qu'à mi-marée. En conséquence, il faut prendre beaucoup de précautions et éviter tous les paquets d'algues.

Dans le Nord de la baie Nort, la marée est assez forte pour empêcher les bâtiments d'éviter debout au vent; mais, dans le Sud, les courants sont assez faibles pour qu'il n'y ait pas à en tenir compte dans la navigation.

Les environs de la baie Nort ont une apparence relativement agréable; on y rencontre des hêtres et des cyprès, mais ces derniers sont rabougris et ne dépassent pas $4^m 50$ à $5^m 50$ de hauteur. Néanmoins ils peuvent rendre des services comme manches de gaffe et mâts d'embarcations. Le bois se travaille bien lorsqu'on l'emploie en temps voulu.

La **baie Brown** offre bon abri dans une petite anse qui est au Nord de l'entrée, par 15 mètres, fond de sable, au milieu du goémon.

La **baie Hewitt** (plan N° 2028), qui termine le canal Barbara, présente un mouillage dans sa partie Nord, par 16 mètres. (Pour le passage Adélaïde, le canal Cockburn et le Melville Sound, voir pages 85 et 87.)

DU GOULET SHAG AU DAVID SOUND. — Dans le Nord du goulet Shag, la côte Ouest du canal Barbara présente une étroite coupure, le port Smyth, s'enfonçant de 5 milles dans la terre (plan N° 2028). Les côtes des deux bords sont élevées, le brassiage considérable, excepté dans l'anse Earl, sous le mont Maxwell, et aussi dans le fond extrême, fort difficile à atteindre. Les montagnes du port Smyth sont couronnées de glaciers, et il en est de même de toutes celles du voisinage jusqu'à l'Icy Sound, dans le S. O., et au Whale Sound, dans le N. O.

Au Nord du port Smyth se trouvent les trois anses Dighton, Warrington et Murray, où l'on peut jeter l'ancre, sous terre, par des fonds de 18 à 36 mètres. Le mouillage de l'anse Murray est en face d'une plage de sable. Ces anses seraient mauvaises par vent d'Est. Un rocher visible, gisant dans le Sud de l'île Digton, servira d'amer pour trouver le mouillage.

Dans le N. E. de l'anse Murray, la côte présente le cap Edgeworth, promontoire bien accentué duquel se détache un banc distant de $\frac{1}{10}$ de mille. Le sommet de cet écueil est une roche recouverte seulement de $0^m,60$ d'eau lorsque la mer est basse. De forts goémons signalent en tout temps ce danger, qui par suite est peu redoutable. Le canal est sain entre le banc et le cap; cependant on ne s'y engagera pas sans motif.

Du cap Edgeworth au David Sound aucun port ne mérite mention. La baie Choiseul est pleine de bancs, d'îlots et de roches et n'offre que de mauvais fonds, la baie Nash vaut à peine mieux. Quant au Whale Sound, malgré sa grandeur, on n'y connaît qu'un mouillage, petit, à toucher la terre et situé sur la côte Ouest du port Last. Malheureusement, ni les cartes ni les instructions ne disent où est ce port Last, de sorte que ce renseignement est de valeur insignifiante.

Du Whale Sound nous passons directement dans le David Sound. Sa partie méridionale, qui est très étroite, offre des fonds assez avantageux; néanmoins on ne peut en profiter pour mouiller, vu la violence du courant et la force des rafales. Nous ne savons rien des baies Ponce et Galiano s'ouvrant dans la partie N. O. du Sound, et dans le Sud du cap Crosstide. Nous rejoignons ainsi la route usuelle, mais nous jetterons auparavant un coup d'œil rétrospectif pour résumer les ressources de la côte Sud, depuis le Magdalene jusqu'au David Sound.

RÉSUMÉ DES RESSOURCES DES CÔTES SUD DU FROWARD ET DE L'ENGLISH REACH. — Le fait dominant, le trait caractéristique de ces côtes est d'avoir deux ouvertures permettant de se rendre sur le Pacifique par des routes de 50 milles ou de 70 milles, suivant que l'on prend le canal Barbara ou le Magdalene Sound. Malgré son excès de longueur, le Magdalene Sound est de beaucoup le plus facile. Mais, en dépit de quelques appréciations contraires, nous croyons que ni l'une ni l'autre de ces routes ne sont appelées à rendre service dans des circonstances ordinaires. Quelques pêcheurs de phoques et de marsouins s'y engagent avec des goélettes; mais, à part ces pratiques du pays, aucun marin ne sera tenté de prendre des canaux aussi difficiles. Cependant il est déjà arrivé que des voiliers, surpris par des coups de vent, se jetassent désespérément dans des passes de cette espèce et se sauvassent par cette manœuvre. D'autre part, en temps de guerre, un navire chassé peut trouver le salut dans les issues qu'offrent ces bras de mer; un chasseur peut surprendre aussi des bâtiments l'attendant d'ailleurs. Donc, il importe, à ce point de vue, de connaître les parages voisins de ces deux artères.

Somme toute, la côte Nord de l'île Clarence est beaucoup moins déshéritée qu'on ne le croit au premier abord. Tous les 10 ou 15 milles nous y trouvons une relâche possible. Le havre Hope peut recevoir tout navire calant moins de 7 mètres 4. Le port Beaubassin, qui touche le havre Hope, offre un excellent mouillage intérieur, avec fond de 9 mètres; malheureusement, le pas de l'entrée n'a que 5 mètres à marée basse et la mer ne marne que d'un mètre. La crique Stokes, dans le Lyell Sound, est vraiment bonne, seulement un peu trop éloignée du détroit; le havre Kempe est vaste, de bons marins sauront surmonter les difficultés de l'entrée; l'anse Bradley est excellente pour de petits navires amarrés à quatre; l'anse Millar est sûre et accessible à tous les bâtiments, l'eau et le bois y sont abondants; les anses Dighton, Warrington et Murray sont passables. Au résumé, on peut diviser en quatre étapes la côte que nous venons de passer en revue. Le David Sound en est la partie la plus mauvaise: aussi lui préférera-t-on l'English reach pour atteindre le *Crooked reach*, dont nous parlons dans le paragraphe suivant.

§ 6. — LE CROOKED, LE LONG ET LE SEA REACH.

CARACTÈRES GÉNÉRAUX DU CROOKED REACH. — Le *Crooked reach*, ou autrement dit le Passage du Coude, commence au canal Saint-Jérôme et finit au Snow Sound. Devant le cap dit *Cross-tide* (croisement des marées), le flot venant de l'Atlantique se mêle à celui du Pacifique. Les remous du courant rendent souvent fort difficile la manœuvre des voiliers. Wallis et Carteret y éprouvèrent des difficultés sans nombre; ils recommandent de se défier de tous les ports de la côte Sud. Le brassiage y est grand, et lorsqu'il vente frais du Long reach, ces mouillages sont exposés à une mer très grosse, à de terribles rafales. C'est au Crooked reach que se trouve la partie la plus étroite du détroit. En face du cap Quod, il n'a guère que 1 mille de large; le meilleur mouillage que l'on y trouve est la baie Borja. La baie Langara n'est pas connue. Les meilleurs points de reconnaissance dans le Crooked reach sont le Morion et le cap Quod (vue N° 17 de la première série).

BAIE BORJA. — BOIS À BRÛLER ET DE CONSTRUCTION. — EAU (plan N° 2987). — Stokes et Fitzroy font le plus grand éloge de cette baie. À la vérité, on y reçoit des rafales violentes et changeant si soudainement que le navire est lancé tantôt sur tribord, tantôt sur bâbord; mais le fond est excellent, la mer plate, de sorte qu'on n'y casse pas de chaînes. La baie n'est ouverte qu'aux vents de S. E., lesquels sont très rares. Le seul inconvénient du mouillage est d'être un peu restreint. Sur un grand navire on devra manœuvrer avec beaucoup de précision, et il sera sans doute nécessaire d'affourcher, en ne venant pas en dedans de la ligne de 36 mètres. Un petit navire ira jusque par 25 à 22 mètres. Quelques capitaines disent qu'au lieu d'affourcher il vaut mieux ne mouiller qu'une ancre et amarrer l'arrière à terre au moyen de forts grelins.

La plus grande des îles Borja se voit bien et est un guide utile pour l'entrée. On tire aussi bon parti, pour venir mouiller, de planches verticales sur lesquelles sont inscrits des noms de navires. On aura soin de ne pas passer au Nord d'une ligne qui, de ces planches, va dans l'O. q. S. O. ou, autrement dit, de ne pas les relever plus Est que l'E. q. N. E. Fitzroy conseille de ne pas passer trop près des îlots Ortiz.

Il n'y a jamais ni houle ni ressac dans la baie Borja. On peut embarquer facilement de l'eau excellente et des bois de diverses espèces, parmi lesquels le hêtre domine. La côte est rocheuse et couverte d'épine-vinette et de céleri sauvage. Pour faire l'eau, on engage à se servir d'une manche placée assez haut dans la montagne pour que le liquide coule directement dans les embarcations, lesquelles feront leurs voyages par un simple va-et-vient.

Entre la baie Borja et le cap Quod il y a deux baies que les Espagnols ont appelées *Bahia dos Cimeros*, ou baie des Cygnes, et l'*Ancon de Tamasco*. La première est décrite comme étant bien abritée, mais d'un accès difficile, parce que les montagnes qui l'environnent repoussent le vent dans diverses directions et qu'il faut passer par un goulet de 200 mètres, encore rétréci par un pâté de goémons. Pour y pénétrer, on s'avancera vers le Nord en suivant la côte Est à partir de l'entrée, puis on inclinera vers le N. E., et on se trouvera dans la partie la plus large, ayant de 3 à 5 encablures, fonds de 10 à 18 mètres. Cette baie est dans le N. E. d'une tache blanche très distincte sur la côte Sud du Crooked reach, au-dessus de la baie Butler.

Malgré le peu de valeur de la baie des Cygnes, l'Ancon de Tamasco lui est encore inférieur.

ROCHE CROOKED ou **ROCHE ROUGE**. — Cette roche a été découverte par *le Dolphin* en 1765, puis complètement oubliée. *Le Vixen*, bâtiment de guerre anglais, et *le Vaudreuil*, corvette à vapeur française, l'ont successivement étudiée. On y remarque une tête recouverte seulement de 0^{m}25 à basse mer des grandes marées; des goémons recouvrent cette tête et l'entourent sur une certaine étendue. La sonde accuse de 4 à 11 mètres sur toute la surface, couverte d'herbes marines. A une encablure dans le Sud de la roche le fond est de

62 mètres, puis il saute immédiatement à 71 mètres pas de fond. Il est extrêmement simple d'éviter ce danger. Le premier moyen consiste à ranger de près la côte Sud du reach, qui est très saine; mais si l'on préfère manœuvrer avec précision, on se servira d'alignements. On veillera à se tenir dans le Sud soit de la ligne qui joint le cap Crosstide au cap Quod, soit de celle qui joint la petite Borja au centre de la grande. Le relèvement du Morion indiquera le moment où tout danger est passé. Il y avait autrefois sur le sommet de la grande Borja une croix sur laquelle on lisait, en anglais : « Regardez dans le S. O.; il y a des dangers. » Il s'agissait évidemment de la roche Crooked, qui est en réalité dans l'O. q. S. O.

CAP QUOD. — LES BAIES BARCELO, OSORNO ET LANGARA. — Le cap Quod, en espagnol *Queade*, est une pointe élevée se projetant de la côte; il est d'un aspect triste et sauvage et tellement remarquable que le décrire est inutile. Un îlot avec récif extérieur gît dans la partie N. O. du cap, et au Nord de cet îlot se trouve un rocher à environ 2 encablures de la grande terre. Devant le cap Quod, le flot arrivant du Pacifique se meut avec une vitesse de 1 nœud ½ dans les grandes marées.

En poursuivant vers le N. O., nous remarquons trois enfoncements assez profonds que l'on nomme les baies Barcelo, Osorno et Langara. On trouvera sur la carte N° 2987 un croquis de la première. Elle n'offre pas de mouillage sûr. La partie Ouest est trop petite et elle est obstruée par un banc de goémons situé presque au milieu, tandis que la partie Est est trop ouverte et que les sondes y sont trop grandes. Il y a 46 mètres d'eau à toucher la plage, au milieu de paquets de goémons et trop près de terre pour que l'on puisse mouiller. La baie Osorno, étroite et n'ayant que des fonds énormes, ne peut être d'aucun secours; on y serait en perdition. La baie Langara semble bien mieux disposée; les sondes n'y atteignent que 18 à 22 mètres, à bonne distance de terre. Cordova fit examiner le mouillage et y reconnut un bon abri, mais il ajoute que le fond étant de pierre, la baie est inutile. Peut-être y aurait-il lieu de pousser l'étude un peu plus loin; car, en maints endroits, l'expérience a démontré que l'ancre, après avoir travaillé, perce la couche de galets et mord dans d'excellente vase.

CÔTE SUD DU CROOKED REACH. — LE MORION. — Les quelques baies de cette côte sont absolument balayées par les vents descendant avec force le Long reach. Nous nommerons très rapidement ces divers enfoncements : 1° la baie Butler, ainsi appelée par Wallis, qui trouva fond de roche par 18 mètres en entrant, puis en dedans 54 mètres, même fond de roche; 2° la baie Chance : à première vue elle semble passable, mais les roches et les îlots qui encombrent la partie Ouest de la baie rendent le mouillage impossible; 3° la baie Mass, sondes de 90 mètres à toucher la plage; 4° la baie White ou Blanche, petite crique au fond de laquelle un côtre ou une goélette peut s'amarrer en sûreté; le plus petit aviso ne pourrait y trouver place.

Dans tous ces parages, le Morion (ou casque) sera d'une grande utilité pour fixer la position du bâtiment. C'est une masse granitique, aux formes accentuées, de couleur d'argile claire, visible d'une distance considérable, soit que l'on vienne de l'Ouest ou de l'Est; une grande tache blanche le rend encore plus distinct. La vue N° 17 de la 1re série montre combien le nom de Morion lui convient. Il s'appelait d'abord Saint-David.

CARACTÈRES GÉNÉRAUX DU LONG REACH. — Le mauvais temps s'y accentue de plus en plus; les bons mouillages manquent; le passage est étroit : c'est une des parties pénibles de la traversée. Les infatigables King et Fitzroy et le capitaine Mayne après eux, avec un vapeur, y ont été tellement gênés dans leurs travaux que beaucoup de points indécis restent encore à lever. La baie Swallow, sur la côte Sud, et à l'entrée même du reach, l'anse Playa Parda, sur la côte Nord, à 16 milles de la baie Swallow, et le port Angosto, sur la côte Sud, sont les seuls mouillages praticables dans l'état actuel des connaissances hydrographiques. La première de ces baies est bonne, même pour de grands bâtiments, mais elle est à l'origine même du reach. Le port Angosto n'est pas mauvais, mais l'entrée n'est pas facile à reconnaître. Nous parlerons plus loin du mouillage de Playa Parda, et nous verrons alors combien il est insuffisant pour de longs navires à hélice. Aussi est-il désirable que l'on explore sans tarder la baie Guirior, à peine connue et peut-être destinée à combler cette grande lacune. Le cap Notch, qui se voit même en temps de brume, serait un amer excellent pour aider les capitaines à reconnaître l'entrée.

La plupart des documents recommandent aux bâtiments n'étant pas parfaitement sûrs d'atteindre un mouillage avant la nuit de battre de bonne heure en retraite et d'entrer dans la baie Swallow. Seul, M. le capitaine Maugue de l'Étang donne un avis opposé dans son remarquable rapport publié par les *Annales hydrographiques* de 1851. Il y affirme que, commandant l'*Élisa*, brick à voiles de 180 tonneaux, et d'autres petits voiliers avec lesquels il traversa plusieurs fois le détroit, il ne mouilla jamais dans le *Long reach*. Il passait la nuit sous voiles à faire route quand il le pouvait, en travers pendant les rafales, virant de bord lorsqu'il était trop près de terre. Dans un de ses voyages, il eut un mauvais temps si affreux, qu'il mit cinq jours à remonter le Long reach; néanmoins il ne céda pas et resta cinq jours sans mouiller. Il en agit de même dans le Sea reach, parce qu'il reconnut, dit-il, que dans ces deux reachs la brise est moins forte et plus variable pendant la nuit que pendant le jour. La frégate anglaise le *Fisgard*, de 42 canons, commandée par le capitaine de vaisseau Duntze, fit en 1843 un tour de force analogue et peut-être plus remarquable, vu la taille du bâtiment. Il nous paraît probable que ces louvoyages si audacieux se passaient à la clarté de la lune ou pendant la saison des nuits courtes.

Les instructions anglaises, au contraire, recommandent la plus grande prudence; elles insistent pour que les navires n'appareillent qu'avec la possibilité bien établie de se remiser avant la nuit. Elles renouvellent également, et avec une grande insistance, toutes les recommandations relatives à la manœuvre des ancres : ne pas surjaler, ne pas surpatter, se réserver assez d'espace pour filer une longue touée; si l'on affourche, avoir un peu de mou dans les chaînes, leur laisser de l'élasticité, sinon l'une d'elles se cassera dans les embardées violentes occasionnées par les rafales.

Malgré le peu de largeur du passage, on éprouvera de telles brumes qu'il arrivera de ne voir, étant au milieu, ni l'une ni l'autre des côtes; néanmoins on pourra continuer à faire route, car les terres sont fort accores, au moins jusqu'à Playa Parda. A partir de cette anse, quelques rochers se détachent des falaises : on n'approchera pas de terre à plus de 300 mètres. Les cartes N°s 3397 et 3398 indiquent par des pointillés les endroits dont il faut se défier. Dans tout le Long reach, et encore bien plus dans le Sea reach, la côte est moins verdoyante que dans les *reachs* précédents. Le haut des montagnes est nu, le bas seul est recouvert d'arbustes et de broussailles. Dans les mois d'hiver, un épais manteau de neige s'étend du sommet à la base; les montagnes se couvrent ainsi entre le 15 mars et le 15 avril, généralement en fin mars. On dit que ce reach est plus froid que les autres, à cause des nombreux glaciers qui le bordent.

Dans tout le Long reach, la mer ne marne que de 1ᵐ 20. Le jusant est à peine sensible; sous l'influence des vents régnants, le courant de l'Ouest à l'Est prédomine; il est même parfois continu, au moins à la surface. C'est encore un nouvel obstacle pour faire route vers le cap Pillar.

DE LA BAIE LANGARA AU CAP NOTCH. — Cinq anses ou baies sont disséminées sur ce littoral, présentant un développement de 5 milles. A peine est-on fixé sur leurs noms. En voici l'énumération :

1° **Anse du Lion.** — Elle a sa partie Ouest formée par un cap élevé, à pic et pointu, auquel Wallis trouva quelque ressemblance avec une tête de lion. Cordova n'a pas admis ce moyen de recon-

naissance; mais, selon d'autres, il est exact. Wallis y mouilla par 26 mètres, mais il était à toucher le rivage.

2° **Baie Arée.** — Cordova la décrit comme offrant mouillage avec fond de pierre de 11 à 31 mètres. Le fond de la baie se divise en deux bras ayant chacun une longueur de $\frac{1}{2}$ mille; les pointes extérieures gisent S. E. et N. O., l'une par rapport à l'autre, et sont distantes de $\frac{1}{2}$ mille; il y a quelques îlots à l'entrée.

3° **Baie Good Luck.** — Cordova nous la dépeint comme très petite et très exposée, avec 47 mètres d'eau, mauvais fonds de galets et de gravier. Les cartes anglaises y portent des fonds de 27 mètres, ce qui est contraire aux instructions. Nous empruntons à la description de Cordova les quelques lignes suivantes :

« Au S. E., dit-il, d'un îlot qui touche la pointe Ouest il existe un récif avec très peu d'eau dessus; les goémons le font reconnaître. Cette baie possède à son extrémité deux petites criques formées par une pointe qui se projette du milieu du fond de la baie; elle reçoit aussi un ruisseau qui descend d'un ravin dans les montagnes. »

Cordova désigne dans ses rapports l'anse du Lion par le nom de baie Posadas et la baie Good Luck par celui de Flores; mais les noms donnés par Wallis ont prévalu.

4° **L'anse Vallena** ou **Villena** est la plus petite de toutes et elle est très exposée. Elle présente, d'après ses premiers explorateurs, des fonds de 27 à 37 mètres; mais les cartes anglaises, encore en désaccord avec les instructions, même anglaises, lui assignent des fonds de 13 mètres.

Au résumé, les quatre anses qui précèdent ont pu servir aux premiers navigateurs qui ont franchi les détroits avec de tout petits navires; encore aujourd'hui les caboteurs s'y amarreraient en sécurité, surtout à toucher terre, dans d'étroits réduits, mais les plus petits des vapeurs qui font le long cours y seraient fort mal à l'aise, sinon en perdition.

5° **Baie Guirior.** — Peut-être, comme nous l'avons dit, la baie Guirior fait-elle exception. Le capitaine Mayne n'est pourtant pas encourageant, car il dit au sujet de cette baie :

« *Le Nassau* n'est pas entré dans la baie Guirior, car, au moment où l'on explorait cette partie du détroit, un coup de vent soufflait droit dans la baie. D'après ce qu'on a vu en passant devant l'entrée, il n'a pas semblé qu'elle pût être très utile; elle est tout à fait ouverte aux vents du S. O., comme l'a dessinée Churruca, bien que Cordova dise qu'on peut y entrer avec les vents de cette partie. On aperçut du *Nassau* plusieurs brisants dans la baie, qui ne parut pas assez engageante pour qu'on y entrât, même avec la possibilité d'y trouver un mouillage quelque part dans l'intérieur. »

Cordova s'exprime autrement. D'après lui, il y a près de l'entrée une île et plusieurs rochers; en dedans de ceux-ci, sur le côté Ouest, on trouve deux anses avec 27 à 55 mètres, fond de cailloux. En allant plus en dedans on découvre le port, qui a une entrée étroite et dans lequel une rivière tombe d'une hauteur très grande. Le courant de cette rivière a creusé un chenal dans la direction de l'entrée; on mouille dans ce chenal sur des fonds de 37 à 47 mètres. Un récif s'étend, dit-on, à près de 1 encablure de la côte Ouest du goulet. Il y a, en outre, un banc en dehors du goulet, mais il est signalé par des goémons. Somme toute, le port intérieur est d'un accès difficile. Ajoutons que le navire anglais *le Talca* a mouillé dans la baie Guirior et l'a trouvée suffisamment bonne pour en faire lever le croquis.

Le **cap Notch** est une projection de rochers grisâtres, élevée de 198 mètres et présentant au sommet une fente profonde qui en fait un amer de premier ordre (voir la vue N° 19 de la 1re série). Les montagnes des environs sont très singulières : elles offrent des crêtes aiguës et dentelées comme des scies. Elles sont d'une aridité absolue, tandis que sur le bord de l'eau on rencontre des fouillis d'arbrisseaux et de broussailles à travers lesquels il est extrêmement difficile de se frayer une route. Les ports et les anses du voisinage sont fréquentés par de nombreux petits oiseaux qui voltigent jusqu'à la base des glaciers.

DU CAP NOTCH À PLAYA PARDA. — Sur cette étape de 11 milles 5 nous rencontrons tout d'abord l'anse Notch, qui est assez profonde comme enfoncement dans la terre, mais encombrée de bancs et de rochers, de sorte qu'un petit navire y trouve une place à grand'peine. A 3 milles au delà s'ouvre la baie du Glacier, laquelle tire son nom de l'amas énorme de glace qui existe tout près d'elle. Le capitaine Mayne, qui l'a explorée, nous la dépeint comme entièrement exposée à tous les vents de la partie Ouest; même en mouillant par de grands fonds, on n'aurait pas l'évitage. La baie est, paraît-il, partagée en deux par un petit promontoire; cependant la carte N° 3397 ne fait pas mention de semblable disposition. La partie Ouest se termine par une petite crique. Dans le fond de la partie Est, *le Nassau* passa entre deux pointes rocheuses distantes de 1 encablure, puis il entra dans une baie ayant $\frac{3}{4}$ de mille de diamètre et de très grandes sondes. Il y a dans ce bassin plusieurs îlots au milieu desquels *le Nassau* put faire route, ayant juste assez de place entre l'îlot de l'Ouest et un récif que l'on découvrait sous l'eau. Néanmoins il passa et tomba dans un vrai port ayant 1 mille de longueur et des sondes de 24 à 31 mètres, fond de vase partout; mais l'entrée est si difficile que ce beau port est absolument perdu. Le capitaine Mayne fit chercher d'autres passages pour y entrer, mais on se heurta à des sondes de 1 à 2 mètres.

4 milles après la baie du Glacier, nous sommes en face d'une petite

anse qui abriterait au besoin un caboteur. Au large de la pointe Ouest il y a un récif dont on se défiera.

ANSE PLAYA PARDA. — EAU (plan N° 2987; vue N° 20 de la 1ʳᵉ série). — L'anse Playa Parda est située dans l'Est du grand enfoncement dit *Playa Parda*, avec lequel on évitera de la confondre. L'enfoncement n'a que d'énormes profondeurs y interdisant tout séjour.

L'anse elle-même offre deux mouillages, dont l'un est dit extérieur et l'autre intérieur. Bien des navires, même de très grandes dimensions, ont pris le mouillage extérieur, mais ils s'y sont mal trouvés et conseillent de ne suivre leur exemple qu'en cas de nécessité. Les ruptures d'ancres y ont été très fréquentes; le fond est médiocre; l'espace est presque insuffisant. La facilité de reconnaissance de l'endroit y amène quelquefois, malgré eux, des navires qui ne peuvent atteindre le port Angosto ou craignent d'en manquer l'entrée. En effet, la petite île Shelter, qui apparaît avec netteté, et trois raies blanches apparentes, qui ressemblent à des routes descendant du haut de la montagne, empêchent toute hésitation.

Les capitaines de gros navires feront bien d'étudier avec soin le plan avant d'accoster le mouillage. En effet, supposons une grande frégate ayant 80 mètres de long, calant $7^m 50$ et jetant exactement son ancre sur celle du plan N° 2987. Elle ne pourra pas filer moins de deux maillons. Décrivant alors une circonférence avec 140 mètres de rayon, nous verrons que par vent d'Est l'arrière s'engagera sur les bancs de goémons et n'aura que 8 mètres d'eau; avec les vents de Sud, il sera à 50 mètres de la pointe du milieu; avec vents d'Ouest, il y aura un peu plus de marge, mais si la chaîne casse, on talonnera, si vite que l'on ait mouillé une autre ancre. Ainsi ce poste n'est convenable que pour les navires moyens.

Aussi le pilote anglais recommande-t-il aux grands navires de ne pas hésiter à affourcher. Nous y lisons : « Faire route sur la pointe du Milieu en la tenant dans les environs du N. N. E. et laisser tomber l'ancre de bâbord dès que l'on trouve le fond par 30 à 40 mètres; lancer alors sur tribord et venir aussi loin que le permettront et la taille et le tirant d'eau du bâtiment, par environ 12 mètres. » Il est évident qu'avec des ancres ainsi disposées le navire sera aussi bien que possible avec des vents de la partie Ouest; mais avec ceux du Sud et du S. E. l'arrière s'engagera dans les goémons de la pointe Wooding et risquera de toucher sur les roches.

Des vapeurs, même assez forts, atteignant 50 et 60 mètres de longueur, peuvent prendre le mouillage intérieur, où l'on est en sécurité. Il est évident, seulement, qu'ils auront à bien choisir, suivant le vent régnant, la place où ils jetteront l'ancre : l'évitage est restreint. On ne passera sous aucun prétexte dans l'Est de l'alignement de la pointe

ANSE PLAYA.

Est de la passe par la pointe Wooding. Nous désignerons, à l'avenir, tout simplement par *pointe Est* celle qui se trouve à l'endroit le plus étroit, en face de la colline marquée 17 mètres, à 2 encablures dans le N. q. N. O. de la pointe du Milieu (plan N° 2987).

Il faut avoir soin de rallier franchement tribord en entrant, car c'est la partie des terres saines. On peut passer à 40 mètres de la pointe du Milieu; quant à la pointe Est, on peut la raser de très près. On évitera bien de tomber sur bâbord, car deux dangers existent, dit-on, de ce côté. La frégate russe *la Sveltana* a signalé un rocher pointu recouvert de 5 mètres d'eau et existant à mi-canal, en face de la pointe Est; puis un autre navire est venu appeler l'attention sur une tête de $2^m 70$, « à $\frac{1}{2}$ encablure de la côte, dans la passe conduisant dans l'anse intérieure. » Le renseignement de *la Sveltana* est assez clair; il est évident que cette frégate parle bien d'un danger existant en face de la deuxième pointe à partir du large, de celle que nous avons définie ci-dessus sous le nom de pointe Est. Quant à l'autre avertissement, il est difficile à interpréter. En employant le mot passe, il paraît indiquer l'endroit étroit, mais cette passe a précisément une $\frac{1}{2}$ encablure; en portant cette distance à partir de la pointe Est, il est bien évident qu'on trouvera les rochers de l'autre côte. D'autre part, s'il s'agit de la pointe du Milieu, il est bien étrange de ne pas l'avoir nommée, et pourquoi spécifier passe, puisque c'est l'endroit le plus large? L'indécision subsistera donc jusqu'à plus ample information, et tout danger existant ou non sera paré en ralliant tribord en entrant. Tout cela est à vérifier sur place.

Les deux indications qui précèdent ne sont pas le seul reproche que l'on ait fait au plan du capitaine Mayne; on y a aussi relevé une erreur de 10° quant à l'orientation. Cette inexactitude, peu compatible avec la valeur de tous les travaux du *Nassau*, a besoin d'être vérifiée. Si réellement l'orientation est inexacte, il y a lieu de modifier tous les relèvements de 10°. En attendant une solution définitive, et bien que l'on puisse facilement mouiller sans prendre de relèvements, tout navire voulant éclaircir les doutes n'aura qu'à se placer, un peu au large, sur l'alignement de la pointe Est par la pointe du Milieu : c'est le N. 10° O. sur le plan du capitaine Mayne, le Nord vrai, d'après ses critiques.

Les navires à voiles voulant pénétrer dans l'anse intérieure seront obligés, sauf vent largue, de prendre tout d'abord le mouillage extérieur et de se touer ensuite avec des amarres. Ceux qui arriveront avec des brises de N. O. auront soin de gagner bien au vent, afin de pouvoir passer dans le S. E. de l'île Shelter, aussi près que le permettra la prudence; en loffant, ils pourront alors atteindre le mouillage extérieur sur leur aire. Ils conserveront la toile du temps, pour avoir de la vitesse; mais ils se tiendront prêts à carguer, si les rafales tombent des montagnes. Une fois dans l'anse, vapeurs et voiliers élongeront un grelin à terre pour éviter de passer sur leur ancre dans les fréquentes embardées qui sont à redouter. Les amarres seront aussi, le plus souvent, nécessaires à la sortie.

Le plan de l'anse Playa Parda porte, dans le N. E. de la pointe du Milieu, une crique large de 150 mètres et longue de 350, où les plus grands bâtiments pourraient s'amarrer à quatre, s'il existait aux quatre angles des points fixes, préparés d'avance. Ce serait fort peu coûteux et précieux en cas d'avaries. C'est devant Playa Parda que le vaisseau français le *Bayard*, désemparé de son gouvernail à l'entrée de Port-Tamar, fit tête en 1862. Il tint 9 jours au mouillage de l'extérieur, y confectionna un gouvernail et le mit en place. Il est vrai qu'il cassa une patte d'ancre, et dut faire marcher sa machine pendant 48 heures pour résister aux grains du S. O.

Les instructions publiées immédiatement après les travaux de King et de Fitzroy parlent d'un îlot presque à fleur d'eau existant à 1 encablure $\frac{1}{2}$ de la pointe Nord de l'île Shelter, entre elle et la grande terre. La dernière édition du *Pilote anglais* ne signale qu'un petit banc de goémons, à peu près à mi-chenal; c'est peut-être du même danger qu'il s'agit. Ce dernier ouvrage parle, en outre, d'un grand banc d'herbes marines s'étendant à deux encablures au large de la pointe N. O. de la même île.

Il y a à Playa Parda beaucoup d'eau, mais pas de bois.

DE PLAYA PARDA À L'ÎLE SAINTE-ANNE. — Cette partie du Long reach est dénuée de mouillage pour les navires importants; mais nous y trouvons deux anses utilisables pour les goélettes, à la rigueur pour les canonnières. La première se nomme l'anse Marion (plan N° 3170); l'abri est assez bon, mais il faut jeter l'ancre par 50 mètres et envoyer une amarre à terre, car il n'y a pas de place pour éviter. L'anse Pollard (plan N° 2986) est plus étroite encore, mais plus longue, et d'un meilleur abri; les fonds y sont moins considérables. Elle est en tous points supérieure à la précédente, mais il faut aussi s'y amarrer l'arrière à terre. La baie Hannant, qui se présente ensuite, est tellement mauvaise, que les plus petits navires la fuiront; la mer du *Sea reach* y entre avec force.

Ainsi que nous l'avons fait observer déjà, cette partie de côte est moins saine que celle que nous côtoyions avant Playa Parda; la roche Noire est de tous les dangers celui qui s'écarte le plus de la terre.

ÎLE SAINTE-ANNE; GOLFE DE XAULTEGUA. — Un canal navigable sépare la pointe Havannah de l'île Sainte-Anne, puis un énorme bassin s'étend jusqu'à 28 milles dans l'Est; l'une de ses anses n'est séparée que par un isthme de 2 milles du *Sulivan Sound*, sur le canal Jérôme. Fitzroy a parcouru en embarcation tout le golfe de Xaultegua. Le dessin qu'il en a fait figure encore sur nos cartes; c'est non pas un levé hydrographique, mais un simple croquis, ce qui est, du reste, parfaitement suffisant. En effet, Fitzroy n'y a reconnu aucune apparence de mouillage, et il recommande aux navires qui seraient poussés dans le golfe d'y rester sous voiles ou vapeur, sans chercher à jeter l'ancre.

CÔTE SUD DU LONG REACH. — Nous reportant sur la côte Sud, nous en reprendrons la description au Snow Sound, point où commence le Long reach. Jusqu'aux travaux de Fitzroy, on croyait que le Snow Sound communiquait avec le Whale Sound, mais il n'en est rien : au bout de 10 milles, l'hydrographe anglais en avait trouvé le fond dans deux havres entourés de rochers noirs et escarpés. Dans tout ce long parcours, il n'existe que deux anses pouvant servir de mouillages : elles sont toutes deux sur la côte Ouest du Sound; l'une est à 1 mille de l'entrée et l'autre à 2 milles. Seuls de petits navires peuvent en user, et comme ils seront mieux à la baie Swallow, le Snow Sound doit être évité par tous.

BAIES SWALLOW ET CONDESA (plan N° 2986). — Ces deux baies sont séparées par l'île Carteret. La première, autrement dit la plus Sud, est très supérieure à la baie Condesa, et est la seule fréquentée; la vue N° 18 de la première série aidera à reconnaître l'entrée, que signale une grande cascade. Le navire fera route entre les îlots Wallis et le rocher Fitzroy, couvert à mer haute, mais signalé par des goémons; puis il aura devant lui les rochers Fisgard, indiqués également par des goémons. Les très grands navires mouilleront à environ 1 encablure $\frac{1}{2}$ en dedans de ces rochers; les moyens et les petits se rapprocheront davantage. L'abri est complet dans ces divers mouillages, et le seul inconvénient de la baie est de n'avoir pas un bon fond; elle est parsemée de têtes de roches sur lesquelles, à l'évitage, on entend la chaîne grincer. Cependant on n'y mentionne pas de gros accidents d'ancres, comme à Playa Parda. Pour mémoire, nous reproduisons, avant de quitter la baie Swallow, la phrase suivante, extraite d'un document nautique publié récemment : « Il y a encore un autre rocher un peu en dedans des îlots qui forment le côté Est de l'entrée; il ne découvre qu'à basse mer, mais il est signalé par des varechs. » Malgré le défaut de précision de ce texte, il est probable qu'il s'agit des rochers Fisgard, qu'il eût été beaucoup plus simple de nommer. Néanmoins, nous reproduisons textuellement cette phrase obscure pour les marins qui pourraient penser qu'elle signale un danger nouveau.

La baie Swallow est celle que les Espagnols avaient appelée Bahia Varonesa.

La **baie Condesa** est remplie d'îlots et de rochers; elle est moins grande que sa voisine. Il n'en existe pas de plan. Néanmoins, il est probable que des petits navires trouveraient à s'y loger. L'abri n'y est bon qu'avec les vents à l'Ouest du N. O. Il est impossible de communiquer par navire d'une baie dans l'autre par le Sud de l'île Carteret; le passage est rempli de grandes roches et presque à sec à marée basse. Seules les embarcations passeront.

BAIE STEWART; CANAL SNOWY. — La première est la baie *Stuardo* des Espagnols; elle est encore peu connue et aucun plan n'en a été levé. Ce n'est pas à regretter du reste, à en croire les quelques renseignements publiés au sujet de cet endroit. Cordova nous dit : « On y remarque un îlot, entre plusieurs bancs de goémons indiquant de nombreux dangers. Le meilleur chenal est lui-même étroit et sinueux; la profondeur y varie de 22 à 29 mètres, fond de pierre. Arrivé dans le fond de la baie, on verra un petit îlot séparant deux canaux étroits, lesquels conduisent tous les deux à un petit port ou bassin large de 2 encablures, et ayant dans sa partie Est des sondes de 11 à 16 mètres, fond de vase. Le canal de l'Est est le plus profond; il a de 27 à 37 mètres d'eau. Un récif s'étend à $\frac{1}{2}$ encablure dans l'Ouest de l'extrémité Sud de l'îlot formant les deux passes. Il serait difficile et dangereux de vouloir entrer dans ce petit bassin. »

Le capitaine Stokes dit, de son côté : « Nous y passâmes une nuit tranquille, mais néanmoins ce mouillage n'est pas à recommander. Il est assez bien abrité du vent et de la mer, mais parsemé de tant de rochers que les manœuvres y sont dangereuses. Les rochers sont indiqués par les goémons, mais ils sont si près les uns des autres que l'on court des risques sérieux en évoluant au milieu d'eux. » Le capitaine Mayne, avec le *Nassau*, vint aussi reconnaître l'entrée; mais il la trouva si bien barrée par les rochers, qu'il ne voulut pas s'y engager. De plus il ventait beaucoup, de sorte qu'il fut impossible d'envoyer les embarcations en reconnaissance.

Le **canal Snowy**, voisin de la baie Stewart, s'étend à 5 ou 6 milles dans le Sud. Plusieurs criques sont découpées sur sa côte Ouest, mais le fond y est tellement grand qu'on ne saurait y mouiller.

DE L'ABRA AU PORT ANGOSTO. — Le nom d'Abra, en espagnol *ouverture*, fut donné par Sarmiento à un long canal dont il ne put voir la fin et sur lequel l'indécision a longtemps régné. Le capitaine King le visita et conclut qu'il ne pouvait être d'aucune utilité comme point de relâche; il estima que ce bras de mer pouvait bien aller rejoindre le Dynevor Sound jusque sur le Pacifique. Le capitaine Mayne entra dans l'Abra avec le *Nassau*, en passant dans le S. E. de l'île qui en est à l'entrée; il croyait trouver un mouillage sur la grande terre, en face de l'île, mais n'y observa que des fonds énormes. Sur la côte opposée, dans l'Ouest de l'île, il n'y a qu'une échancrure à peine sensible, et encore est-elle fort encombrée de goémons. Comme ses prédécesseurs, Mayne pensa que l'Abra faisait vraisemblablement communiquer le détroit au Dynevor Sound, mais il ne put le vérifier par lui-même.

Pour la première fois, en 1871, l'existence de la communication fut non plus soupçonnée, mais hautement affirmée. M. Louis Bueno, capitaine d'une goélette chilienne, faisant ordinairement la pêche des phoques, apprit qu'un navire venait de faire naufrage aux îles Week, sur la côte du Pacifique. Il se mit en devoir de se rendre sur le lieu du naufrage et voulut remonter le Long reach, pour prendre le chenal Cordova. Rencontrant des rafales furieuses, et ne sachant plus que faire, la goélette se jeta dans l'Abra, y trouva un temps tolérable et sortit sur le Pacifique sans avoir fait d'avaries. On appelle canal Sea Shell le bras de mer faisant suite à l'Abra. Le capitaine Bueno parle du chenal comme d'un endroit parfaitement sain, praticable à tout navire. Les terres que l'on traverse sont basses et légèrement ondulées. Ces nouveaux renseignements proviennent d'un pratique du pays; ils semblent donc devoir inspirer confiance.

En dépit des apparences, souvent contraires, il n'y a pas de mouillage réel entre l'Abra et port Angosto. *Le Nassau* visita toutes les ouvertures et trouva partout des profondeurs exagérées. L'anse Rocheuse, qui semble si avantagée, rentre dans cette catégorie. Seule, la baie du Cormoran ferait à la rigueur exception. De petits navires s'enfonçant dans l'un de ses trois bras trouveraient non pas à mouiller, mais à s'amarrer à des arbres. Cependant, comme Playa Parda et le port Angosto offrent beaucoup plus d'aisance, il est probable qu'aucun capitaine ne profitera de cette possibilité.

PORT ANGOSTO. — EAU (plan N° 2986). — Ce port devra toujours être préféré à Playa Parda par les grands bâtiments. Il est exposé à de très fortes rafales descendant des montagnes, mais la mer reste complètement plate; on n'y connaît pas d'accidents dans les ancres. Le fond est de vase dure donnant une bonne tenue. Le seul inconvénient du port est d'avoir une entrée délicate à reconnaître pour les marins qui ne sont pas très habitués à analyser les terres; cependant, avec les vues N°ˢ 21 et 22 de la première série, il devient beaucoup plus facile de ne pas commettre d'erreur : ces vues sont, en réalité, le meilleur des renseignements, car les rapports écrits sont pleins d'obscurités et de contradictions. Nous en détachons cependant les quelques conseils suivants, qu'il serait fort utile de contrôler et d'améliorer.

1° On veillera, venant de l'Est, l'entrée de la baie du Cormoran, facile à reconnaître à ses nombreux îlots; on y prendra un point de départ, sachant que 3 milles ½ plus loin on sera devant le port Angosto; 2° On cherchera dans les terres voisines du port Angosto une montagne conique ayant 300 mètres de haut, et se trouvant sur la côte Sud du port, près de la mer, ou autrement dit sur la partie Est de l'entrée; de cette montagne tombe une cascade qui se jette non point dans le port Angosto, mais dans une petite baie qui est la première avant lui; la cascade est très apparente après les grandes pluies et la fonte des neiges; elle l'est moins dans les temps secs; 3° On s'attachera à découvrir le mont *Knob* (bouton), au milieu des nombreux sommets formés par les terrains grisâtres de cette partie de la presqu'île Cordova : c'est un rocher rond, ressemblant, suivant certains, à un bonnet de mandarin chinois surmonté de son bouton; le relèvement passant par le mont et l'entrée du port est le S. 70° O. N. 70° E., et le mont est alors par le fond de la baie Hannant; 4° Lorsqu'on vient de l'Ouest, on verra une raie blanche remarquable placée sur le côté de l'une des collines qui sont à l'Est du port : cette marque n'est pas visible lorsqu'on vient de l'Est. En résumé, les navigateurs seraient certainement reconnaissants au Gouvernement chilien d'établir à l'entrée du port Angosto une pyramide ou quelque signe distinctif empêchant l'hésitation.

Le port est si sain, qu'une fois l'entrée reconnue on ira sans peine au mouillage. On choisira de préférence le poste de l'Ouest, en face des cascades; on y est comme dans un bassin. C'est peut-être le port où il y a lieu de veiller le plus à ne pas mouiller trop tôt : on se croit sous les falaises, alors qu'on en est encore loin.

L'eau se fait aisément aux cascades; les moules abondent et sont excellentes.

DU PORT ANGOSTO AU CHENAL CORDOVA. — Immédiatement après le port Angosto on rencontre une petite échancrure nommée Half-Port, dans laquelle on a trouvé une profondeur de 29 mètres à ½ encablure de la pointe N. O. Un navire très court peut y jeter de beau temps un pied d'ancre. Cette ressource, si bornée, n'existe ni dans le Canoe ni dans l'Indian Inlet.

Byron put essuyer un coup de vent sous le cap Monday, mais il avait un navire très court. *Le Nassau*, qui cependant n'était pas un grand navire, trouva qu'il lui eût été nécessaire de mouiller par 55 mètres pour avoir son évitage. Pour un caboteur, il y a vraiment bon abri.

La **baie Medai** est fort peu connue, mais elle doit être excellente pour les petits navires, à en juger par sa forme et par les quelques renseignements que nous donnent Churruca et Uriarte. Ils en levèrent un croquis pendant leur campagne en canots dans l'Ouest du détroit et écrivirent : « Il y a 11 mètres d'eau, sur fond de sable, dans l'entrée et pas moins de 7^{m}30, même dans les endroits recouverts de goémons; dans l'intérieur, la sonde accuse de 12 à 16 mètres, sable ou vase; sur les bords, le fond est de galets et la profondeur tombe à 8 mètres. » Nous ajouterons que le rapport écrit donne 59 mètres de large à l'entrée, et le croquis 90.

Trois milles après la baie Medal nous trouvons l'île Cordova, qui divise en deux canaux l'entrée du chenal Cordova. Le *Nassau* a exploré les deux entrées et le commencement du chenal, pour y chercher des mouillages, mais il n'en a pas découvert; il lui est même arrivé d'avoir son beaupré au-dessus de la terre, la sonde accusant encore 55 mètres à l'avant. Le capitaine Mayne parle seulement d'une petite anse existant sur la côte Est de l'île Cordova, et ayant 3 encablures de longueur sur ½ de largeur; il y a 18 mètres de fond à l'entrée de l'anse, 36 mètres au milieu et 26 à toucher son extrémité. Le canal de l'Ouest présente, le long des côtes, des îlots et des rochers qui excluent toute idée de bon mouillage; mais le milieu du chenal est parfaitement sain. En donnant ces renseignements d'après le capitaine Mayne, nous devons ajouter qu'il existe sûrement un mouillage dans le chenal Cordova, puisque le brick français *l'Entreprenant* y fit un long séjour. En consultant l'édition 1865 de la carte N° 877, on y verra, à 2 milles dans l'Est du chenal Cordova, une baie appelée *baie de l'Entreprenant* et présentant divers mouillages, dont le dernier est à 7 milles du détroit. Il a été reconnu, depuis, que *l'Entreprenant* n'était pas dans une baie, mais bien dans le chenal Cordova. La baie faussement indiquée par le brick français a été supprimée sur l'édition de 1867, mais il n'en résulte pas moins qu'un bâtiment assez important a séjourné pendant longtemps fort loin de la côte du détroit ; c'est là une indication qui peut guider les recherches ultérieures.

CARACTÈRES GÉNÉRAUX DU SEA REACH. — Commençant à l'île Sainte-Anne, finissant au cap Pillar, ce *reach* ne mesure pas moins de 52 milles de long. Sa largeur est de 6 milles jusqu'à l'île Tamar et de 12 au delà. Cette grande largeur facilite la navigation, surtout aux louvoyeurs, mais en même temps ils ressentent la houle du large, qui cesse complètement du cap Negro à l'île Sainte-Anne, parages où les plus fortes brises n'occasionnent que des mers courtes. La force de la houle est même, dans le Sea reach, un des meilleurs guides pour juger le temps au large. Le capitaine Stokes, premier commandant du *Beagle*, estimait que rien ne devait empêcher les navires de rester, pendant la nuit, sous voiles ou sous vapeur; il le fit lui-même par temps obscur et venteux. Il manœuvra pour se tenir sur la ligne des caps Upright et Providence, qu'il vit toujours au moins à 1 mille, bien à temps pour virer de bord. Les instructions récentes conseillent beaucoup de prudence : elles engagent les capitaines à se réserver la journée entière pour faire cette dernière étape. Partant de Playa Parda, ou mieux encore du port Angosto, ils appareilleront au petit jour. S'ils ont fort vent debout, et ne gagnent que très lentement, ils n'essayeront pas de sortir, mais relâcheront aux ports Churruca ou Tamar, à la baie Sholl ou bien à celle de Tuesday, et là ils attendront un temps maniable. Sous aucun prétexte on ne dépassera le cap Pillar, à moins d'avoir devant soi plusieurs heures de jour, et la persuasion qu'on pourra s'élever d'une bonne distance au large de la côte avant le coucher du soleil. Forcé de battre en retraite, on le fera de bonne heure, se souvenant que, la nuit faite, on ne trouverait plus l'entrée des ports. Ces précautions sont commandées par la soudaineté avec laquelle se déclarent les vents d'Ouest et de N. O.; en hiver, elles sont de rigueur. En toute saison on restera au port avec baromètre descendant.

Le Sea reach n'a pas, comme hydrographie, l'exactitude qui se remarque dans les cartes de la partie Est. Le mauvais temps a toujours empêché des travaux vraiment réguliers; les rectifications se sont plutôt opérées détails par détails. Aujourd'hui, les cartes sont parfaitement suffisantes, pour peu qu'il y ait de la vue; seulement on ne répond pas absolument des relèvements de cap à cap. En conséquence, il serait imprudent, par temps de brume, de trop se fier à la route au compas.

Nous donnerons d'abord la description de la côte Nord, que forment la Terre du Roi Guillaume IV et la partie méridionale de l'archipel de la Reine Adélaïde.

DE L'ÎLE SAINTE-ANNE AU CAP PROVIDENCE. — Passé le golfe de Xaultegua, le levé de la côte est extrêmement indécis; on évitera soigneusement les nombreuses îles qui s'en détachant, jusqu'à 2 ou 3 milles. Au contraire, le cap Providence (vue N° 23, 1re série) est exactement placé et bon pour les relèvements. C'est une montagne rocheuse, beaucoup plus élevée que les terres adjacentes, et dont le sommet est profondément entaillé. Vu du Sud, le cap se divise en deux parties : celle de l'Ouest présente une courbe en forme de voûte, tandis que l'autre est un pic.

D'après Hawkesworth (livre des voyages), il y aurait un mouillage dans le N. E. du cap Providence. *Le Nassau*, en allant le chercher, trouva tant de goémons sur la côte qu'il ne crut pas à son existence; en tout cas, il est certain qu'on n'y aurait aucun abri contre les vents du Sud. Un navire anglais pris par de grands vents du Nord a mouillé sous le cap lui-même par 36 mètres, fond de roche, et s'y est fort bien trouvé.

ÎLE RONDE; PORT, CAP ET ÎLE TAMAR (plan N° 2972). — L'île Ronde est très facile à reconnaître parmi toutes celles qui l'avoisinent, et c'est un excellent amer pour prendre des relèvements dans cette partie du reach. On dit qu'il y a un mouillage bien abrité, mais avec un très grand fond, dans une baie qui est au N. N. O. de l'île et que la carte N° 3397 indique très suffisamment. Le meilleur endroit pour jeter l'ancre serait juste à l'entrée de la baie, sur la côte Ouest, au Nord de l'îlot qu'on laisse par bâbord en entrant; il y a là un plateau avec sondes de 43 mètres, fond de sable. Le capitaine Mayne n'est pas entré dans cette baie, qui de l'extérieur paraissait trop encombrée d'îlots et de rochers pour être utile à un grand navire et à laquelle le voisinage du port Tamar enlève toute importance.

Le **port Tamar** a reçu le nom d'un navire de guerre anglais qui se trouvait sous les ordres de Byron pendant son passage de 1764. Mouat, nom des îlots situés à l'Ouest du port, est celui du capitaine du *Tamar*.

Ce port a été fort souvent attaqué à cause des nombreux naufrages dont il a été le théâtre; c'est là que le vaisseau français *le Bayard* fut désemparé de son gouvernail et faillit se perdre complètement. Tous ces sinistres étaient dus à des fautes d'hydrographie, à la croyance invétérée dans l'existence d'une passe profonde entre les îlots Mouat et la terre du cap Tamar. Deux navires américains se brisèrent l'un après l'autre sur le récif du Plumper, avant que l'on se décidât à renoncer à cette fausse passe, qui semblait la meilleure, parce qu'elle était plus au vent. Aujourd'hui, l'exactitude du plan ayant été éprouvée, le danger des roches inconnues n'est plus à redouter; mais un autre inconvénient subsiste, celui d'une tenue très médiocre : les fonds de roche sont fréquents.

Néanmoins on pourrait faire une longue liste de bâtiments ayant essuyé au port Tamar des mauvais temps sérieux et s'en étant bien tirés. La mer reste belle, quelle que soit la force du vent. Ajoutons que l'opinion des marins tend, en ce moment, à recommander la baie Sholl de préférence au port Tamar. Il est certain que la baie Sholl est très bien située comme poste d'observation.

Il reste bien entendu qu'il n'existe pas de passe dite de l'Ouest entre les îles Mouat et la terre du cap Tamar; le récif du Plumper et d'énormes bancs de goémons encombrent le passage, qui n'est vraiment praticable que pour les caboteurs. Les véritables navires passeront, les uns entre le rocher Sunk et le banc de goémons qui en est à l'Est, les autres entre ce banc et l'île Dauphin (*Dolphin*); d'autres viendront le long de la côte Nord et passeront entre l'île Dauphin et la pointe Byron, puis dans le Nord du banc de goémons, et de là au meilleur mouillage, entre l'île Spencer et la pointe John. Il est évident qu'avec les vents dominants les voiliers ont avantage à prendre la première de ces routes, qui est la plus au vent. Pour les vapeurs, le passage entre l'île Dauphin et la pointe Byron est très recommandé; il n'y a pas de goémons, on pare sans peine le récif Perceval, très indiqué par les herbes : en un mot, on n'éprouve réellement aucune difficulté.

En manœuvrant, on tirera très bon parti, pour connaître sa position, d'une marque blanche ressemblant à un tombeau et se détachant sur un fond vert. *Le Beagle*, donnant dans le port Tamar, toucha sur une roche de 2ᵐ75, qu'il dit être dans le S. 53° E. de la tache blanche et qu'il nomma rocher *Sunk*. *Le Nassau* ne trouva pas cet écueil, mais il en découvrit un analogue dans le S. 47° E. de la tache blanche; on lui a conservé le nom de *Sunk*. Ce danger, étant Nord et Sud avec le plus Est des îlots Mouat, est très facile à éviter. Seuls, les petits navires passeront sans inconvénient entre la terre et l'île Spencer. Cette dernière île est verdoyante, tandis que l'île Dauphin est nue et ressemble à un rocher n'ayant que 6 mètres de hauteur.

Le cap Tamar n'a rien de remarquable. Lorsqu'on vient de l'Est, l'île Tamar le déborde, à moins que l'on ne soit très près de terre. Cette dernière île est fort élevée et séparée des terres du cap par un canal très étroit mais entièrement sain.

ROCHES ASTRÉE ET DIAMANT. — *Le Diamant*, aviso de la marine française, passant le détroit en 1862, entendit parler d'un rocher situé à 2 milles, dans le Sud du cap Tamar. Arrivé à Valparaiso, le capitaine prit de nouveaux renseignements qui semblèrent confirmer les premiers; sur leur foi, une roche dite *Diamant* fut alors portée sur les cartes.

En octobre 1868, la frégate française *l'Astrée*, arrivant de l'Est, et gouvernant pour donner dans les canaux latéraux, prit ses précautions en vue de parer la roche *Diamant*. En ayant dépassé le méridien, elle vint sur tribord pour ne point perdre de route, et tomba inopinément sur une roche encore inconnue, que l'on appela la roche *Astrée* et qui gît à 1 mille $\frac{6}{10}$ dans le S. 6° O. de la pointe Ouest de l'île Tamar. On estime qu'elle a 50 mètres de long du Nord au Sud, et pas plus de 20 mètres de large. La plus petite sonde trouvée a été de 4ᵐ25 (marée basse); mais il y a peut-être des têtes s'élevant davantage.

En remarquant que la roche *Astrée* est située, par rapport à la pointe Ouest de l'île Tamar, exactement comme la soi-disant roche *Diamant* par rapport au cap Tamar, l'idée vient immédiatement que la seconde de ces roches n'existe pas, et que les marins qui l'ont indiquée verbalement ont cru qu'on appelait cap Tamar la partie Ouest de l'île Tamar. Cette confusion est d'autant plus probable qu'en 1862 toutes les terres de cette région étaient mal déterminées.

Du reste, pendant ses travaux hydrographiques, le capitaine Mayne voulut étudier la question; son canot à vapeur sonda pendant une demi-journée sur l'emplacement de la roche *Diamant*, mais sans pouvoir la trouver. Puis *le Nassau* lui-même et l'aviso *le Ringdove* gouvernèrent, en partant du port Tamar, de manière à laisser la roche par leur travers, à toute petite distance. Le temps était très clair, et cependant les capitaines ne virent ni herbes ni remous : ils exprimèrent les plus grands doutes sur l'existence simultanée des deux roches. *Le Reindur* et *l'Albatross*, navires de S. M. Britannique, arrivèrent aux mêmes conclusions, ainsi que le croiseur français *le Seignelay*, commandé par M. le capitaine de vaisseau Aube, et le vapeur français *la Junon*.

A ces témoignages contre l'existence de la roche *Diamant* il n'est possible d'opposer que deux rapports contradictoires : le premier est celui du capitaine du *Suwanee*, qui dit avoir vu le danger en 1865 ; le second est celui du commandant de la corvette chilienne *le O'Higgins*, qui prétend avoir aperçu l'écueil par basse mer d'équinoxe et en avoir passé à 50 mètres. Selon cet officier, la roche *Diamant* serait à 2 milles dans le S. S. E. et non dans le Sud du cap Tamar : il l'aurait aperçue sous la forme d'un plateau de 5 mètres de diamètre, découvert de 60 centimètres.

Il est probable qu'une épave a été vue par ce dernier officier et qu'il l'a prise pour un rocher, car de 1874 à 1878, indépendamment des exemples cités plus haut, tous les navires anglais passant le détroit ont recherché la roche *Diamant*, et pas un d'eux ne l'a trouvée. Un avis du bureau hydrographique de Londres, du 30 septembre 1878, annonce qu'à cette date l'écueil en question est supprimé sur les cartes et documents de l'Amirauté anglaise.

Quant à la roche *Astrée*, elle a été trouvée par les Anglais là où nos cartes l'indiquent sur les relèvements ci-après :

Le cap Tamar, masquant l'île Ronde, au S. 87° E.;

La pointe Ouest de l'île Tamar au N. 6° E.

Pour en passer dans le Sud, il suffit de tenir l'île Ronde ouverte du cap Tamar, ou plus précisément encore, de tenir ladite île Ronde entre le cap Tamar et le rocher Sentry; mais un peu plus de marge ne nuira pas. (Voir le plan N° 2972 et la carte N° 3397.)

Dans toute la partie du détroit où nous sommes en ce moment, les marées sont faibles; le flot, portant dans le S. E., est seul sensible, et encore dépasse-t-il rarement $\frac{1}{2}$ nœud de vitesse.

BAIES BEAUFORT ET SHOLL. — LES STRAGGLERS. —

EAU ET BOIS. — Une fois l'île Tamar doublée, le bâtiment voulant prendre les canaux latéraux vient sur tribord pour se diriger vers le Nord. Nous donnons, page 121, les renseignements nécessaires pour entrer dans le canal Smyth; nous voulons ici parler seulement des baies Beaufort et Sholl, qui donnent sur le détroit de Magellan lui-même. La première est absolument inutile. C'est une vaste étendue d'eau ne présentant aucun mouillage et terminée par deux bras : celui de droite est le Sound du Glacier, celui de gauche l'Icy Sound. A l'Ouest du bras de mer conduisant aux deux Sounds, on remarque une véritable multitude d'îlots et de rochers au milieu desquels il est impossible de passer. Les derniers s'appellent *Stragglers* (traînards); on leur donnera toujours un bon tour. Juste sur la ligne des derniers Stragglers et du cap Philippe, les cartes portent une sonde de 9 mètres signalée par des goémons, au dire de la *majorité* des rapports : nous disons majorité, car quelques-uns nient l'existence de ces goémons. Ajoutons que les pratiques de ces parages n'attachent aucune importance à ce banc.

Roche Goñi. — En 1879 le lieutenant chilien Goñi signale une roche, qui porte son nom, à 200 mètres dans l'O. S. O de la roche Freycinet. Elle est indiquée par des goémons; on y a trouvé des têtes de 9 et 13 mètres, avec sondes intermédiaires de 16 à 21 mètres. A 20 mètres dans le N. O. le fond est de 29 mètres, et un peu plus loin, de 49 mètres.

La **baie Sholl** est de plus en plus vantée comme poste d'attente pour donner dans le détroit ou en sortir, que l'on vienne de l'Est ou de l'Ouest, qu'on sorte des canaux latéraux ou qu'on y entre. Le pic Sainte-Anne, qui s'élève de 457 mètres au-dessus du centre de la baie (vue N° 27, 1re série), est un de ces amers excellents que les capitaines recherchent, surtout dans ce pays de temps obscurs. Le mouillage n'est pas très étendu, mais l'abri y est excellent contre les vents dominants. Enfin on y a le grand avantage d'être sur la côte Nord du détroit, et comme le vent de N. O. joue souvent au N. N. O., on peut saisir l'occasion et n'avoir pas plein vent debout. On trouvera le plan de la baie Sholl sur la carte N° 3143, qui donne la partie Sud du canal Smyth, et l'on y suivra facilement les indications suivantes empruntées au Pilote anglais.

« A environ $\frac{3}{4}$ de mille dans le S. E. de la pointe Henry il y a un petit îlot, appelé *rocher plat*, qui s'élève à 1m 50 au-dessus de la haute mer; on ne le distingue que lorsqu'il est ouvert du cap Philippe, et comme les hauts-fonds qui prolongent ce cap sont dangereux, on aura soin de ne rallier la terre qu'après avoir vu le rocher. Dans le N. E. du rocher plat, il existe encore deux rochers qui en sont, l'un à 4 encablures et l'autre à 6 encablures; ils sont juste couverts à marée haute et prolongés dans le Nord par des bas-fonds longs de 6 encablures; autrement dit on devra se tenir au moins à 12 encablures ou 1 mille ¼ dans le Nord du rocher plat. Le plateau rocheux de 9 mètres (roche Freycinet) découvert par *le Talisman* à 1 mille dans l'Est dudit rocher (position approximative), engage aussi les grands navires à la prudence dans cette direction. Ajoutons que tous les dangers sont indiqués par des goémons.

« Un bâtiment venant du détroit par le côté du port Tamar gouvernera pour trouver le pic Sainte-Anne. Dès qu'il l'aura vu, il le laissera d'un bon quart sur bâbord et gouvernera ainsi jusqu'à ce qu'il puisse distinguer tous les détails de la côte; alors il verra au large de la pointe Robert (pointe Nord de la baie Sholl) un groupe de petits îlots rocheux sur lesquels il gouvernera jusqu'à en être à ½ mille. A ce moment, sinon plus tôt, apparaîtra certainement un îlot plus grand appelé *Moss* et qui se trouve dans l'Ouest de la pointe Robert; alors on fera route pour ranger à petite distance la côte Nord de l'îlot Moss et l'on jettera l'ancre lorsque son extrémité Ouest sera à 1 encablure ½ dans l'E. N. E. ½ N. C'est le meilleur mouillage pour un grand bâtiment, mais un petit peut s'avancer davantage en évitant les goémons. Il y a aussi un chenal en dedans du rocher plat, mais il n'est bon que pour les voiliers ayant vent debout par l'autre passe. Par petit temps, il sera bon d'affourcher; avec vent d'Ouest, il vaut mieux n'avoir qu'une seule ancre et filer une longue touée. Ainsi mouillé, *le Nassau* essuya sans avaries deux terribles coups de vent d'Ouest. Par coup de vent d'Est, la baie Sholl n'est pas très bonne. On lui préférera le port Churruca ou bien l'on fuira du détroit. »

On se procure à la baie Sholl de l'eau, du bois, du céleri, des baies (sorte de groseilles), des moules et autres coquillages. Il y existe un grand nombre d'oies; les unes, dites de goémons, ne sont pas mangeables, d'autres sont bonnes. En arrivant à la baie Sholl, on voit, la plupart du temps, des Fuégiens venus du havre Profond, qui est leur station préférée, à 6 milles dans le Nord.

DU CAP PHILIPPE AUX ÉVANGÉLISTES. — Le cap Philippe dépassé, nous trouvons sur notre droite la vaste baie Parker, dont le fond est indéterminé et tout parsemé d'îlots. Le capitaine W. Hall, du vapeur *Fosforo*, a trouvé, les îles passées, un prolongement de baie ou canal qu'il a pu remonter pendant 8 milles dans le N. E. On pense aussi qu'il existe dans la partie Ouest de la baie un bras de mer isolant de la grande terre tout le massif terminé par le cap Parker.

On remarquera sur la carte N° 3397 un mouillage situé dans l'Est du cap Parker et marqué havre Lecky. Son analogie, comme disposition, avec la baie Sholl est extrêmement frappante. Le capitaine Stokes ne jugea pas ce mouillage bon, on l'assure du moins; mais le capitaine Mayne en parle autrement et regrette de ne pas l'avoir examiné. Il est encore mieux situé que la baie Sholl pour les navires sortant du détroit : il est plus au vent que cette dernière et plus près du cap Pillar. Le cap Parker est un bon amer; il fait bien saillie et est couronné par trois monticules remarquables (vue N° 24, 1re série). Il serait utile de prendre des renseignements sur le havre Lecky auprès des pratiques du pays et d'en lever le plan si les indications sont bonnes.

Dans le N. O. du cap Parker, nous rencontrons une nouvelle baie encore plus grande et plus indéterminée que la précédente. De nombreuses îles et îlots en barrent l'entrée : elle ne saurait être fréquentée que par des pêcheurs de phoques. La plus remarquable des îles s'appelle le Westminster Hall et est haute de 335 mètres (vue N° 24, 1re série); elle est, en réalité, la plus S. E. du groupe *Sir John Narborough*, qui se compose de neuf grandes îles et de centaines de petites. On pense qu'il y a plusieurs mouillages dans cet archipel, mais leur accès serait si difficile qu'ils n'ont pas été étudiés. Des rochers et des brisants s'étendent au large de cette chaîne, et le mieux à faire est de les éviter. Cependant *le Beagle* se hasarda au milieu de ces dangers et vint mouiller par 20 mètres dans le S. E. du mont dit *d'Observation*, qui lui servit de station pour la triangulation. On indique aussi l'île Cupola, du même groupe, comme pouvant, par sa forme, appeler l'attention et servir pour les relèvements.

Plus loin, nous trouvons le cap King, qui nous rappelle le nom du capitaine de *l'Adventure*, puis les îles Évangélistes, qui sont déjà bien au large et que nous ne dépasserons pas. Ce groupe comprend quatre îlots; ce nom leur a été donné par les premiers navigateurs espagnols : Narborough voulut le changer en celui d'*îles Direction*, parce qu'ils forment un bon amer, surtout pour les navires arrivant du Pacifique. Ces îlots sont tout à fait rocheux et stériles; à peine sont-ils bons pour servir d'asile aux veaux marins ou pour recevoir les œufs des oiseaux du Pacifique. Cependant, en cas de nécessité, on pourrait mouiller au milieu d'eux et même y trouver un endroit pour débarquer. Avec un temps suffisamment clair, on les voit, du pont d'un navire moyen, d'une distance de 12 à 15 milles. Il serait imprudent de passer entre eux et le cap Victory. En parlant de ce cap, nous noterons que ce n'est pas celui que Magellan avait nommé *Vittoria*, d'après l'un de ses navires. Le cap Vittoria des Espagnols est devenu le cap King dont nous parlions tout à l'heure.

Ayant achevé au cap Victory la description de la côte Nord du détroit, nous nous reporterons au chenal Cordova pour dire quelques mots de la côte Nord de la Terre de Désolation et arriver ainsi au cap Pillar.

CÔTE SUD DU SEA REACH. — Dans sa partie Sud, ce reach est borné d'un bout à l'autre par l'énorme île que sir John Narborough a si justement nommée la Terre de Désolation. Le port Churruca, vis-à-vis du port Tamar, et la baie Tuesday, à 14 milles du cap Pillar, méritent, par leurs bons mouillages, d'appeler l'attention des navigateurs.

Passé le chenal Cordova, nous avons à mentionner le petit port Upright, à peine indiqué sur la carte N° 3397 par le petit enfoncement marqué 47; la carte N° 2986 en donne un croquis suffisant pour mouiller. C'est un très petit enfoncement où des vapeurs, même de moyenne taille, peuvent s'abriter contre une bourrasque de N. O., mais où ils n'auraient pas évitage avec des vents de la partie Sud. Pour les caboteurs, l'abri est excellent contre tous vents, sauf ceux de l'Est. Les îles si nombreuses situées au large du port servent à en indiquer l'entrée. On se guidera aussi sur une dépression fort remarquable de la montagne qui surplombe la baie, et sur le cap Upright, haut de 274 mètres et très apparent. Des bancs de goémons s'étendent à bonne distance autour de ce promontoire, que l'on pense être le cap San Ildefonso de Cordova; le port Upright serait le port Santa Monica de Sarmiento, lequel diffère absolument du Santa Monica de Cordova : ce dernier serait à 10 milles O. N. O. du cap Upright (voir carte N° 3397). Des remous de courant gênants ont été signalés devant le cap Upright. Deux bancs de goémons gisent dans le Sud de ce promontoire; celui de l'extérieur est à un fort mille de terre, mais il y a passage entre les deux.

DU CAP UPRIGHT AU PORT CHURRUCA. — Toute cette côte a été étudiée par les officiers de Cordova, mais leurs rapports sont obscurs, et Mayne n'est pas même sûr d'avoir bien placé les noms sur leur travail rectifié. Il estime qu'il n'y a aucun parti à tirer ni de la baie Alquilqua, ni du port Uriarte, ni du port Santa Monica; au contraire, il fait grand cas du port Churruca, dont il a levé le plan (N° 2990). Le mouillage dit *du Nassau* est à 3 milles dans l'intérieur de la terre, fermé de toutes parts, et l'on y est en pleine sécurité, malgré la tenue médiocre qu'offre le fond. L'entrée est bien indiquée par un grand glacier, le seul de ce voisinage situé presque au-dessus du mouillage et surmonté d'un pic aigu très reconnaissable. Le navire venant de l'Ouest n'apercevra le glacier que quand l'entrée de la baie sera bien ouverte. Les îlots Dièguès et Diaz serviront aussi d'amers. Laissant de côté les bras Damien et Côme, le bâtiment laissera l'île Casilda par tribord et pourra prendre soit le mouillage d'Oldfield, soit celui du *Nassau :* le dernier est le meilleur. On remarquera que si l'on dépassait dans l'Est l'alignement de la pointe Rosario par la pointe Digby, on trouverait des fonds énormes. Pour une courte relâche, on peut se contenter du mouillage d'Oldfield. Le bras Lobo est inconnu.

Au sortir et dans l'Ouest du port Churruca, une petite anse dite Darby suffit pour abriter les caboteurs contre les vents régnants.

DU PORT CHURRUCA À LA BAIE TUESDAY. — De l'anse Darby à la pointe Félix, une terre élevée, bordée par une ceinture de goémons, offre de petites échancrures dont aucune n'a semblé bonne, même pour de simples caboteurs. A l'Ouest de la pointe Félix (à laquelle on recommande de donner du tour) s'étend une grande baie, large de 5 milles, où l'on ne connaît qu'un seul mouillage, celui du havre Valentine. C'est un triste endroit, où *le Nassau*, mouillé cependant par 47 mètres, avait à peine son évitage. L'entrée est étroite et bordée de roches couvertes de goémons. Le cap Valentine est lui-même environné d'herbes marines et d'écueils.

Entre les caps Valentine et Cuevas, un nouvel enfoncement dans les terres ne mérite aucune mention. De petites échancrures situées dans la partie Ouest n'ont pas paru mériter d'être étudiées. Le plan N° 2990 donne une vue du cap Cuevas.

La **baie Truxillo** est très engageante comme forme. L'abri y est bon, mais malheureusement les fonds sont énormes. Néanmoins un navire moyen pourrait y jeter un pied d'ancre, sous réserve de se rendre à la baie Tuesday pour un séjour de quelque durée.

BAIE TUESDAY (plan N° 2972). — C'est un des meilleurs mouillages de la partie occidentale du détroit. Les voiliers auraient de la peine à louvoyer dans l'entrée; mais pour les vapeurs, si grands qu'ils soient, les difficultés sont nulles. Le cap Cortado (coupé), que l'on peut considérer comme formant l'extrémité Ouest de l'entrée, est un amer immanquable pour les navires longeant la côte. Pour ceux qui sont dans le milieu du détroit, une remarquable montagne en forme d'aiguille, s'élevant au-dessus du fond de la baie, remplacera la vue du cap, qui disparaît un peu dans les terres.

Il est possible de passer soit dans le Nord, soit dans le Sud des Nodales, mais la passe Nord est la meilleure. Les Nodales sont hautes et se distinguent bien; le Quartier-Maître et les roches voisines se voient toujours, ne fût-ce qu'à leurs brisants. Le bâtiment entrera donc sans peine, à petite vitesse, afin de bien choisir son mouillage. Il peut, à la rigueur, jeter l'ancre dans la baie Saint-Joseph, mais les fonds y sont énormes, tandis qu'en poursuivant vers l'Ouest on sera très bien par 36 à 40 mètres, en face d'un canal conduisant à un bassin vaste, mais trop profond comme sondes. Les navires moyens, les avisos par exemple, pousseront jusqu'au mouillage de Christmas, où ils auront leur évitage entre deux grands bancs de goémons.

Les caboteurs peuvent se dispenser d'entrer dans la baie Tuesday; l'anse du même nom, qui s'ouvre entre le cap Cortado et le Quartier-Maître, est suffisante pour eux.

Dans toute cette région, et jusqu'au cap Pillar, les marées continuent à être faibles. Le courant de flot (au S. E.) est le seul sensible, et c'est à peine cependant s'il atteint $\frac{1}{2}$ nœud. Nous rappelons qu'à moins d'avoir devant eux plusieurs heures de jour et un temps de bonne apparence, les navires arrivant de l'Est relâcheront à la baie Tuesday plutôt que de continuer.

DE LA BAIE TUESDAY AU CAP PILLAR. — Le **havre Skyring** s'ouvre à 3 milles dans l'O. N. O. du cap Cortado. On y est parfaitement abrité, mais de nombreux rochers restreignent beaucoup le mouillage et rendent fort difficiles l'entrée et la sortie. Cependant *le Nassau* s'y réfugia pendant un coup de vent et n'y fit point d'avaries, mais il eut beaucoup de peine à sortir; un navire plus grand se fût trouvé dans l'obligation d'attendre une période de calme. En définitive, c'est un endroit à éviter pour les bâtiments de quelque importance.

En quittant le havre Skyring, les capitaines sortant du détroit auront soin de donner un bon tour à la portion de côte qui va du havre Skyring au port Mercy. Des bancs de goémons, que l'on suppose très malsains, s'étendent jusqu'à 1 mille de la côte. Il faudra s'en tenir à distance très prudente.

Le **port Mercy**, qui se présente maintenant à nous, n'est qu'à 5 milles du cap Pillar (plan N° 3188). Il fut très longtemps recommandé comme dernière relâche avant la sortie du détroit. C'est le port Espagnol de Wallis et le Puerto de la Misericordia de Sarmiento. Des accidents si graves y sont arrivés aux longs vapeurs dont on se sert aujourd'hui, que tous les rapports récents conseillent de préférer la baie Tuesday, quoiqu'elle soit plus loin de la sortie. Ainsi, en 1857, un trois-mâts chilien y fait naufrage; le vapeur de guerre *Maria-Isabella*, de la même nation, envoyé pour recueillir l'équipage, se brise lui-même à l'entrée; en 1860, perte totale d'un navire chilien; en 1863, la frégate anglaise *Sutlej* est à deux doigts de faire côte; en 1869, *le Nassau* y court les plus grands dangers, et le paquebot *le Santiago* se brise dans le voisinage de l'entrée. Cette liste de sinistres nous paraît plus que suffisante pour éloigner les capitaines de cette mauvaise relâche. Cependant, s'ils y sont poussés, ils auront avantage à se tenir dans la partie Nord de la baie, qu'ils attaqueront par la pointe de la Miséricorde. Se bornant à contourner cette pointe et à mouiller à distance suffisante de terre, ils auront autant d'abri que plus au Sud et éviteront la roche douteuse en même temps que les nombreux paquets d'algues qui cachent peut-être des écueils. On se souviendra aussi que la position du rocher Santiago n'est qu'approximative; peut-être est-il plus au large que ne l'indiquent les cartes. Ce rocher dépend de la côte malsaine que nous avons signalée ci-dessus entre le havre Skyring et le port Mercy, en recommandant de lui donner du tour.

5 milles de côte sans mouillage nous conduisent au cap Pillar, dont le côté Est est baigné par le détroit, le côté Ouest par le Pacifique. C'est à la base de ce dernier côté que le cap prend la forme arrondie qui justifie, dans une certaine mesure, le nom de cap Pillar (pilier). Deux massifs très distincts forment l'ensemble du promontoire. Celui de l'Est est haut de 425 mètres, tandis que la partie Ouest l'est seulement de 390 mètres; sans cesse battue par la houle du Pacifique, cette dernière est rongée, fouillée, et présente de profondes excavations. Un rocher haut de 90 mètres se détache à petite distance du cap. Le capitaine Stokes y débarqua le 25 février 1827, afin de déterminer sa position. En 1829, Fitzroy prit également terre dans une petite crique qui est juste sous le cap. Il voulut monter sur le sommet pour y prendre des angles, mais il dut renoncer à l'ascension, de crainte de compromettre ses instruments.

Ce que nous avons dit de la faiblesse des marées dans le *Long reach* et le *Sea reach* n'est plus exact dès que le navire se trouve sur la ligne du cap Pillar par les Évangélistes. Les courants atteignent 3 nœuds et portent, pendant une partie de la marée, sur les îles de Sir John Narborough. Nous avons dit et répétons que les brisants situés au large de cet archipel sont dangereux, mal déterminés, et qu'il importe de s'en éloigner, au moins jusqu'à la publication des travaux qui vont être entrepris de ce côté par M. le capitaine de vaisseau anglais Nares. Le vapeur suivra donc la route recommandée, tandis que le voilier, obligé de louvoyer, dirigera toujours ses bordées vers le Sud plutôt que vers le Nord. Le cap Pillar, les Évangélistes et le Westminster Hall lui fourniront d'excellents relèvements qui le guideront dans sa route et le conduiront au large. Nous donnons, page 158, des détails sur toute la côte extérieure courant parallèlement aux canaux latéraux : ces données peuvent être utiles aux navires remontant dans le Nord par le large.

CHAPITRE II.

CANAUX LATÉRAUX ET CÔTE DU LARGE.

VARIATION EN 1879 : { De la baie Sholl au détroit de Conception : 22° N. E.
Du détroit de Conception à la sortie des canaux : 23° N. E.
Diminution annuelle 2′.

§ 1ᵉʳ. — CANAUX LATÉRAUX.

GÉNÉRALITÉS. — On désigne sous le nom de canaux latéraux la série d'artères navigables réunissant le *Seareach*, sur le détroit de Magellan, au golfe de Peñas, à 300 milles plus au Nord. Le navire chemine entre la côte de Patagonie et une série de grandes îles dont les principales sont l'archipel de la Reine Adélaïde, l'île Hanover, l'archipel de la Mère de Dieu et l'île Wellington.

La route des canaux latéraux est bonne pour les vapeurs; ils y font route sans fatigue et débouquent sur le Pacifique par 48° de latitude, ayant évité les parages de la grosse mer et des plus grands mauvais temps. Essayée d'abord timidement par de petits vapeurs, cette voie a ensuite été fréquentée par des navires de plus en plus grands. La dernière édition des instructions anglaises, datée de 1875, estime qu'après l'exemple donné en 1868 par la frégate française *l'Astrée*, longue de 80 mètres, on doit admettre que les vapeurs les plus grands peuvent s'engager dans les canaux. Nous ajouterons que des marins expérimentés conseillent, néanmoins, aux grands navires *en bon état* de préférer la haute mer, où la route se fait sans le souci de la navigation près de terre. C'est à chaque capitaine de peser le pour et le contre. Quant aux voiliers, si petits qu'ils soient, il ne remonteront jamais du Sud au Nord, et c'est à peine si la traversée inverse leur a été conseillée par de très rares capitaines.

Les rives des canaux sont presque partout élevées et abruptes; l'intérieur présente des pics innombrables. Les dangers sous-marins, très peu nombreux, sont généralement indiqués par des goémons; les vigies les distinguent souvent de la mâture, alors qu'on ne voit rien du pont. Comme dans le détroit, il faut calculer les étapes de manière à mouiller avant la nuit; mais si l'on était surpris et forcé de passer la nuit sous vapeur, on se trouverait bien d'envoyer à terre quelques marins chargés d'entretenir un feu.

TEMPS ET MARÉES. — Le climat est frais, humide et venteux; le vent dominant est celui du Nord, qui s'engouffre dans les canaux comme dans un entonnoir; il souffle parfois avec fureur, mais ne soulève jamais de grosses lames, tant les espaces sont restreints. Au large, le vent du Nord passe ordinairement au N. O., puis brusquement à l'Ouest avec un redoublement de force; les bourrasques de cette direction ne sont pas de longue durée, et si le temps doit s'embellir, le baromètre monte pendant que le vent tourne au Sud. Si, au contraire, il incline de nouveau vers le N. O., il y aura redoublement de mauvais temps; le baromètre baissera. Dans les canaux, l'action des montagnes empêche de ressentir les variations intermédiaires et les vents faits soufflent toujours soit du Nord, ou à peu près, soit du Sud, ou à peu près. Avec les vents de la partie Nord on a presque constamment de la pluie; ceux du Sud donnent du beau temps, mais ils durent beaucoup moins longtemps que les autres. A de rares intervalles, on rencontrera des séries de calme et alors la navigation sera des plus faciles. Mais la règle, c'est la pluie, pluie intense et fatigante, gênant la vue, très pénible et tout aussi fréquente l'été que l'hiver. Dans cette dernière saison la neige remplace fréquemment la pluie. La chaleur relative et la longueur des jours sont les seuls avantages de l'été.

Le baromètre atteint son minimum avec les vents de N. O. et son maximum avec ceux du S. E. En hiver il gèle, mais c'est assez rare. Des données précises manquent au sujet du thermomètre.

L'établissement du port est, dans toute l'étendue des canaux, de 12 heures environ, avec des écarts de trois quarts d'heure au plus. Le courant est toujours faible, sauf dans le goulet Anglais. La mer ne marne jamais de plus de 1^m 80 à 2 mètres.

RESSOURCES. — EAU. — BOIS. — Les moules sont communes et fort appréciées des équipages. En été, les Indiens vendent quelques fruits ressemblant à nos groseilles. Il y a de bon poisson tout le long des canaux, et quelques navires ont fait de bonnes pêches à la ligne; mais on ne connaît pas de plages convenables pour jeter et haler la seine. Les canards du genre *micropterus*, les oies et les cormorans abondent; certaines de ces oies sont mangeables. Dans quelques ports on peut trouver des oiseaux-mouches et de rares grimpereaux. Les îlots rocheux abritent souvent des phoques et des lions de mer; les baleines sont nombreuses dans le golfe de Peñas; on a tué des loutres au port Otway.

Le hêtre est l'espèce la plus commune; sous les grands arbres croissent des arbustes et des broussailles formant un second plan. Ils sortent d'une mousse molle et spongieuse, dans laquelle on enfonce jusqu'aux genoux. Dans la partie Nord des canaux, et surtout à partir du havre Grappler, on rencontre des conifères qui brûlent bien mieux que les hêtres, étant plus résineux. Mais la bonne qualité des bois en question a malheureusement causé leur diminution rapide; chaque jour il faut aller les chercher de plus en plus loin. Le havre Gray, la baie Halt, les havres Eden et de l'Île (*Island*), sont très recommandés pour la qualité de leur bois de chauffage. Nous insisterons sur la nécessité de brûler de bonne heure bois et charbon plutôt que du bois seul. L'eau abonde partout.

Les Indiens paraissent peu nombreux; ils voyagent d'un bout à l'autre des canaux. Bien qu'ils n'attaquent jamais les navires de guerre, on recommande d'armer les marins pendant les corvées de canots. Ces indigènes passent pour voleurs.

Il faut un œil exercé à l'analyse des terres pour bien naviguer dans les canaux. Les deux séries de vues de M. le commandant Pierre et de M. le vice-amiral Cloué faciliteront beaucoup la tâche des capitaines.

DONNER DANS LE CANAL SMYTH. — On entend par canal Smyth la partie des canaux latéraux qui s'embranche à la baie Sholl sur le détroit de Magellan, remonte dans le Nord pendant 45 milles, jusqu'à la passe Victory, et s'infléchit alors au N. O. pour rejoindre le détroit de Nelson et, de là, le Pacifique.

L'entrée du canal Smyth n'offre pas de difficultés; la carte N° 3143 en donne la vue. Après avoir doublé l'île Tamar, en se méfiant des rochers qui la prolongent, on fera route vers le Nord jusqu'à reconnaître le pic Sainte-Anne, le mont Joy et les îlots Fairway. On laissera ces derniers à petite distance par tribord et l'on distinguera sans tarder la pointe Ancud. La plus grande et la plus Sud des îles Fairway est en même temps la plus élevée; elle se voit donc seule tant que les autres ne sont pas ouvertes. En venant du Nord, on s'écartera de bonne heure des îles Fairway à cause de la roche Lynch: cette roche est à fleur d'eau à basse mer et à 3 encablures du plus Nord des îlots. Des bancs de goémons s'étendent entre les îles et le rocher.

On recommande aux grands navires de ne dépasser la baie Sholl que s'ils peuvent atteindre le mouillage des îles Otter ou celui de l'île Longue, à 25 ou 28 milles plus au Nord. Il n'y a pas, pour des bâtiments longs, de mouillages intermédiaires.

DES ÎLES FAIRWAY A LA BAIE OTTER. — Le premier mouillage qui se présente est le havre Deep ou Profond, ainsi nommé à cause de ses très grandes sondes. Cet excès de profondeur enlève toute importance à ce havre, qui est seulement à 6 milles de la baie Sholl. Le capitaine Mayne a jugé inutile de le visiter. Skyring dit que l'entrée a $\frac{1}{4}$ de mille de large, que le mouillage est à environ $\frac{1}{2}$ mille de la pointe extérieure de l'entrée, par le travers de l'ouverture d'une lagune, fonds de 55 à 65 mètres. Deux bras de mer extrêmement étroits s'étendent à 1 mille dans le Nord et dans le Sud du havre. Le capitaine du *Chacabuco* dit (1879) que le bras Sud possède à son extrémité un mouillage bien abrité par 31 mètres, fond de pierre et vase. Les navires petits et moyens peuvent seuls en profiter; ils ne le feront qu'en cas de nécessité. On laisse par tribord un fort banc de goémons lorsqu'on entre dans le havre Deep. (Voir la vue N° 28, 1re série.)

Poursuivant notre route pendant 4 milles et passant sur la côte Est, nous rencontrons la baie Burgoyne, dont *le Nassau* a fait le tour; le fond varie de 73 à 21 mètres. En plusieurs endroits on peut mouiller à toucher la terre avec une amarre sur la plage. La baie est exempte de dangers et parfaitement abritée. La pointe Hugh, morne dénudé situé sur la côte Nord, est élevée de 60 à 90 mètres et sert d'amer pour entrer. Un autre point saillant du voisinage est l'île Verte, ainsi nommée parce qu'elle se détache en vert sur le fond jaunâtre de l'île Renouard.

La **baie Pylades** est d'un accès facile et libre de tout danger intérieur. Elle présente des fonds de 55 mètres à l'entrée et de 29 au fond, où l'on est bien abrité, excepté par les vents d'Ouest. Cette baie est indiquée comme relâche possible lorsque les vents d'Est rendent la baie Sholl trop mauvaise.

La **baie Antoine** est saine, mais il n'y a mouillage qu'à toucher terre avec des amarres sur le rivage. En face de la baie Antoine, et de l'autre côté de l'île Renouard, nous remarquons les baies Goods et Nord ou North (plan N° 2022). Les deux mouillages portés sur ce plan sont impropres pour les grands navires et médiocres pour les petits. En prenant le mouillage de la baie Goods, on se défiera d'un récif qui avance jusqu'à 250 mètres au Nord et au N. N. O des îlots de la presqu'île Williams. Les roches dont ce récif se compose sont souvent indiquées par des goémons, mais pas toujours. Le fond, presque partout de roches, donne à peine de tenue. Le mouillage du Nord ne vaut pas mieux. *Le Nassau* put s'amarrer à quatre dans la petite anse de la partie Ouest; mais, en cas de mauvais temps, il eût dû appareiller.

Il est recommandé de veiller au moment où l'on passe à l'Ouest de l'île Shoal, parce que, à certains moments de la marée, le courant porte droit sur elle. Alors il faut lui donner un bon tour.

Le groupe Evans consiste en plusieurs petites îles, dont la plus haute a 18 mètres; elles sont dénudées et blanchâtres, avec du goémon au large de leur côte S. E. On peut ranger ce goémon, mais on évitera de s'y engager. L'île Simpson a un pic bien défini, haut de 220 mètres et se détachant au-dessus des collines qui s'élèvent sur toute la longueur de l'île. La côte Ouest de cette île est bordée d'îlots et de roches entourés de goémons; il en est de même de l'île Isabelle. L'île

Richards, qui forme l'autre côté du chenal, est stérile, tantôt blanchâtre, tantôt grisâtre, suivant l'éclairage. La vue N° 29 de la 1re série sera consultée avec fruit.

Au Nord de l'île Isabelle, la route est un peu délicate, tout au moins par temps obscur. En effet, nous rencontrons devant nous les cinq îlots Shearwater, dont le plus haut a 10 mètres; ils se voient bien par eux-mêmes, mais il y a lieu de parler de deux dangers qui les avoisinent. Le premier s'appelle le rocher Pearse et gît à 3 encablures dans le S. O. des Shearwater; il est petit, affleure l'eau à *marée haute*, et n'est pas bien apparent, quoique environné de goémons. L'autre se nomme le rocher Alert et est à un peu plus de 3 encablures dans le N.O. des îlots Shearwater : Il a trois petites têtes paraissant toujours hors de l'eau, mais si fines qu'elles ne sont pas très visibles; de petits goémons les entourent. Par temps sombre, on s'approchera doucement de ces roches, en stoppant si c'est nécessaire. Si l'on ne peut les trouver, on ralliera prudemment la rive opposée, du côté du cap Colworth. (Voir vues N°s 30 et 31, 1re série.)

Négligeant la baie Clapperton, absolument inconnue, nous arrivons à la baie Retreat, qui est grande et bien abritée. Mais le fond y est trop considérable pour qu'on ait un bon mouillage ; les sondes de 60 mètres se trouvent tout près du rivage. Le havre Hose, sur la côte Est, paraît à première vue parfaitement disposé, mais il ne vaut pas mieux que le précédent : les fonds sont de 90 mètres à moins de 2 encablures de terre. La baie Tandy peut abriter une goélette; la baie Oake donnerait au besoin asile à un bâtiment de 300 à 400 tonneaux, mais la baie Otter est si voisine qu'elle sera toujours préférée.

CHENAUX MAYNE ET GRAY (carte N° 3143; vues N°s 31 et 36, 1re série). — Arrivé par le travers de la baie Tandy, le navire a devant lui deux chenaux laissant entre eux un massif d'îles et d'îlots : le chenal de l'Est a pris le nom du capitaine Mayne; l'autre s'appelle le chenal Gray. Le premier est moins profond que le second, mais il est plus large, plus direct et moins encombré de dangers. C'est lui que nous décrirons le premier ; il peut être pris par tout navire ne calant pas plus de 8 mètres.

Les îles Connor se distinguent de bonne heure ; on les laissera par bâbord pour venir chercher à la sonde une chaussée étroite reliant la pointe Dashwood aux îles Otter. C'est la première fois, depuis l'entrée du canal Smyth, qu'il est possible d'obtenir le fond, dans le chenal, avec une sonde à main. Cette chaussée, dont les plus petits fonds sont de 12 mètres, est prolongée par un banc de 6 à 7 mètres s'étendant jusqu'aux deux îles Bedwell et Cunningham. Au centre, il n'y a pas moins de 6^m8, et, comme la mer reste plate, tout navire calant 6 mètres peut y mouiller convenablement. Un capitaine a signalé une roche découvrant à mi-flot à 40 mètres environ dans le S. O. de la pointe Dashwood (roche *Myrmidon*).

Les bâtiments moyens comme longueur peuvent pénétrer dans la baie Otter elle-même, petit bassin formé par les trois îles Bedwell, Cunningham et Campbell : les deux ancres portées sur le plan indiquent les meilleurs points de mouillage. Pour entrer, on se rapprochera de l'île Cunningham, afin d'éviter le fond de 5 mètres de l'île Bedwell. Au mouillage du N. E. on découvre, entre les îles Bedwell et Campbell, les îlots qui en sont à l'Est.

Après avoir doublé l'île Bedwell, les navires continuant leur route vers le Nord reconnaîtront l'îlot Bradbury, qui sera laissé par tribord ; puis ils se placeront de manière à relever cet îlot au S. 25° E. et iront chercher, ayant le cap au N. 25° O., la bouée de l'île Summer : elle est mouillée par 9 mètres (de basse mer), cylindrique, peinte en rouge, et porte un globe de même couleur. On y relève : le centre de l'île Cutler au N. 1° E. ; le centre de l'île Nord du groupe Francis au N. 23° O. ; le centre de l'île Dixon au S. 63° O. ; l'îlot Bradbury au S. 26° E. Il faut laisser la bouée par bâbord et passer à la ranger, puis gouverner sur l'île Francis et reprendre, par son travers, la route au milieu du chenal.

Déjà juste, comme profondeur, pour les plus grands navires, le chenal Mayne s'envase, paraît-il, avec une rapidité très grande, de 1 décimètre par année, au dire de certains rapports. On ajoute que les varechs poussent aussi très vite et qu'ils occupent la moitié du parage.

En l'état actuel des choses, le passage dont nous nous occupons en ce moment est très vanté comme mouillage de grand navire. La simple inspection de la carte montre combien il est facile à prendre. C'est à cause de toutes ces commodités que la baie Hartwell a été négligée, car en plus d'un endroit un navire y serait bien mouillé.

Les navires voulant prendre le chenal Gray ont besoin de plus de vue que ceux qui suivent le chenal Mayne. L'œil seul peut faire parer les deux bancs recouverts de goémons qui sont entre les îles Foley et Verecker. On peut passer indistinctement d'un côté ou de l'autre de ces bancs. Après les avoir doublés, gouverner sur l'île Hoskyn, que l'on contournera à 3 encablures au plus, pour éviter le haut-fond de 5^m5 qui se détache de l'île Orlebar. Ce haut-fond paré, on viendra promptement au N. E. pour éviter les dangers à l'Est de l'île Orlebar; ensuite, on ralliera le mi-chenal.

Si l'on fait cette route à marée basse, on remarquera une pointe de sable parsemée de petits rochers qui s'étend assez loin dans l'E. N. E. de la pointe Verte et semble atteindre un autre banc de même nature partant de la côte de Patagonie. D'aucun côté on ne doit passer trop près de cette pointe Verte. En naviguant dans le voisinage des chenaux Mayne et Gray, les marins observeront que la rive de l'Ouest est élevée et accore, tandis que celle de l'Est est basse jusqu'au pied du mont Burney, élevé de 1,769 mètres et couvert de neiges perpétuelles. Le sommet de cette montagne est rarement visible.

CANAL BANNEN. — Les Chiliens ont donné le nom de canal Bannen au bras de mer qui sépare l'île Longue de la côte de Patagonie. Ils ont reconnu que le récif Vixen est en réalité un grand banc de sable qu'ils ont appelé Alcérreca et qui réduit la largeur du canal à 200 mètres. D'après eux, le canal Bannen est droit, profond, et navigable, même pour de grands bâtiments, à la condition de se tenir à plus de 20 mètres et du banc et de l'île Longue. Cette dernière est entourée de goémons et le banc est signalé par la couleur jaunâtre de l'eau.

À 1 encablure dans le S. S. E. de la pointe Verte, l'île Longue présente une petite pointe, à 20 mètres de laquelle se détache un récif découvrant à marée basse. Les petits fonds continuent pendant environ $\frac{1}{2}$ mille dans la direction du N. E., mais ils sont très bien indiqués par du goémon, lequel va s'unir à celui qui, partant de la pointe Verte, longe la côte occidentale de l'île Longue.

La pointe située sur le continent, dans le N. E. de la pointe Verte, a reçu le nom de pointe Peligrosa; elle projette à l'O. S. O. un haut fond balisé par du goémon, lequel semble, à première vue, rejoindre celui de l'île Longue; mais il y a entre les deux une passe d'environ 400 mètres, entièrement saine, avec 18 mètres de fond, et 9 mètres des deux côtés, à la naissance du goémon.

DE L'ÎLE LONGUE A LA BAIE DE L'ISTHME. — L'île Longue doublée, le navire aura par bâbord la baie Fortune, s'ouvrant sur la côte orientale de l'île Baverstock, à contours encore indéterminés; c'est un bon mouillage pour un petit navire (plan N° 2022), mais il est trop restreint pour un grand. Quoiqu'il y ait du fond entre l'île Low et la terre, on recommande de passer toujours par le Sud de l'île Low et de donner un bon tour au rocher Adeona (à fleur d'eau à marée haute), qui en est dans le S. E. Les goémons de ce danger s'étendent à une grande distance.

La baie Fortune dépassée, nous rencontrons sur bâbord l'île Cutler, qui doit son nom au pêcheur de phoques américain Cutler. Ce marin intelligent fut utile au capitaine King en lui donnant des renseignements importants et exacts. C'est sur la foi de ses rapports que fut dessiné le canal Cutler, bras de mer permettant de donner dans le détroit de Nelson et de là dans le Pacifique. Cette artère, n'étant pas fréquentée, est encore mal connue. La vue N° 34 de la 1re série donne le dessin de l'île Cutler et des parages voisins.

BAIE DE L'ISTHME. — **AIGUADE** (plan N° 2832; vues N°s 34 et 35,

1re série). — Cette baie est découpée dans une terre escarpée beaucoup plus haute que toutes celles près desquelles on a passé depuis l'entrée du canal Smyth; cela est cause qu'au moment où l'on y entre elle paraît beaucoup plus petite qu'elle ne l'est en réalité. Cet effet d'optique produit souvent des hésitations.

La baie de l'Isthme est un des meilleurs mouillages du détroit et des canaux; on y abriterait aisément trois frégates et plusieurs petits navires. L'avertissement si précis donné par le plan N° 2832 nous dispense de toute instruction se rapportant à l'entrée; nous y ajouterons seulement que le banc Le Clerc brise dès qu'il y a de la mer. On remarquera sur le plan l'enfoncement du N. N. E., qui est un véritable port, quelquefois appelé baie Mallet. Cet enfoncement ne peut guère servir qu'aux petits navires, mais on peut avoir l'occasion d'y envoyer des embarcations. En effet, un sentier d'Indiens y aboutissant conduit à la baie Oracion, éloignée seulement de 200 mètres, de l'autre côté de la presqu'île Zach. Or la baie Oracion est complètement exposée aux vents descendant du détroit; on peut donc y juger le temps qu'il fait dehors tandis que le bâtiment est tranquillement mouillé dans la baie de l'Isthme. Le sentier dont nous venons de parler sert aux Indiens pour le transport de leurs pirogues; ils y ont disposé d'un bout à l'autre des sortes de rouleaux en bois.

Pour la baie de l'Isthme, les noms français et les noms anglais présentent quelques différences que nous signalons ci-dessous, en vue de l'intelligence des documents étrangers.

TEXTES FRANÇAIS	TEXTES ANGLAIS.
Pointe N. O.	Pointe Selfe.
Banc Le Clerc.	Banc Labouchère.
Banc Rosamel.	Banc Lippart.
Banc Grimoult.	Banc Mallard.
Rocher Nu.	Île Hurlow.
Pointe du Goulet.	Pointe Allen.

Enfin, les Anglais appellent pointe Trivett celle qui se trouve à 4 encablures ½ dans le Nord de la pointe S. E., et îlots Marchant, les rochers qui sont à 2 encablures dans le N. q. N. E. de la pointe Trivett. Ces deux derniers points n'ont pas de nom dans nos documents.

PRESQU'ÎLE ZACH; FIN DU CANAL SMYTH. — La baie Sandy pourrait être de quelque secours, si la baie de l'Isthme n'était pas préférable à tous points de vue. Pour mouiller dans la baie Sandy, on passera dans le Sud d'un long banc de goémons qui prolonge la pointe Nord et s'étend assez au loin dans la direction de la pointe Sud. Il y a 7^{m}3 d'eau sur ce banc. En dedans du banc, on mouille par 33 à 37 mètres. Cette baie est trop petite pour un grand navire.

BAIE DE L'ISTHME. — PASSE VICTORY.

De l'autre côté du canal, sur l'île Rennel, nous avons à mentionner la baie Welcome (plan N° 2022); elle passe pour bonne, mais est naturellement peu fréquentée, vu le voisinage de la baie de l'Isthme. Le port Mardon, suite naturelle de la baie Welcome pourrait recevoir des navires moyens, lesquels y seraient à l'aise pour des réparations en s'amarrant à quatre. Un peu plus au Nord s'ouvre la baie Inlet, à l'entrée de laquelle on pourrait, à l'occasion, venir jeter un pied d'ancre.

Rendu à l'extrémité de la presqu'île Zach, le navire a devant lui deux bras de mer : la passe Victory, qui est la suite de la route usuelle, et la fin du canal Smyth, s'infléchissant brusquement au N. O., pour suivre la côte de l'île Rennel : ce dernier bras de mer, comme le canal Cutler, débouque sur le détroit de Nelson et de là sur le Pacifique.

Cette fin du canal Smyth est très peu fréquentée. On parle de la baie de l'Île, sur la côte Ouest de l'île Hunter, comme offrant deux bons mouillages pour petits navires, l'un dans le Nord, l'autre dans le Sud, de tout petits îlots voisins de l'île Hunter. On jette l'ancre par 30 mètres. Il en est de même de la baie Hamper, dans laquelle il est possible de mouiller par des fonds de 12 à 27 mètres. Ni l'anse Rocheuse ni la crique Étroite ne sont à recommander; les petits caboteurs, qui peuvent seuls les pratiquer, seraient gênés par la mer en remontant le canal avec vent debout. Ils ont encore, comme refuge, les îles Diane, ainsi que la baie Montague; mais ils feront bien de n'aller chercher ces mouillages qu'après les avoir fait reconnaître par une embarcation.

Arrivés maintenant au détroit de Nelson, nous retournerons à la passe Victory, qui continue la route usuelle (plan N° 3051; vue N° 36, 1re série). Le seul danger sérieux de cette passe est le récif Cloyne. Il se compose de deux têtes principales, grandes chacune comme un canot, et de deux ou trois autres têtes plus petites. L'eau vient en raser le sommet dans les grandes marées; des goémons considérables s'étendent autour du danger. Ce récif est donc fort bien indiqué lorsque le temps est clair, mais il devient redoutable pendant les grains épais, car la sonde ne l'annonce pas. La route usuelle est entre la pointe Cork et le récif Cloyne; mais dès que l'on craint de manquer de vue, il faut passer dans l'Est de l'île Brinkley, parce que le rocher Bessel, élevé de 3 mètres au-dessus de l'eau, se voit beaucoup mieux que le récif Cloyne. Quant à l'île Brinkley, elle est extrêmement saine.

Il existe un troisième passage entre le récif Cloyne et l'île Hunter, mais il a seulement 3 encâblures de largeur. On ne le recommande qu'aux navires à machine faible, qui cherchent de l'abri sous la côte. S'y engager par temps obscur serait d'une grande imprudence.

L'îlot Catalina dépassé, nous remarquons par bâbord le groupe des petites îles La Place, qui sont basses, à sommets plats et couvertes d'arbres et de broussailles. Entre elles et la pointe Sud de l'île Newton s'étend la petite anse Dixon, dans laquelle on peut pénétrer soit par le Nord, soit par le Sud. Ce passage a 2 encablures $\frac{1}{2}$ de large et est bien supérieur à l'anse Columbine. L'inconvénient de la trop grande profondeur (45 mètres) est compensé par la qualité de la tenue. Avec fort vent de Nord, les vapeurs prendront la passe du Sud, même s'ils viennent de la partie Nord des canaux; autrement, ils pourraient être gênés pour mouiller.

SOUNDS INTÉRIEURS. — Tout navire faisant route au S.E., après avoir doublé la pointe Bessel, tombera dans l'Union Sound et, de là, dans une série de bras de mer navigables. Nous ouvrirons, à leur sujet, une courte parenthèse.

L'infatigable Sarmiento les a, le premier, parcourus jusqu'au Last Hope Inlet et à la baie Disappointment. Il croyait à l'existence d'une voie navigable donnant sur le détroit de Magellan et bien plus courte que le canal Smyth. Il ne laissa inexploré que l'Obstruction Sound, lequel fut plus tard étudié par le lieutenant Skyring; ce dernier était convaincu qu'il retrouverait par là le Skyring-Water, dont nous avons parlé page 83. Mais au lieu d'un bras de mer il rencontra un isthme large de 10 milles. Nous analyserons rapidement les données se rapportant à ces passages, mais les lecteurs, n'ayant besoin que de la route usuelle, peuvent se reporter immédiatement ci-après, au paragraphe Détroit de Collingwood.

Juste en face de l'Union Sound, la carte montre la baie Leward, ouverte au N.N.O. et qu'il faut éviter. Plus au Nord, une petite anse est protégée par le cap Earnest; elle peut donner asile à des côtres ou à des goélettes. Les fonds y sont de 16 mètres; l'entrée est difficile à cause des dangers qui l'encombrent.

Le cap Earnest doublé, nous voyons s'ouvrir devant nous le canal des Monts, long boyau courant pendant 40 milles dans le Nord; sa largeur, qui est de 2 milles au cap Grey, diminue jusqu'à $\frac{1}{2}$ mille. De chaque côté du canal des Monts s'étend une chaîne de montagnes appelée Cordillère par Sarmiento. Celle de l'Ouest est de beaucoup la plus haute; elle présente un glacier de 20 milles d'étendue courant parallèlement au bras de mer.

A 5 milles dans le Nord du cap Earnest s'ouvre un détroit pouvant conduire soit dans le Kirke Narrows, soit dans le White Narrows. La baie Whale-boat, sur la côte Nord de ce détroit, est trop petite pour les navires. Ils seraient obligés, pour mouiller, d'aller jusqu'à la baie de Pâques, qu'ils atteindraient soit par le Kirke Narrows, soit par le White Narrows. On remarquera que les deux détroits sont assez encombrés de rochers pour qu'un grand navire ne s'y engage qu'avec prudence. Quelques documents appellent baie de l'Est celle que nous avons désignée sous le nom de Pâques; cela tient à ce qu'ils ont pris Easter, qui veut dire Pâques, pour Eastern, qui veut dire Est.

La baie de Pâques est sur une sorte de carrefour auquel aboutissent : 1° le Worsley Sound; 2° le Last Hope Inlet; 3° l'Obstruction Sound. Le Last Hope Inlet présente un goulet avec sondes de 9 à 26 mètres dans lequel on pourrait mouiller. La baie Disappointment sépare le Last Hope Inlet de l'Obstruction Sound; le lieutenant Kirke, qui en a dessiné le contour, rapporte que les bords sont formés de plages pierreuses et plates, au large desquelles il y avait de si petits fonds que son embarcation ne pouvait s'approcher en dedans de $\frac{1}{4}$ de mille. Nous ne connaissons pas de lieu de relâche dans l'Obstruction Sound. Les terres voisines de tous ces bras de mer sont fréquentées par des daims, des cygnes noirs, des canards et des poules d'eau.

Ces quelques détails donnés, nous reprendrons la route usuelle au point où nous l'avons quittée, c'est-à-dire aux îles La Place.

DÉTROIT DE COLLINGWOOD. — Ses mouillages. — En partant de l'anse Dixon, le navire pourrait passer dans l'Ouest de l'île Newton. C'est la route la plus directe; mais comme il existe des dangers barrant la route en face de la pointe Benito, il faut faire un petit détour et passer dans l'Est de l'île. Ce passage est appelé détroit de Collingwood et est limité dans le Sud par l'îlot Catalina, dans le Nord par la pointe San Bartolomé, où commence le canal Sarmiento.

Le seul mouillage méritant ce nom dans le détroit de Collingwood est l'anse Columbine, où l'on jette l'ancre par 24 à 29 mètres. L'espace est un peu restreint pour un très grand navire, mais les bâtiments moyens y seront bien. Le mouillage est dans le Sud d'une presqu'île granitique appelée péninsule Ward et reliée à la terre par une langue de sable couverte d'arbres. Nous ajouterons que par mauvais temps l'anse Columbine doit être évitée, à cause des rafales furieuses tombant des montagnes voisines.

Au nord de la péninsule Ward se trouve l'espace ouvert si improprement appelé rade Shingle. Il faut aller à toucher terre pour trouver des fonds de 35 à 45 mètres, et l'abri est tout à fait nul. C'est un endroit à éviter.

CANAL SARMIENTO. — Sa partie Sud. — Limité au Sud par la pointe San Bartolomé, au Nord par le Guia-Narrows, ce canal compte 70 milles de longueur. La navigation y est très facile, mais la partie Sud est pauvre en mouillages. La baie Stewart, qui fait suite au détroit de Collingwood, n'en présente aucun; il en est de même de la baie Harriet, où le plus petit fond trouvé fut de 55 mètres sur un

Patagonie.

banc de goémons. Partout ailleurs la sonde accusa de 73 à 82 mètres, et cela tout près du rivage.

Le canal qui prolonge la baie Harriet est impraticable pour les navires; ils sont donc tenus de passer entre la pointe San Bartolomé et le cap Flamsteed. Ce dernier a devant lui un petit îlot rocheux, mais il n'y a pas de danger au large. Quant à la pointe San Bartolomé, elle est accore. Droit dans l'Ouest du cap Flamsteed, nous remarquons la baie Gregg, puis, plus au Nord, la baie Wodehouse. Toutes les deux ont été examinées par le *Nassau*, mais superficiellement seulement, car on vit immédiatement qu'elles ne méritaient pas d'être sondées.

Anse Ocasion. — A l'Ouest du cap Gracias de l'île Carrington on remarque la baie Lecky, sur l'île Piazzi, qui, bien que spacieuse et saine, n'offre pas, à cause de ses grands fonds, un abri meilleur que celui de l'anse Ocasion, à son entrée Nord; cette crique est située par 51°42′40″ S. et 76°19′ O., à l'Ouest des îles Titus, qui gisent à l'O. N. O. de la pointe Sud d'entrée de la baie Lecky. On y trouve un bon mouillage au pied de la colline Alfredo, haute de 245 mètres, par 24 mètres d'eau, pierres et coquilles, et à 170 mètres à l'Ouest de l'îlot Ramillete, qui borde l'anse dans l'Est. Dans l'Ouest on rencontre une crique qui peut offrir aux petits bâtiments un mouillage commode, par 9 à 6 mètres d'eau, à l'abri de tous les vents. Un peu plus au Sud que le milieu de son entrée gît un récif qui ne présente aucun danger, parce qu'il est signalé par les varechs; cette petite crique a nom Balandra. On peut faire de l'eau dans l'anse Ocasion.

Pour atteindre le mouillage de l'anse Ocasion, lorsqu'on est devant la baie Lecky, on gouverne pour passer entre les îlots Titus et les rochers *Chatos*, qui se détachent à 150 mètres de la côte Nord de l'entrée. Ce passage est sain et profond et l'on trouve de 9 à 13 mètres d'eau près des varechs qui entourent les îles Titus. Lorsqu'on a reconnu une colline élevée située au fond de la baie Lecky, on gouverne dessus au S. 50° O. jusqu'à ce que l'on ait dépassé l'îlot Ramillete; on fait alors route sur le mont Alfredo, qui s'élève au fond de l'anse Ocasion, et l'on mouille quand on arrive par 24 mètres d'eau.

Au Nord de la passe Tarleton et dans le Sud de l'île Vancouver s'ouvre le havre Relief, lequel est fort médiocre. L'île Double-Pic (vue N° 36) est considérée comme un excellent amer dans cette partie du canal Sarmiento.

DE L'ÎLE DOUBLE-PIC AU GUIA-NARROWS. — En marchant dans la direction du Nord, le bâtiment laisse par bâbord l'île Vancouver avec la baie Escape, par tribord l'île Evans avec le havre Mayne. Tout ce qu'on sait de la baie Escape, c'est qu'elle peut, à la rigueur, offrir un refuge temporaire à des navires moyens. Il n'en existe aucun plan : un navire forcé d'y mouiller trouvera donc sa route sur les seules indications de la carte N° 3399. L'examen préalable, fait de la mâture ou au moyen d'une embarcation, sera donc nécessaire. Les petits îlots de l'entrée serviront de reconnaissance, et il semble, *a priori*, que les bâtiments doivent passer dans le Sud des plus méridionaux. La plus grande prudence est recommandée aux navires qui chercheront ce mouillage.

Le **havre Mayne** (voir le plan) est un bon point de relâche. Le bâtiment pénètre dans une coupure s'enfonçant de 1 mille dans l'intérieur et présentant à son entrée cinq îles, dont la plus grande est en même temps la plus Sud : elle se nomme l'île Éclipse. Les bâtiments peuvent mouiller devant l'entrée dès qu'ils trouvent le fond par 47 mètres, sable. Ils n'y seront pas mal de beau temps, mais avec de grandes brises l'abri est insuffisant. Ils feront mieux de pénétrer plus en dedans, laissant par bâbord tous les îlots déjà cités ; ils jetteront l'ancre suivant leur taille, soit par 25 mètres, soit par 13 mètres, tout à fait au fond du port. En faisant cette route, il faudra bien se tenir au milieu du chenal, surtout lorsqu'on sera par le travers des îles, car elles ne sont pas absolument saines. Le récif Lecky, recouvert seulement de 4 mètres d'eau à marée basse, n'est qu'accidentellement signalé par des goémons. A hauteur de ce récif, la partie saine de la passe n'a que 60 mètres de large.

Il existe dans l'Est de l'entrée une petite crique dans laquelle on peut seiner et prendre en abondance de l'excellent poisson. Peut-être pourrait-on encore essayer la pêche dans un lac qui se trouve dans la partie Nord du havre. Le bois est abondant, mais ne brûle qu'avec du charbon. Les chasseurs peuvent tirer quelques canards.

En approchant du havre Mayne, on se souviendra qu'il existe à 1 mille dans le Sud un rocher couvrant juste à marée haute et à 2 milles dans le Nord un autre toujours couvert, mais sur lequel la mer brise ; ils sont l'un et l'autre à 1 encablure de terre.

Après avoir doublé le cap Brassey, le navire remonte le long de l'île Espérance. Il doit suivre le milieu du chenal, sauf en face de la pointe Delgada, dont il y a lieu de se défier : en effet, le vapeur allemand *Denderch* s'est perdu sur un récif situé dans l'Ouest de cette pointe. La position de ce danger n'a pas été bien déterminée, mais on engage les navires à s'en défier et à se tenir légèrement dans l'Ouest de la ligne mi-chenal. Il résulte de sondes exécutées à bord de la corvette allemande *l'Ariadne* que le récif est étroit et que la sonde la plus forte y est de 10 mètres. La sonde la plus faible n'a pas été indiquée ; mais à 50 mètres seulement de terre il y a une passe avec des sondes de 20, 30 et 40 mètres. Le *Chacabuco*, qui a exploré ces parages en 1878, estime que le récif est à 150 mètres dans le N. N. E. de la pointe Delgada et qu'il déborde très peu l'alignement de cette pointe et de celle qui en est voisine dans le Nord. Le plus petit fond serait de 3ᵐ 5 et le danger serait balisé par du goémon [1].

L'approche de la pointe Delgada est clairement indiquée par la pointe San Marcos, qui s'en trouve à 2 milles 3 dans le Sud et dont les sommets arrondis sont remarquables (vue N° 38, 1ʳᵉ série); une cascade se jette à la mer très peu au Nord de cette dernière pointe. Les îles appelées Very High sur la vue N° 38 sont celles qui se trouvent entre les îles Dos Canales et le Peel Inlet; on leur donne maintenant le nom d'îles Goschen. De la pointe Delgada à la baie Lear, la route peut être suivie sur le plan de détail donné par la carte N° 2022. Ce plan suffirait à la rigueur pour mouiller dans Puerto Bueno; mais ce port a été dressé à une échelle encore plus grande (carte N° 3051).

Puerto-Bueno est un excellent mouillage. Comme le havre Mayne, il se divise en deux bassins : celui de l'extérieur est déjà bon; celui de l'intérieur est excellent. Pour venir chercher l'un ou l'autre, les navires passeront entre l'île Pounds et la pointe Hankin. Il y a suffisamment d'eau pour des bâtiments petits et moyens entre l'île Hoskins et l'île Pounds; mais cette passe est difficile, tant à cause des hauts-fonds qui font suite à l'île Hoskins qu'à cause du rocher Hecate. Il existe un grand lac d'eau douce au fond du port intérieur; ce lac se déverse par une petite cascade dans une crique au fond du port.

L'anse Schooner, située dans le Nord de l'île Hoskins, est bonne pour les caboteurs; elle se reconnaît à une plage de sable très apparente.

Partant de Puerto-Bueno, le bâtiment gouvernera de manière à laisser par tribord l'île Bonduca, celle qui se trouve Est et Ouest avec la pointe Nord de l'île Espérance. La pointe Sud de l'île Bonduca n'est pas saine; elle se prolonge par un récif montrant une roche au-dessus de l'eau. Au Nord de la même île se remarquent deux petits îlots réliés à l'île par un récif. Puis, nous passons entre les îles Dos Canales et Goschen et arrivons ainsi au cap Charles.

L'île Dos Canales (*Deux Canaux*) tire son nom de la réunion, en ce point, du canal Sarmiento et du canal Estevan. Ce dernier court parallèlement au premier le long de l'île Hanover et communique avec le large par le détroit de Nelson. On y remarque la baie Ellen, que l'on suppose prolongée par un canal coupant en deux l'île Hanover. Le havre Rejoice et la baie Anchor offrent des mouillages passables, mais trop loin de la route et trop inférieurs à Puerto-Bueno pour être de quelque utilité.

Au point de croisement des deux canaux on rencontre parfois des

---

[1] Voir l'annonce hydrographique N° 51, 1879, art. 256 et suivants.

glaçons qui proviennent du Peel Inlet. Par ce dernier bras de mer on pourrait communiquer dans le canal Pitt, puis dans la baie San Andres et dans l'Andrew Sound. On rallierait ainsi le chenal de la Conception, après avoir fait le tour de l'île Chatham; mais ce passage est si peu connu qu'on ne peut encore le considérer comme sûr.

LE CAP CHARLES ET SON ROCHER. — Au Nord de l'île Dos Canales, un promontoire remarquable se détache de l'île Chatham : c'est le cap Charles (vue N° 40, 1re série). Il faut gouverner sur cette pointe et remonter vers le Nord en *longeant la terre à petite distance* à cause d'un danger (P. D.) signalé dans le voisinage : c'est une roche indiquée en 1862 par le vapeur américain *Suwanee* comme existant à $\frac{3}{4}$ de mille environ dans le S. 64° O. de la pointe Europa.

Les indications du *Suwanee* manquant de précision, on recommande, comme nous l'avons dit, de bien rallier la côte orientale. Plusieurs navires, il est vrai, entre autres *le Nassau*, *le Volta* et *la Magicienne*, n'ont pu voir ce rocher, mais, d'autre part, *le Dacia* (1876) dit l'avoir parfaitement remarqué par basse mer de syzygies et dans la position donnée par les cartes; d'après le master du *Dacia*, la roche serait signalée par des goémons. En 1879, *le Chacabuco* a fait de très longues recherches qui sont restées infructueuses.

GUIA-NARROWS (plan N° 2022; vue N° 40, 1re série). — Ce passage est extrêmement simple, bien qu'il n'ait que 2 encablures de largeur dans sa partie Nord, entre l'île Guard et la pointe Porpoise. Il tire son nom du bâtiment de Sarmiento qui s'appelait *El Guia* (le Guide).

Il existe dans le N. O. du Ladder-Hill deux anses qui ne peuvent convenir qu'à de petits caboteurs. *Le Nassau* et *le Ringdove* y perdirent chacun une ancre ayant mordu sur les roches du fond : ils recommandèrent d'éviter l'endroit. En face se trouve la baie Unfit, dont les fonds sont trop considérables pour que l'on puisse jeter l'ancre; réduit à s'y réfugier, un bâtiment de quelque importance devra s'amarrer avec des aussières ayant leur point fixe à terre. Dans le Nord de la baie Unfit et dans l'Ouest du port Ochovarrio se trouve un sommet remarquable appelé *Modern Calpé* sur les cartes anglaises et sur la vue N° 42, 1re série; c'est lui qui est porté sans nom sur la carte N° 3399.

Dans tout le canal Sarmiento, le courant de flot porte au Nord et celui de jusant au Sud; mais dans le Guia-Narrows l'inverse se produit. Le flot arrive par le chenal de la Conception et le chenal Inocentes et se rencontre avec celui qui vient du détroit de Nelson par le chenal Estévan. Quelques remous de courants se produisent près de la pointe Porpoise : aussi est-il recommandé de rallier plutôt le côté de l'île Guard. Les courants atteignent 3 nœuds $\frac{1}{2}$, mais sont rarement aussi forts.

CHENAUX INOCENTES ET DE LA CONCEPTION. — Dès que la pointe Porpoise est doublée, le chenal s'élargit très vite. L'île Juan (vue N° 43, 1re série) apparaît immédiatement et indique clairement la route. Cette île et la terre du voisinage sont mal déterminées comme contours; à proprement parler, le massif qu'on appelle île Juan se compose de 2 ou 3 îles. A 5 milles plus Nord s'ouvre la baie Guard, visitée par l'*Adélaide*. Plusieurs rochers en rendent l'accès peu commode; de plus, le vent et la houle du large arrivent par les canaux voisins, de sorte qu'on n'y est pas en sûreté. Les bâtiments voulant mouiller ne compteront donc pas sur ce point et, doublant l'île Inocentes, ils se hâteront de gagner le chenal de la Conception. Ils peuvent longer, à 3 encablures de distance, la côte Est de l'île Inocentes, mais se défieront des roches prolongeant les pointes Nord et Sud de la même île. Les cartes anglaises appellent maintenant rochers Infernet les petits îlots qui sont à quelque distance au large de la côte occidentale; ils ont à peu près 2m50 de haut. A 2 milles dans le N. O. de la baie Guard on remarquera 3 petits îlots sans nom sur la carte française, et nommés Wheelers sur les cartes anglaises; ils sont couverts de petits arbres les rendant bien apparents, même quand les terres voisines sont masquées.

La côte occidentale du chenal de la Conception offre de très nombreuses découpures, parmi lesquelles on compte trois mouillages : la baie Walker, le havre Molyneux et la baie Tom (vue N° 45, 1re série).

La **baie Walker** s'enfonce profondément dans les terres, mais on ne peut jeter l'ancre ni dans sa partie sud, encombrée d'îles, ni dans sa partie Ouest, où les sondes sont toutes très grandes. Il n'y a mouillage que dans le coin N. E. de la baie; on le trouvera sans peine avec les indications suivantes. En examinant attentivement la carte N° 3399, on remarquera à droite du chiffre 82 deux petits ronds pointillés; ils figurent des bancs de goémons, lesquels sont bien apparents et constituent la meilleure reconnaissance du mouillage. Ou bien on les doublera par le Sud, ou bien on passera entre les deux avec 13 mètres de fond; puis on remontera vers le Nord pour trouver le petit angle faisant saillie vers le Nord et on jettera l'ancre aussi près de terre qu'on pourra, se réservant seulement l'évitage. Il est évident qu'un grand navire ne saurait avoir assez d'espace en cet endroit restreint.

Le **havre Molyneux**, sans être excellent, est préférable aux baies Tom et Walker. On y entrera sans peine en combinant les indications de la carte N° 3399 et du plan N° 3456. Les bancs de goémons situés devant la pointe Michel se voient de loin, comme ceux de la baie Walker; ils seront aisément reconnus. Au contraire, les deux autres qui sont au Sud de la pointe Michel sont assez peu apparents, surtout quand il y a de la mer. Quand on les voit, l'entrée n'offre aucune difficulté. S'ils sont cachés, on s'approchera de la côte Sud, donnant un très grand tour à la pointe Michel; puis on remontera vers le Nord cherchant à voir l'île Vaudreuil (Romulo sur les cartes anglaises) et surtout la plage de sable de l'aiguade. Il faudra, sur ce parcours, se défier du banc du Fawn, que les goëmons n'indiquent pas toujours.

Une bouée signale cet écueil; elle est cylindrique, peinte en noir, porte un globe blanc et est mouillée par 18 mètres à l'accore Ouest du banc, dans les relèvements suivants :

Petite langue de terre au Sud de l'île Romulo, N. 23° O.;
Pointe Nord de la Caleta de Pesca, N. 34° E. [1]

On peut passer à 20 mètres dans l'Ouest de la bouée, mais il faut lui donner un bon tour lorsqu'on la double par l'Est, 120 mètres au moins; dans le Nord, on ne s'en approchera pas à moins de 80 ou 100 mètres. Le banc du Fawn une fois paré, on s'avancera jusque dans le S. E. de la pointe de l'île Vaudreuil, où l'on jettera l'ancre par 40 mètres, sable et vase. Les plus grands navires peuvent profiter de ce mouillage. Si la bouée venait à manquer, on parerait le banc du Fawn en se tenant toujours légèrement dans l'Ouest de la ligne Nord et Sud passant par la petite plage de sable. Il est bon de savoir que les courants atteignent 3 nœuds; il faut donc en tenir compte dans sa manœuvre. On peut faire du bois au havre Molyneux.

La **baie Tom** (voir le plan) est à 7 milles dans le Nord du havre Molyneux. On la reconnaît à deux sommets reliés ensemble par une selle prenant naissance beaucoup plus bas que les sommets : ces deux pics se trouvent juste au-dessus de la partie Sud de l'entrée. Pour mouiller, chercher l'île Stratford, reconnaissable au sommet Pemberton, haut de 60 mètres; passer à 1 encablure dans le Sud de la pointe Robert, extrémité méridionale de l'île Stratford, gouverner ensuite à l'Ouest sur l'île Centre et laisser tomber l'ancre lorsque le plus Est des îlots David est entre le Sud et le S. q. S. E. Les îlots David sont rocheux; ce sont eux qui limitent au Sud le mouillage. Si l'on manœuvre comme nous l'avons dit, l'ancre se trouvera par des fonds de 25 à 35 mètres et même 45 mètres pour les plus grands bâtiments. Le seul danger de la rade est le Pâté de la Station, banc de 5 mètres $\frac{1}{2}$ à 1 encablure dans l'E. S. E. de la pointe William; on parera ce danger en se tenant dans le Sud de la ligne Est et Ouest passant par la pointe Robert. D'après des informations récentes, il y aurait un très bon port dans un bras de mer qui s'enfonce dans l'intérieur

---

[1] En supposant, ce qui est plus que probable, que la *Caleta de Pesca* soit la petite embouchure représentée entre les mots *jusqu'à* et *la* sur la partie Est du plan N° 3456, on remarquera sur ce plan une différence de 1 encablure dans la position de la bouée, et conséquemment du danger lui-même. Il serait bon de vérifier sur place à qui doit être imputée l'erreur, aux relèvements ou à la carte.

et dont l'ouverture donne sur la baie Tom elle-même, entre les îles Centre et Child. Le plus petit fond trouvé dans le chenal a été de 11 mètres; mais comme il n'y a pas eu de sondage méthodique, on ne saurait répondre de la non-existence de dangers. Somme toute, la baie Tom est un mouillage temporaire pouvant rendre service à l'occasion, mais que l'on évitera pour un séjour de quelque durée.

La côte opposée, de la baie de l'Artillerie à la pointe Clauricarde, ne peut être d'aucun secours. La baie Portland, dans la plus Nord des îles Canning, paraît au premier abord assez bonne; mais Skyring fait observer que les vents de la partie Sud y arrivent avec impétuosité par le détroit de la Conception, que la mer s'y fait très vite et qu'il vaut mieux éviter l'endroit. En pénétrant dans l'Andrew Sound, nous rencontrerons encore, dans le S. E. des îles Kentish, un petit mouillage marqué 13 mètres sur la carte N° 3399 : les Anglais l'appellent baie Expectation ou de l'Attente. C'est là que *l'Adélaïde* stationna pendant la reconnaissance de la baie San Andres, du canal Pitt et de la côte Ouest de l'île Chatham.

Le chenal de la Conception se réunit au canal Wide, près de l'île Topar. C'est également à cette île que le canal de la Trinité se joint aux canaux latéraux (vue N° 46, 1re série.)

CANAL DE LA TRINITÉ. — C'est une excellente artère pour sortir des canaux latéraux. Les longs vapeurs, craignant autrefois le goulet Anglais, s'y engageaient volontiers pour rallier le Pacifique. Quoique la passe par le Nord de l'île Topar paraisse la plus dégagée, les paquebots prenaient ordinairement celle du Sud, qui abrège la route de quelques milles; on l'appelle la passe Baffin. Ralliant la côte Sud de l'île Topar, ils laissaient par bâbord toutes les îles, tous les îlots et bancs de goémons, et gouvernaient ensuite à mi-chenal, ayant 25 milles à faire pour se trouver en pleine mer.

Nous examinerons successivement la côte Nord et la côte Sud du chenal. Sur la première nous remarquons la baie Windward, où il y a mouillage par 17 mètres, mais où l'on n'est pas à l'aise avec les vents de la partie Ouest. De plus le fond est de roche; les ancres y courent de grands risques. Cependant un petit navire peut recourir à ce mouillage. Le Brazo de Norte n'a pas été exploré; il s'enfonce loin dans les terres et semble limité par la grande chaîne de montagnes dont le sommet Cathédrale est un des points remarquables. La baie Neeshan s'ouvre lorsque le navire a doublé les innombrables îlots faisant suite au Brazo de Norte; *l'Adélaïde* y jeta l'ancre par 20 mètres. Enfin, dans le N. O. des îles Van, un long canal presque inconnu conduit à la passe Picton. Quant à la côte méridionale, elle est encore plus inconnue; on sait seulement que les pêcheurs de phoques trouvent à s'y abriter pour la nuit. Sarmiento a recommandé le port del Morro, dans le S. E de l'île Davis. Plus loin, nous voyons le port Henry, à la sortie même : c'est une relâche de premier ordre, décrite en même temps que la côte extérieure (page 159). S'il fait trop mauvais pour prendre le large, on s'y réfugiera en toute sécurité.

LE CANAL WIDE. — Du Nord de l'île Topar jusqu'au golfe de Peñas il n'y a pas de sortie latérale sur l'Océan Pacifique, attendu que la côte occidentale des canaux est formée d'un seul tenant par la grande île Wellington, qui mesure 137 milles du Nord au Sud. La partie méridionale du bras de mer longeant cette île se nomme le canal Wide ou Large, nom qui cesse à l'île Saumarez, où le passage se rétrécit.

Sur les 30 milles que mesure le canal Wide la route est extrêmement simple, si simple qu'on ne doit pas craindre de la faire de nuit, pour peu que le temps soit passable. Les courants étant très faibles, les indications du loch suffisent pour indiquer les approches de l'île Mason, devant laquelle on attendra le jour. Cependant nous devons dire qu'on rencontre très souvent des glaces sortant des bras de mer du voisinage. Les documents que nous possédons ne disent rien sur les époques où les glaçons sont le plus à craindre. S'ils suivent là les lois générales, ils seraient moins nombreux pendant les mois d'hiver, c'est-à-dire mai, juin, juillet, août et septembre; octobre serait l'époque de la fonte, c'est-à-dire celle du plus grand nombre de blocs en dérive. Cette opinion semble confirmée par l'extrait ci-dessous des *Annales hydrographiques*, relatif au passage de la frégate *l'Astrée* en octobre 1868 : « Nous commençons à rencontrer des glaçons dans le canal Wide par 50° de latitude. Ils sont nombreux et serrés dans le grand bras de mer qu'on laisse à tribord en cet endroit (Europa Inlet). Avant d'arriver en face du bras situé par 49° 56', sur la côte Est, nous voyons les glaçons devenir de plus en plus serrés et obstruer complètement le canal. Ils sont de petite dimension et n'arrêtent pas notre route; nous nous contentons d'embarder pour éviter les plus gros. Le bras de mer situé par 49° 56' est entièrement rempli par une banquise compacte; on voit au fond de ce bras un magnifique glacier. Après avoir fait environ 3 milles au milieu des glaçons nous retrouvons le canal libre et ne rencontrons plus que des blocs assez gros, mais très éparpillés, ce qui ne nous gêne nullement. Ils augmentent en nombre à l'approche du canal Est de l'île Saumarez, mais jamais assez pour nous donner de l'inquiétude sur la sécurité de notre route. » Ajoutons à ces renseignements que *le Nassau* rencontra dans les mêmes parages, pendant le mois d'avril, des blocs grands comme des navires. Un autre bâtiment en a signalé en juin, ce qui serait contraire à la règle des eaux libres en temps de gelée. Il est vrai que le mois de juin est peut-être l'époque de la formation des glaces.

Baie Gage. — Sur la côte occidentale du canal Wide on remarque d'abord la baie Gage, bras aussi étroit que sinueux et dans lequel il faut faire 4 milles avant de trouver où jeter l'ancre.

L'anse Latitude est située plus au Nord, par 50° 51′ 45″ S. et 76° 44′ 45″ O., au Nord du cap Alexander, dans une baie qui se trouve dans l'Ouest de ce cap; elle se reconnaît facilement du bord opposé du canal. L'ouverture, dans sa plus petite largeur, mesure 150 mètres et est accessible aux grands navires; la sonde y accuse de 27 à 31 mètres d'eau.

A un peu plus de 1 kilomètre en dedans de l'entrée on rencontre la pointe Élisa, qui forme avec la côte Nord une grande baie à fond de vase. Le brassiage, bien que considérable entre l'ouverture et la pointe Élisa, ne dépasse pas 40 mètres dans cette dernière baie; elle est abritée par de hautes collines, d'où tombent de violentes rafales, qui, à cause de leur courte durée, ne raidissent pas les chaînes. A l'exception d'une plage située au fond de la baie, les côtes de la baie sont rocheuses.

Quand on aura reconnu l'anse, on gouvernera, pour en franchir l'entrée, en rangeant de préférence le côté Est, qui est plus accore; après l'avoir dépassé, on fera route au S. 57° O. environ, pour laisser la pointe Élisa à une centaine de mètres dans l'Est. Arrivé dans le voisinage de la pointe, on verra dans l'Ouest une cascade remarquable qui tombe de la hauteur, et à 100 mètres en dedans de l'alignement de la cascade avec la pointe Élisa on laissera tomber l'ancre par 33 à 37 mètres d'eau.

Patagonie. — Page 138.

Le lieutenant Samuel W. Véry, de la marine américaine, signale un mouillage, par 31 mètres de fond, à $\frac{1}{5}$ de mille en dedans de la pointe Sud d'entrée de l'inlet Ringdove, appelée pointe Hyacinthe; *le Richmond* était mouillé à 180 mètres environ dans le S. 57° E. du milieu du plus Est des trois îlots qui se trouvent juste en dedans, ou dans l'Est, de l'extrémité Nord de la pointe Hyacinthe; un écriteau sur lequel est écrit : *anse Richmond* et la date 25 sept. 1876 a été fixé sur un arbre de l'îlot.

Dans le S. S. E. du mouillage du *Richmond* se trouve une autre île qui, jointe aux trois îlots susmentionnés, forme une petite baie capable d'abriter plusieurs navires. Sur la côte Ouest de cette baie et près de l'extrémité de la pointe Hyacinthe il y a une plage de sable, de coquilles et de galets, de 50 mètres de longueur.

Le fond est dur dans cette baie, et les sondes, autant qu'on a pu le vérifier, varient de 22 à 31 mètres.

Relèvements vrais. Variation : 21° 35′ N. E. en 1879.

Voir carte N° 3399; instruction N° 500, page 131.

L'ÎLE SAUMAREZ ET SES QUATRE REACHS. — A l'île Mason, le canal Wide se divise en deux branches faisant le tour de l'île Saumarez (vues N°s 48 et 49, 1re série). La branche de l'Ouest comprend le Chasm reach et l'Escape reach; celle de l'Est, l'Icy reach et le Grappler reach. Nous nous occuperons d'abord du premier de ces deux passages. Il est le plus court, et c'est cependant le moins usité, parce qu'il est étroit; néanmoins il ne présente pas de difficulté sérieuse et les navires n'hésiteront pas à y recourir chaque fois que l'Icy reach leur semblera par trop encombré de glaces. Ils trouveront mouillage à l'entrée du canal Velo, entre la pointe Sud de ce canal et les îlots qui le divisent en deux; cependant, comme cet endroit est peu connu, on fera bien de ne s'avancer qu'avec prudence.

On a des renseignements vagues sur un mouillage qui existerait dans le Sud de l'île Saumarez et qui aurait été appelé, en 1843, port Horatio par le commandant de la goélette chilienne *l'Ancud* [1]. En venant le chercher, on se défiera d'une roche découvrant seulement à basse mer et existant à $\frac{1}{5}$ de mille dans le Sud de la pointe méridionale de Saumarez. La baie Cascade, dans l'Icy reach, passe pour être assez bonne; seulement on y est fort exposé aux glaçons dérivant du canal Eyre : ce bras de mer, long de 40 milles, est le lieu principal de formation des glaces. On y rencontre aussi de véritables stations pour les phoques.

Après avoir franchi l'Icy reach, on entrera dans le Grappler reach, lequel tire son nom du havre Grappler, l'un des meilleurs ports des canaux et peut-être le plus giboyeux (plan N° 2863; vue N° 51 *bis*, 1re série). On distingue aisément, en approchant, l'îlot de l'entrée, qui est rond, peu élevé, et entièrement boisé. Dès que l'on ouvre la passe, on voit dans le havre le second îlot, qui est de forme conique et couvert de mousse verte. Il y a deux passes, mais on devra laisser de préférence l'îlot de l'entrée à bâbord et ne se préoccuper nullement de l'apparence étroite de ce havre, apparence due seulement à la grande élévation des terres qui l'environnent. L'avertissement donné sur le plan N° 2863 suffit pour guider les bâtiments voulant donner dans le port. Nous signalerons, comme à la baie de l'Isthme, quelques différences entre les noms anglais et français. Sur les cartes anglaises, l'île de l'entrée s'appelle l'île Cloué; la pointe de droite en entrant, la pointe Astrée; le Tas de foin, l'île Diamond, d'après l'aviso français *le Diamant*; la pointe située dans l'E. q. N. E. du Tas de foin, la pointe Allard, nom d'un officier du *Diamant* qui a levé le premier croquis du havre Grappler.

---

[1] Ajoutons cependant que les cartes anglaises désignent par *port Horatio* un petit enfoncement dans le Sud de la baie Bacchante; cette dernière baie est elle-même située au Nord de l'île Saumarez.

L'INDIAN REACH. — SES ROCHERS. — LE PORT RIOFRIO.
— Dès le Nord de l'île Saumarez commence le canal Meissier, qui ne finit qu'au golfe de Peñas. Mais certaines zones de ce canal ont des dénominations particulières : ainsi la partie méridionale, de l'île Saumarez au récif Gorgon, a reçu le nom d'Indian reach. Nous signalerons d'abord, dans ce passage, un banc de roches sur lequel, en 1878, s'est échoué le navire de guerre anglais *l'Amethyst*. Ce banc s'étend de 1 à 4 encablures dans le Nord de l'île Saumarez. On y remarque deux têtes rocheuses orientées N. q. N. O., S. q. S. E., et distantes de 360 mètres (2 encablures) l'une de l'autre. La tête du S. q. S. E. est située à près de 1 encablure dans le Nord vrai de la pointe Nord de l'île Saumarez; elle est recouverte de 3^{m}60 d'eau, et la tête du N. q. N. O. de 4 mètres. Entre la pointe Saumarez et la première la sonde accuse 26 mètres; entre les deux il existe des sondes de 18 mètres. Au Nord de la plus Nord il y a encore, pendant 1 encablure, des fonds dont on doit se défier, puis on retombe sur des sondes de 37 à 55 mètres. A marée basse, on aperçoit du varech sur les deux têtes.

A l'entrée de la baie Bacchante, les cartes actuelles indiquent une petite île nommée île Elliot. On a reconnu que cette île se rattache à la grande île Wellington [1].

Banc Dolorès. — A la partie Sud de la presqu'île Elliot de l'île Wellington se détache à 300 mètres de la côte un récif formé de plusieurs plateaux qui, à l'exception de celui du milieu, sont couverts à mer haute. Ce danger est parfaitement indiqué par les varechs; il a une longueur de 100 mètres et se réunit à la terre par un banc couvert de 2 à 4 mètres d'eau. Autour du varech il y a 29 à 35 mètres de fond.

Anse Grau. — Cette anse, située à l'E. N. E. du banc Dolorès, par 49°19′30″ S. et 76°45′15″ O., est parfaitement sûre; le fond est de roche, et à la partie centrale la sonde indique 29 mètres. La pointe Sud est reliée au banc Dolorès par un haut-fond, la pointe Nord est saine et accore. Pour entrer on laisse le banc Dolorès par bâbord et l'on gouverne en ralliant un peu plus la côte Ouest pour trouver les fonds de 29 mètres. (*Noticias hidrográficas*, N° 7, *Chili*, 1879.)

Île Crossover. — La baie Bacchante dépassée, nous rencontrons l'île Crossover. Comme toutes les cartes ne la nomment pas et qu'il en sera cependant fréquemment question, nous la définirons en disant que c'est celle qui gît à 8 milles dans le Nord de la pointe septentrionale de l'île Saumarez (voir la vue N° 52, 1re série). Le lecteur remarquera, à $\frac{1}{3}$ de mille dans le Sud de l'île Crossover, trois petits îlots très voisins de la terre; celui de l'Est, le plus grand, se nomme l'îlot Fantôme. On peut mouiller dans le Sud de son centre, à petite distance, par

---
[1] *Annonces hydrographiques*, 1879.

50 mètres, fond de sable, coquilles et roches. Ce n'est évidemment là qu'un de ces mouillages temporaires qu'on n'occupe qu'en cas de surprise.

Quoiqu'il y ait probablement passage à l'Ouest de l'île Crossover, on recommande d'en passer toujours à l'Est. En doublant l'île de ce côté, on se tiendra plus près d'elle que de la Patagonie, à cause de quelques têtes rocheuses qui se détachent du continent en face de la pointe Nord de l'île Crossover. Cette dernière pointe est très saine et les navires ne craindront pas d'en passer fort près; c'est le meilleur moyen pour parer le plus Sud des dangers qui encombrent le milieu du chenal. Ces dangers dépendent du groupe des îlots Covadonga, que les navires laisseront sur tribord, en remontant vers le Nord. Nous décrirons avec soin le groupe des Covadonga, car trois de ses îlots servent pour des alignements importants que nous donnons ci-après.

Îlots Covadonga. — Les îlots, ou peut-être mieux les rochers Covadonga, divisent en deux le canal Indien, formant deux chenaux distincts, dont l'un, celui de l'Ouest, est le seul usuel (voir la vue N° 53 de la 1re série). Pour le pratiquer, les bâtiments longeront, à environ 4 encablures de distance, une chaîne de roches et d'îlots formant une ligne presque droite et composée d'abord de trois rochers très bas, très rapprochés les uns des autres et dont il faut se défier. En effet, ils ne sont pas sains, comme on le croyait d'abord, mais bien prolongés par des hauts-fonds sur lesquels s'est perdu le vapeur allemand *le Karnak*. Au dire de certains rapports, ces hauts-fonds ne s'étendraient pas à moins de 3 encablures vers le Sud, ce qui limiterait à 4 encablures l'espace libre entre eux et la pointe Nord de l'île Crossover.

Il résulte des sondages effectués en 1878 par la corvette *Chacabuco* entre le groupe Covadonga et l'île Crossover que le banc Karnak, signalé en 1876, n'existe pas.

A 100 mètres du varech qu'indiquent les cartes, et dans la direction de Crossover, on a trouvé un brassiage de $16^m 5$, qui augmente ensuite à plus de 45 mètres. On peut affirmer que ce passage est sain; mais pour plus de sûreté on pourra contourner l'île Crossover à 2 encablures, ainsi que l'a fait plusieurs fois la corvette. (*Notices hydrographiques*, 1879.)

Balise Covadonga. — Une balise a été établie sur le plus Ouest des trois îlots Sud du groupe Covadonga: c'est une barre de fer scellée dans la roche avec du plomb et portant une boule *blanche* de $0^m 9$ de diamètre, formée de lattes de fer. Lorsqu'on vient du Sud, on aperçoit la boule dès qu'on arrive par le travers de l'île Crossover; on doit laisser l'îlot par tribord. Lorsqu'on vient du Nord, on voit la boule dès qu'on se trouve à la hauteur de la pointe Sud du port Rio Frio; on doit alors laisser l'îlot par bâbord.

A 2 encablures $\frac{5}{10}$, puis à 5 encablures $\frac{6}{10}$ des rochers bas ci dessus, on rencontre deux îlots, dont le premier est le N° 3 et le second le N° 2 *de la vue à consulter sur le plan* N° 2824. L'îlot N° 2 se compose de deux parties séparées par un canal d'une quinzaine de mètres; mais lorsqu'on vient du Nord ou du Sud, on ne s'aperçoit pas de la séparation, parce que les deux parties sont l'une par l'autre.

A 5 encablures $\frac{6}{10}$ de l'îlot N° 2 gît un dernier îlot dit *le Toro*, qui est le N° 3 de la vue précitée.

Respectivement à 3 encablures $\frac{8}{10}$ et à 7 encablures $\frac{3}{10}$ du Toro on trouve les rochers Penguin et Vaudreuil. Ce dernier se compose de deux têtes découvrant à peine dans les plus grandes marées et entre lesquelles il y a des fonds de 4 à 8 mètres; tout autour la sonde accuse de 9 à 14 mètres, roche et coquilles brisées. Il y a très peu de goémons sur l'écueil, mais la mer y brise très nettement quand il vente.

Ayant ainsi décrit le chenal de l'Ouest, nous dirons quelques mots de celui de l'Est. Il est divisé en deux par deux îlots qui forment un parallélogramme avec les îlots 1 et 2 dont nous avons parlé ci-dessus. Nous y remarquons deux dangers, de position douteuse, plus un banc signalé par le croiseur français *l'Infernet* et qui se trouve dans le N. 29° O. de l'îlot le plus Est du groupe et à $\frac{1}{3}$ de mille dans le N. 49° E. du Toro. On pense qu'il y a dans ce chenal d'autres dangers inconnus.

Le rocher Vaudreuil dépassé, nous rencontrons sur la côte occidentale du canal un bon mouillage que l'on appelle le port Riofrio, du nom de l'officier chilien qui en a levé le plan. Son entrée est divisée en deux parties par le rocher Covadonga [1], qu'indique à l'œil une perche verticale. La passe du Nord est la meilleure, étant la plus large et la plus profonde. Pour y donner, on cherchera sur la côte Ouest du port une cascade très apparente; on se placera de manière à la relever au N. 83° O., puis on gouvernera dessus à ce rumb; on mouillera à environ 300 mètres de terre par 35 à 45 mètres. Plus au Nord, les sondes sont un peu moindres. Partout le fond est de vase et la tenue bonne. Les bâtiments relâchant dans le port Riofrio pourront s'y procurer des bois de construction.

HAVRE EDEN ET ANSES VOISINES. — RÉCIF GORGON. — BAIE LEVEL. — Les bâtiments venant du Sud auront à se préoccuper d'abord de parer le récif Gorgon, qu'on appelait primitivement le rocher Tuscarora. Cet écueil est à 1 mille $\frac{1}{2}$ dans le Sud de l'entrée du havre Eden et à 3 encablures $\frac{1}{2}$ de terre. Il se compose de trois têtes distinctes, dont la plus haute est juste à fleur d'eau à marée

---

[1] *Covadonga* est le nom d'une corvette chilienne; il est très regrettable que l'on ait cru devoir donner le même nom au rocher du port Riofrio ainsi qu'aux îlots rocheux de l'*Indian reach*, parce qu'il pourra y avoir confusion. Mais ces dénominations ayant prévalu, nous sommes obligé de les adopter.

haute et dont les deux autres sont entièrement noyées à ce moment de la marée. La mer marnant d'environ 2 mètres en eaux vives, la tête la plus haute découvre alors d'environ cette quantité. Il y a un peu de goémon sur les roches, mais pas suffisamment pour les bien signaler à mer haute. On est donc souvent obligé de recourir aux alignements pour faire route en sécurité.

En consultant le plan N° 2824 et les vues qu'il donne, les marins verront qu'un arbre remarquable tenu par le sommet de la grande île Jumelle fait passer à l'Est du danger, tandis que ce même arbre par la pointe du Paradis en fait passer à l'Ouest (vue N° 53 ter, 1re série). Mais l'arbre remarquable ne se distingue pas toujours de loin, surtout pour des marins ne connaissant pas le pays. Dans ce cas, on pourrait s'aider d'un alignement pris par derrière au moyen de la pointe Est de l'île Crossover et des trois îlots les plus Ouest du groupe Covadonga. En se reportant à la description de ce groupe faite ci-dessus et en examinant avec soin la vue N° 2, on comprendra facilement les trois indications suivantes :

1° Si les deux îlots de gauche (les plus Sud par conséquent, numérotés 1 et 2) sont vus dans le passage à l'Est de l'île Crossover, le troisième (le Toro) étant sous la pointe de ladite île, on passe à l'Ouest du danger;

2° Si les trois îlots sont tous sous l'île Crossover, c'est-à-dire se projettent sur elle, on passe à l'Est du danger, assez loin dans le chenal; en tenant le second des îlots sous la pointe de la même île, on passe à 300 mètres à l'Est des roches;

3° On passe sur le danger lorsqu'on voit la pointe Est de l'île Crossover entre l'îlot Toro (celui que l'on voit à droite en faisant face au Sud) et le second îlot, un peu plus près de ce dernier que du précédent.

Les marins possédant la carte anglaise N° 560 (reproduction de travaux chiliens) verront que les alignements ci-dessus semblent faux lorsqu'on les porte sur cette carte; celui que nous avons donné notamment pour passer dans l'Ouest du récif conduirait même directement sur la terre, si la carte était exacte. Malgré ce défaut de concordance, les capitaines auront toute confiance dans lesdits alignements; ils ont été pris sur les lieux. Du reste, l'auteur du travail précité a reconnu lui-même que le tracé dont nous parlons est approximatif, car il a ponctué la forme des côtes au-dessus du port Riofrio. Il est presque inutile d'ajouter que si les alignements de l'île Crossover et des îlots sont utiles lorsqu'on navigue vers le Nord, ils le sont encore beaucoup plus lorsqu'on fait la route inverse.

Havre Eden (plan N° 2824; vue N° 53^a, 1re série). — La passe du Sud est la plus naturelle pour les navires venant du Sud, celle de l'Est pour les bâtiments arrivant du Nord. L'une et l'autre sont très faciles à pratiquer. Dans la première, on passe à égale distance des deux bancs qui s'y trouvent en tenant l'*arbre remarquable* au-dessus de la partie Ouest de l'île Eden. Le premier mouillage qui se présente est devant l'aiguade ; on jette l'ancre par 20 à 25 mètres ; les bâtiments sont en cet endroit en complète sécurité. Mais s'ils n'ont pas d'eau à faire, ils peuvent s'avancer de $\frac{1}{2}$ mille dans le Nord, et ils seront alors dans un bassin bien fermé ne laissant rien à désirer. Les roches Barren, qu'il faut laisser par tribord en allant prendre le mouillage du Nord, seront à veiller de mer haute, car elles sont alors couvertes.

Le mouillage du Nord est prolongé par l'anse Malacca. Les navires voulant y entrer ont à franchir une passe fort étroite. Il est inutile de s'imposer ce souci, sauf pour un très long séjour ou des réparations. La largeur de l'anse n'est que de 280 mètres, ce qui est insuffisant pour les grands bâtiments. L'anse Lackawana, autre dépendance du havre Eden, est encore beaucoup plus petite. La passe, large seulement de 45 mètres, est obstruée par un rocher recouvert de 4 mètres d'eau et gisant au milieu de la partie la plus étroite : aussi devra-t-on toujours préférer les mouillages magnifiques et sûrs du havre Eden. Il convient encore d'ajouter celui des îles Noé à ceux dont nous avons déjà parlé : il est en face de l'anse aux Poissons et tout à proximité de la passe du Nord. Cette passe n'a pas encore été complètement sondée dans toutes ses parties ; mais il est certain que l'on peut passer aussi bien à l'Ouest qu'à l'Est de l'île Japhet ; l'île Sem, rocher bas et aride, doit être laissé dans l'Est du bâtiment, et l'île Cham dans l'Ouest.

En passant devant le havre Eden, ou en manœuvrant dans son voisinage, les bâtiments auront à veiller un banc de goémons qui a paru de mauvaise apparence au navire anglais *le Zealous*. Ce danger douteux se trouverait un peu à l'Ouest de la route usuelle, à 1 mille de la pointe du Paradis et à 1 mille $\frac{1}{2}$ du récif Gorgon. Il sera facile de l'éviter d'après ces indications, et il serait utile de le sonder, s'il est encore aperçu.

On trouve en abondance, au havre Eden, du bois à brûler et de l'eau ; les embarcations allant à l'aiguade doivent accoster le long de la côte Sud de l'anse où le ruisseau se jette dans la mer. Le mouillage dans le havre même étant excellent, il n'y a pas lieu de recommander l'anse Malacca, située dans la partie Nord. Enfin, la baie Level, qui est en face du havre Eden, de l'autre côté du canal, sera toujours évitée ; elle est mauvaise et se fait remarquer, contrairement à ce que semble indiquer son nom, par l'inégalité de ses fonds, car pour quelques mètres de déplacement les sondes sautent de 11 à 30 et 70 mètres.

Dans le havre Eden, le flot porte au Sud et le jusant au Nord.

Les documents d'origine britannique relatifs à ce port devront être lus sur la carte N° 3016, où les appellations anglaises ont été employées.

LES GOULETS ANGLAIS. — LES BAIES EN DÉPENDANT. — On fait généralement commencer les goulets en question à hauteur de la pointe Ève, fort peu au Nord du havre Eden; ils finissent à la pointe Nord de l'île Cavour, mesurant ainsi 9 milles, les détours de route compris (voir la carte N° 3016). Le seul passage vraiment délicat est celui de l'île Mi-Chenal, tout à fait dans la partie Nord, à l'Ouest de la pointe Cedar. Avant de parler de la route à faire pour parvenir à l'île Mi-Chenal, nous consacrerons quelques lignes aux baies qui s'ouvrent des deux côtés du canal, entre le havre Eden et le passage délicat dont nous venons de parler.

Baie du duc d'Édimbourg ou Rondizonni. — La première de ces ouvertures est un énorme enfoncement s'avançant de près de 4 milles dans le Nord, à partir de la pointe Paradis. On l'appelle à volonté baie du duc d'Édimbourgh ou baie Rondizzoni; le premier de ces noms est le plus usuel. Cette baie a été explorée en 1876 par les officiers du navire de guerre chilien *Magallanes*; elle a été trouvée très saine, mais sans utilité pratique, car sur toute la ligne du milieu on n'a pas trouvé le fond à 60 mètres, et il a fallu s'avancer sur tout le pourtour à 30 ou 40 mètres de terre pour avoir des sondes modérées. A l'entrée, les bords sont formés par des collines hautes de 300 à 400 mètres; à l'extrémité Nord, la terre est basse.

Port Simpson. — Sur la côte opposée, et à 6 milles dans le Nord de la pointe Paradis, nous trouvons une baie bien plus petite, mais infiniment plus utile, que l'on nomme le port Simpson, du nom de l'officier chilien qui l'a exploré en février 1875 (voir le plan). Ce port avait été signalé dès 1843 par le capitaine de frégate don Juan Guilhermos, commandant la goélette chilienne *l'Ancud*, qui lui donna le nom de *Despedida*.

La carte N° 3016 représente aujourd'hui fort exactement le port Simpson; la vue N° 54 *bis* de la 1re série le montre à gauche de la pointe Pemberton. L'entrée n'offre aucune difficulté. En venant du Sud, on passera à petite distance du cap Pemberton, on parcourra l'entrée de baie, absolument saine, que l'on appelle le Beauchamp Inlet, puis on trouvera devant soi un goulet, large de $\frac{2}{5}$ d'encablure, formé par la pointe Henri au Sud et par la pointe Robert au Nord; cette dernière est prolongée par un banc rocheux qui réduit le passage libre à 100 mètres. En dedans, le port court à l'Ouest pendant 1 mille avec une largeur moyenne de 400 à 500 mètres, fonds de 10 à

44 mètres. La tenue est bonne. Ce mouillage est d'une sûreté extrême, et s'il est un peu petit pour les navires de grande taille, il convient au contraire à merveille pour ceux de moyenne ou de petite dimension. Il est facile de s'y procurer du bois à brûler et de l'eau douce. Cette dernière se trouve dans un lagon existant au fond du port et séparé de la baie par une barre où il y a 2 mètres d'eau à marée haute. Ce lagon déverse quelquefois assez d'eau pour que, dans toute la baie, la surface ne soit plus que saumâtre. C'est probablement à cette particularité que l'on doit attribuer la diminution sensible qui s'observe en cet endroit dans la quantité de goémons.

Anse Lucas. — Un autre refuge s'offre aux bâtiments petits et moyens sur la côte de Patagonie, en face du port que nous venons de décrire : nous voulons parler de l'anse Lucas. L'entrée est au Sud de l'île Chinnock : elle est assez étroite, par suite des goémons qui prolongent la côte Sud de l'île ; mais il y a au minimum $7^m 50$ de fond dans le chenal, et il n'y a rien à craindre en serrant de près la côte Sud de l'entrée, c'est-à-dire celle de la grande terre. Ainsi qu'il est facile de le voir sur la carte N° 3016, l'anse a environ 2 encablures $\frac{1}{2}$ de large sur 4 de long ; on mouille au centre par 18 à 22 mètres, fond de vase. Un navire trop grand pour entrer en dedans peut jeter un pied d'ancre devant l'entrée par 36 mètres.

Tout navire jugeant que le temps est défavorable pour passer le goulet Anglais a donc le choix entre trois relâches : s'il est très grand, il ira au havre Eden ; s'il est petit ou moyen, il donnera dans l'anse Lucas ou dans le port Simpson, dans ce dernier de préférence.

Traversée des goulets anglais. — Nous nous reporterons maintenant en arrière, à la sortie du havre Eden, pour indiquer la route à suivre lorsqu'on veut franchir les goulets Anglais tout d'une traite ; les navires relâchant à l'anse Lucas ou au port Simpson rejoignent si naturellement cette route, qu'il est absolument inutile de leur donner des conseils spéciaux.

Étant par le travers de l'île Ollard, le capitaine reconnaîtra facilement la pointe Ève et l'île Adam par la vue N° 54 de la 1re série. Laissant la pointe Paradis par tribord, il tiendra le milieu du chenal sans avoir aucun danger à redouter jusqu'à la pointe Pemberton. La vue N° 54 *bis*, prise à 1 mille dans le Nord de l'île Adam, les vues N°s 55 et 55 *bis*, prises à petite distance l'une de l'autre, dans le S. E. et le S. S. E. de la pointe Pemberton, montrent successivement le mont Albion, l'île Kitt, l'île Chinnock, l'îlot Noir ou Zealous, l'île Mi-Chenal, le morne Nord, c'est-à-dire celui qui est marqué 460 à 6 encablures dans le N. N. O. de l'île Mi-Chenal, et enfin les îlots Croft. Ainsi la reconnaissance des terres est parfaitement assurée. Nous nous bornerons à ajouter, pour éviter toute méprise : 1° que l'île Mi-

Chenal est celle qui se trouve à l'Ouest de la pointe Cedar, avec un chenal de chacun de ses côtés; 2° que l'îlot Noir ou Zealous est celui qui gît près de terre à 5 encablures dans le S. 9° O. du centre de l'île Mi-Chenal. Il y a une roche, recouverte de 5 mètres d'eau, à 100 mètres dans le Sud de l'îlot Zealous. L'île Mi-Chenal est également prolongée par quelques roches à fleur d'eau (rochers Hall), au delà desquelles les varechs s'étendent à une certaine distance. De toutes les terres avoisinant les goulets Anglais, l'île Kitt est celle qui frappera tout d'abord le regard du navigateur : deux arbres remarquables la font sauter aux yeux.

A partir de cette île Kitt, il faut commencer à veiller. On voit à 1 encablure de cette île un rocher nu sur lequel il y a ordinairement des veaux marins; un peu plus en dehors, il y en a un autre qui couvre et découvre. Le tout est entouré de goémons; il faut donner un peu de tour à cet endroit. L'île Kitt doublée, on gouvernera de manière à passer à environ 1 encablure $\frac{1}{2}$ de l'île Chinnock; c'est le moyen de parer le rocher ou banc Look-Out, recouvert seulement de 6^m4 d'eau et insuffisamment indiqué par de petits goémons. Ce danger est situé à 3 encablures dans l'O. N. O. de la pointe Nord de l'île Chinnock : un marin expérimenté appréciera suffisamment la distance pour ne pas se jeter sur l'écueil; il aura de plus une bonne garantie en sachant qu'il doit se tenir dans l'Est de l'alignement de la pointe Cedar par le côté Ouest de l'îlot Zealous.

Ce même alignement (à bien remarquer sur la vue N° 55) fait parer le banc assez étendu qui prolonge les îlots Croft; ce danger est recouvert de goémons, un rocher nu s'y remarque au centre. Nous arrivons de la sorte devant l'îlot Zealous, que nous laissons naturellement par tribord. Mais, avant de le doubler, nous mentionnerons, pour mémoire, le rapport du capitaine d'un navire à vapeur chilien. Passant *près et par le travers* de l'île Chinnock, il ressentit, dit-il, un choc violent. Il crut que son navire avait touché sur un rocher et fit examiner sa carène par un plongeur. Mais la coque ne portait pas la moindre trace, de sorte que le capitaine supposa ou qu'il avait frôlé par le flanc le côté de quelque aiguille verticale, ou qu'il avait éprouvé les effets d'un tremblement de terre. Ce rapport est beaucoup trop vague pour modifier en quoi que ce soit les conseils pratiques précédents; néanmoins, nous devions le citer pour le cas où des avis ultérieurs viendraient à éclaircir ce renseignement plein de vague.

Le passage de l'île Mi-Chenal n'offre aucune difficulté pour les navires petits et moyens évoluant ordinairement; il n'y a délicatesse que pour les très grands bâtiments.

Les courants, généralement si faibles dans les canaux, reprennent ici une grande force. Le flot porte au Sud, le jusant au Nord. Au contour de l'île Mi-Chenal, le courant est souvent de 3 nœuds; il atteint jusqu'à 6 nœuds dans le plus fort des grandes marées. Pour donner une idée de sa force, nous rapporterons l'accident arrivé au navire de guerre anglais *le Zealous*. Faisant route au Sud avec courant Nord, et étant venu sur tribord, une fois l'île Mi-Chenal doublée, pour passer du côté Ouest au côté Est du canal, il fut jeté brusquement sur l'îlot qui a pris son nom. Cette grande puissance des courants oblige tous les bâtiments à conserver une bonne vitesse, afin de ne pas être le jouet des remous; un sillage de 8 nœuds semble raisonnable. Ajoutons, pour terminer avec les marées, que le flot dure pendant trois quarts d'heure après la haute mer de plage et le jusant pendant le même temps après la basse mer de plage.

En se présentant devant l'île Mi-Chenal, le capitaine a devant lui la passe de l'Est ou celle de l'Ouest : chacune d'elles a des avantages et des inconvénients. Celle de l'Est est la plus droite, mais elle se trouve obstruée, jusqu'à près de la moitié de sa largeur, par un banc rocheux tenant à la pointe Cedar ; le fond paraît blanc en plusieurs places, par l'effet des petits fonds; il ne reste en quelques points que 3 ou 4 mètres d'eau; enfin, les goémons ne flottent pas toujours: ils sont parfois couchés sur le fond par la force du courant. C'est à peine s'il reste 100 mètres d'intervalle entre l'accore Ouest de ce banc et l'île Mi-Chenal; mais cela suffit, car on peut ranger l'île de très près : elle est parfaitement saine. En passerait-on à 20 mètres que l'on trouverait encore à peu près 16 mètres d'eau. Ce qu'il faut craindre, ce n'est pas le manque de place, mais bien les remous de courant du banc rocheux. Ils peuvent être fort gênants pour gouverner à contre-courant, car dans ce cas une embardée peut porter sur un des côtés de la passe, si elle n'est immédiatement rencontrée.

Balise. — La pointe Cedar est signalée par une perche haute de 7 mètres et portant un baril blanc. En venant du Nord on l'aperçoit étant par le travers de l'île Cavour; elle est hors de l'atteinte de la haute mer.

La passe de l'Ouest est plus large, mais elle force à décrire un coude assez brusque. Ce n'est rien lorsqu'on a le courant contraire, mais la manœuvre est moins aisée si le navire est vivement poussé vers le Nord; s'il ne tourne pas assez vite, il risque de tomber en travers sur les bas-fonds prolongeant l'île Clio dans le Sud. Il faut se défier de ces dangers, car ils débordent l'île d'au moins 2 encablures ; les varechs ne les signalent pas constamment, parce qu'ils coulent sous la force du courant.

Il est évident que nul ne saurait prescrire absolument dans quelle passe il faut donner : cela dépend du temps, du navire, du capitaine, et souvent de l'impression du moment. Néanmoins, les marins

PASSES DE L'ÎLE MI-CHENAL.

se trouveront bien de consulter l'avis suivant, s'ils ont entre les mains un navire un peu difficile :

1° *Avec le courant pour soi, passer à l'Est de l'île Mi-Chenal;*

2° *Avec le courant contre soi, prendre à l'Ouest de l'île Mi-Chenal;*

3° *Relâcher plutôt que de franchir avec le courant pour soi et un vent violent favorable;*

4° *Choisir, si l'on peut, le moment de la mer étale.*

Quelle que soit la passe choisie, il est expressément recommandé de manœuvrer vivement la barre, afin de combattre les embardées au moment même où elles ont lieu. La vue N° 55 *ter* indique un alignement pour franchir le chenal de l'Est; mais si, pour une cause quelconque, on ne le saisissait pas assez vite, on s'avancerait hardiment, avec bon sillage, pour ranger la côte de l'île à 25 mètres de distance.

Pour franchir le chenal de l'Ouest, le capitaine ralliera de près la côte occidentale, en face de l'îlot Zealous. En faisant cette manœuvre avec courant portant au Sud, c'est-à-dire en traversant le canal de la rive Est à la rive Ouest, il ne faut pas donner par trop de prise au courant sur la joue de tribord, car alors l'avant pourrait être jeté à la côte; ensuite, le bâtiment gagnera vers le Nord, le long de terre, afin de se donner assez de marge pour n'être pas jeté sur la pointe septentrionale de l'île Mi-Chenal. Si, au contraire, le courant porte vers le Nord, il faut venir de bonne heure sur tribord pour parer les hauts-fonds de l'île Clio.

Bouée. — Le capitaine du vapeur français *la Junon* signale en 1878 une bouée rouge en forme de baril comme mouillée sur l'accore de ces derniers dangers.

En cas de manœuvre manquée, on pourrait, à la rigueur, avoir la ressource de mouiller. Les sondes de 11, 18 et 31 mètres que présente la carte, dans le Nord et dans le Sud de l'île, sont suffisamment au large pour qu'une frégate ait évitage; néanmoins ce serait hasardé, car la tenue est mauvaise. Avec les très forts courants, le navire pourrait dériver ayant une ancre à la traîne et serait alors gêné, pour ne pas dire paralysé. Par très beau temps, il est possible d'aller jeter un pied d'ancre dans le voisinage de l'île; mais ce ne doit être que pour quelques heures, en attendant, par exemple, un renversement de marée. Il sera toujours plus sûr de mouiller dans les ports voisins.

Une fois l'île Clio doublée, le navire n'a plus à craindre le moindre danger sous-marin; il veillera seulement les courants entre l'île Cavour et l'îlot Loncy. Le flot vient de la pointe N. O. de l'île Cavour et porte en travers du canal; le jusant fait l'effet inverse. La passe entre cette pointe et l'îlot Loncy n'a que 1 encablure $\frac{1}{2}$ de large, mais les deux bords en sont sains. Les plus grands navires passeront donc aisément; ils auront soin d'avoir de l'erre.

Balise. — L'île Cavour porte à son sommet, à 35 mètres au-dessus du niveau de la mer, une pyramide triangulaire peinte en blanc et haute de 8 mètres. On l'aperçoit dès qu'on est à la hauteur de l'estuaire Seymour, et même de plus loin par temps clair. En l'apercevant on devra gouverner dessus jusqu'à ce que l'on soit E. S. E. et O. N. O. avec l'île Thomas; on fera alors route pour la laisser par bâbord, et quand on l'aura par le travers on apercevra la balise Cedar. (*Chacabuco*, 1878.)

ANSE HOSKYN. — Juste à l'Ouest et à hauteur de la passe de l'îlot Loney s'ouvre la petite anse Hoskyn, qui n'est bien connue que depuis 1869 (plan N° 3017; vue N° 56, 1re série). Malgré sa petitesse, elle est préférable à la baie Halt, qui était autrefois recommandée comme halte à l'entrée ou à la sortie des goulets Anglais. L'îlot Loney est si remarquable, qu'il forme un amer excellent pour reconnaître l'entrée. Le meilleur mouillage est au milieu de la baie, très peu au Nord de l'alignement de l'île Loney par la pointe John. Le navire a, pour éviter, un espace libre de 150 mètres de rayon; le fond est très bon; en un mot, il y a sécurité absolue, malgré la violence des courants qui traversent l'anse. On ne s'étonnera pas de cette violence en pensant qu'il y a dans le Nord un long canal qui sépare l'île Lamarmora de la grande terre. Ce canal assèche bien à marée basse, mais l'eau y circule vivement pendant la majeure partie du temps. A l'entrée comme à la sortie, le capitaine veillera bien en passant devant l'îlot Loney. En effet, cet îlot produit une sorte de bassin d'eau morte dans lequel l'arrière se trouve pendant que l'avant est saisi par le courant ou inversement. De toute façon, le jeu prompt du gouvernail est absolument nécessaire.

Le banc qui se trouve à 1 encablure $\frac{1}{2}$ dans l'Est de la pointe Élisabeth est recouvert de goémons sur un espace de 100 mètres; néanmoins il n'est pas dangereux, puisqu'on n'y a pas rencontré de fond inférieur à 16 mètres.

BAIES MAGENTA, HALT ET LIBERTÀ. — HAVRE GRAY. — Si le navire vient sur tribord en sortant de la passe de l'îlot Loney, et s'il redescend vers le Sud, il parcourra dans toute sa longueur la baie Magenta, ainsi nommée en 1867 par la corvette italienne portant ce nom. En contournant l'île Barton, on trouve entre elle et la grande terre un bon mouillage par 15 à 20 mètres, fond de vase. Mais l'espace est encore plus restreint qu'à l'anse Hoskyn; le détour à faire est considérable, de sorte qu'il vaut toujours mieux choisir ou l'anse Hoskyn ou le havre Gray.

Remontant vers le Nord à partir de l'île Barton, nous passons, après 2 milles $\frac{7}{10}$, entre l'îlot Haycock, près de l'île Cavour, et le rocher Entrance, situé à 2 encablures dans le Sud de l'île Élisabeth.

BAIES MAGENTA, HALT ET LIBERTÀ.

A 400 mètres dans le N. O. de ce rocher, nous sommes au point où la vue N° 57 (1re série) a été prise. Nous avons par tribord l'île Élisabeth et les îles Armingen; sur bâbord, la pointe de l'île Lamarmora, puis cinq îles occupant l'espace de 1 mille $\frac{1}{2}$ et dont les trois extérieures ont reçu les noms de Thomas, Hurne et Moai. Cette dernière se distingue par trois pics orientés Nord et Sud les uns par rapport aux autres et dont le central, qui est le plus élevé, a 116 mètres de hauteur.

Baie Libertà. — Venant sur tribord à hauteur des îles Armingen, nous entrons dans la baie Libertà (plan N° 3017). Les fonds sont tellement grands sur le pourtour de la baie Libertà proprement dite, qu'il est impossible d'y trouver mouillage. Mais les navires peuvent se rendre soit au havre Gray, soit à la baie Halt, véritables dépendances de la grande baie.

Havre Gray. — Nous nous supposerons d'abord voulant atteindre le havre Gray, qui est de beaucoup supérieur à la baie Halt. Pour cela nous passerons au Nord des îles Armingen, très près si nous voulons, car elles sont bien saines; puis nous inclinerons vers l'Est, en donnant un bon tour à l'île Julia et à l'îlot Vert, que des rochers débordent d'une encâblure environ. En continuant suffisamment, nous verrons le havre Gray s'ouvrir et nous irons y jeter l'ancre par 30 mètres, fond de vase. Un écueil, appelé le rocher Talisman, existe au centre de la baie, à 3 encâblures $\frac{1}{2}$ de l'entrée; il ne découvre qu'à marée basse. Les capitaines possédant le plan N° 3017 l'éviteront sans difficulté; quant à ceux qui ne l'auraient pas, ils s'enfonceront moins et auront, malgré cela, un abri très suffisant. En jetant l'ancre à égale distance des deux rives on a, pour éviter, une circonférence de 180 mètres de rayon. Les navires très grands pourront donc juger convenable d'affourcher.

Le havre Gray fournit un bois brûlant très bien, même sans charbon, et supérieur à celui que les Chiliens fournissent à Punta Arenas; en le mélangeant avec des bois de combustion difficile, comme ceux du havre Mayne par exemple, la pression se tient très bien. Les bruyères abondent et font d'excellents balais. Les embarcations peuvent pénétrer, à mer haute, dans un lac d'eau douce qui existe au fond du havre.

Baie Halt. — L'entrée de la baie Halt n'est pas plus difficile que celle du havre Gray; les petits navires peuvent trouver à se loger dans la partie Est, mais les grands seraient obligés de jeter l'ancre par des fonds de 50 mètres et plus; on leur conseille donc de préférer soit le havre Gray, soit l'anse Hoskyn. Le premier n'a pas l'inconvénient des grands courants dont nous avons parlé en temps voulu, à propos de l'anse Hoskyn : c'est donc en réalité le mouillage le plus facile, mais il force à un détour. Le bois de la baie Halt brûle très bien; le cèdre y est très commun.

DE LA BAIE HALT AU HAVRE DE L'ÎLE. — A partir de la baie Halt les difficultés diminuent. On reconnaît tous les points sans la moindre hésitation. La navigation serait aisée sans la fréquence du mauvais temps. L'aspect des terres est grandiose : il défie les plus belles parties du détroit de Magellan. Les mouillages, sans être nombreux, ne font cependant pas défaut, car l'anse Connor et le havre de l'Île sont bons pour les navires moyens, et l'anse Hale pour les plus grands bâtiments. Les frégates de premier rang peuvent même profiter de l'anse Connor, à la condition d'affourcher.

Quittant la carte N° 3016 et reprenant la carte générale N° 3399, nous ferons quelques remarques sur les points saillants de la route. Tout d'abord l'île Daly frappera les yeux (vue N° 57) ; à $\frac{1}{2}$ mille dans le Sud de cette île s'ouvre le Seymour Inlet, enfoncement très mal connu, dont l'entrée est marquée par deux îlots; à 4 milles plus loin, c'est l'îlot Marcus, à l'Ouest duquel un certain nombre de navires ont passé. Cependant ce passage a été trop peu sillonné pour qu'on puisse le garantir franc.

La vue N° 58 montre l'île Direction et la pointe de la Station (Station head). Le Search Inlet, sur l'île Wellington, et le canal Farquhar, sur la côte de Patagonie, sont encore très mal connus. Le bâtiment passe ensuite entre l'île du Milieu, immense pyramide, et l'île Thornton, qui est haute et escarpée; cet endroit a été comparé à de nouvelles colonnes d'Hercule (vue N° 59). Le récif Boyle, indiqué dans le Sud de l'île du Milieu, est presque à fleur d'eau à basse mer; il est bien signalé par des goémons. Sur son côté Nord on trouve 1^{m}8 d'eau et 3^{m}60 à la partie opposée. L'île du Milieu peut être doublée soit dans l'Est, soit dans l'Ouest.

A mi-distance entre l'île Thornton et l'île du Milieu s'ouvre la baie du Lion, qui n'a par elle-même aucune valeur. L'anse White Kelp, qu'elle présente dans son N. E., est fort inférieure à l'anse Connor; on lui préférera toujours la dernière, qui est parfaitement saine et peut être pratiquée, même sans carte, par un navire de grande taille.

L'entrée de l'anse Connor, ouverte au S. S. O., est formée par l'extrémité d'un ravin et dominée de chaque côté par des mornes élevés. Le goulet, entre les pointes Alexander au Sud et Goulden au Nord, est large de 1 encablure; les bords s'élargissent ensuite de manière à former un bassin de 500 mètres de diamètre. Dans le fond se jette un ruisseau qui descend des montagnes voisines. Pour s'y rendre on laisse par tribord le rocher remarquable du fond de l'anse. Le fond est de vase, d'une tenue excellente; au centre, le brassiage est de 25 à 30 mètres. Tout alentour, à longueur de canot des bords, on mesure de 6 à 10 mètres. Tout bâtiment long affourchera et sera alors aussi en sécurité que les petits.

Une particularité de l'anse Connor mérite d'être signalée. En effet, on y a observé une couche d'eau douce d'une couleur brun verdâtre et de plusieurs pieds d'épaisseur s'écoulant au-dessus de l'eau de mer limpide du fond. La première marquait 3 degrés à l'aréomètre et 6 degrés au thermomètre; la seconde, à 3 mètres de profondeur, marquait 13 et 15 degrés.

Au sortir de l'anse Connor, l'île Black et la pointe Cocks (*Cock's head* de la vue N° 60, 1re série) balisent littéralement la passe. La baie Waterfall, située sur le côté Est du canal Van-der-Meulen, est fort mauvaise. Les navires devront l'éviter et s'arranger pour jeter l'ancre, soit dans l'anse Connor, soit au havre de l'île, soit à l'anse Hale.

Les vues N°s 61 et 61 *bis* (1re série) indiquent l'entrée du havre de l'île (havre Island de certaines cartes). C'est une relâche fort passable, sauf pour les navires très grands, qui ont la ressource de l'anse Hale. Une cascade très apparente indique le fond de ce havre, mais il ne faudra pas la confondre avec une autre qui se trouve à l'entrée de la baie voisine dans le Sud. Une tache blanche très remarquable, ayant l'air d'un éboulement, frappe également la vue; elle est à peu près à mi-hauteur de la montagne fort élevée et très escarpée qui domine le havre. L'île Lizard (1 mille $\frac{8}{10}$ au S. E. du mouillage, vue N° 61 *bis*, 1re série) indique également l'approche.

Quant au havre lui-même, on peut considérer qu'il commence à l'île Brown, qui en limite la partie Sud. La pointe Nord, ou pointe Fleuriais, gît à 3 encablures $\frac{1}{2}$ dans le N. q. N. O. de l'île Brown. Il y a un mouillage extérieur, un peu à l'Est de l'alignement de la pointe Fleuriais, par la pointe Est de l'île Brown; on est là par 25 à 30 mètres, relevant la pointe Fleuriais à peu près au Nord et la pointe Sud de l'île Phipps à l'E. N. E. $\frac{1}{2}$ N. Cette île Phipps est à 1 encablure $\frac{3}{10}$ dans l'E. S. E. de la pointe Fleuriais; il faut la doubler pour arriver dans le havre et on pourrait la laisser soit par tribord, soit par bâbord, mais il vaut mieux prendre le premier parti, c'est-à-dire en passer dans le Nord. On observe une sorte de pas ou de chaussée rocheuse reliant l'île Phipps à la terre, soit dans le Nord, soit dans le Sud. En effet, la sonde accuse 30 et 35 mètres au mouillage de l'extérieur et autant à celui de l'intérieur, tandis que dans les deux chenaux de l'île Phipps le fond n'est plus que de 14 mètres au centre, de 7 et 5 mètres sur les bords.

En tenant le milieu de la passe Nord, les navires ne craindront rien; ils s'avanceront jusqu'à 1 bonne encablure en dedans de l'île Phipps et jetteront l'ancre en relevant la pointe Fleuriais au S. 48° O. et la pointe Sud de la baie (celle qui se trouve à 1 encablure $\frac{3}{10}$ dans l'E. q. N. E. de l'île Brown) au S. 15° E. Les bâtiments un peu grands affourcheront; les petits pourront s'avancer près de la cascade et s'amarrer l'arrière à terre.

L'eau est facile à faire et bonne. Le bois ne brûle guère mieux que celui du havre Mayne et ne se trouve plus maintenant au bord même de l'eau, mais seulement à quelque distance.

HAVRE HALE.— BAIE FATALE.— Le havre Hale (plan N° 3446) peut recevoir les plus grands navires; à la condition qu'ils affourchent. La tenue y est bonne; l'eau et le bois y existent en quantité suffisante. Situé à 15 milles seulement de la baie Tarn, ce port est on ne peut mieux placé pour permettre de guetter l'instant favorable à la sortie. Deux taches blanches fort remarquables, sur le flanc du mont Orlebar, indiquent le mouillage sans erreur possible (voir la vue sur le plan N° 3446). Par très beau temps on pourrait jeter l'ancre devant l'entrée, mais la tenue est moins bonne, de sorte qu'il vaut beaucoup mieux entrer toujours dans le port.

A 1 mille $\frac{6}{10}$ à l'Ouest du havre Hale, on remarquera une petite île flanquée d'un îlot dans le Nord et dans le Sud. Cette île s'appelle Alert, la plus voisine dans le Nord Scylla, la troisième Scout et la dernière Zealous : c'est celle où un sommet de 900 mètres est marqué sur la carte N° 3399 (vue N° 62, 1re série). Il n'y a pas passage entre les îles Alert et Scylla; mais entre cette dernière et l'île Scout il existe un canal absolument sain. Il n'a que 45 mètres de large, mais néanmoins on peut le pratiquer sans crainte. Un navire venant du Nord et craignant la nuit gagnera 1 mille $\frac{1}{2}$ en prenant ce canal, dit le Scout-Channel.

En face du havre Hale, et de l'autre côté du canal, l'île Millar (par erreur Millan sur quelques cartes) présente un sommet des plus remarquables. Entre sa pointe Est et l'île Alert, un banc rocheux de 13 mètres a été signalé, avec de petits goémons flottants; ce haut-fond, ajoutons-le, est nié par quelques capitaines.

La baie Fatale, juste au Nord de l'île Millar, ne peut être d'aucun secours par elle-même, mais elle se prolonge par une anse à entrée étroite dans laquelle un petit navire peut entrer. Même dans ce réduit les fonds sont très grands, et l'anse Hale devra toujours être préférée à ce mauvais mouillage.

BAIE TARN.—ÎLE SOMBRERO.—PORT BALLENAS.—La baie Tarn précède immédiatement le golfe de Peñas. Si l'on y trouve grand vent debout et grosse mer, ce qui arrive fréquemment, il sera toujours facile de retourner à l'anse Hale. Les grands navires n'ont pas d'autre parti à prendre, mais les petits et les moyens peuvent essayer d'autres relâches. Ils ne s'adresseront pas aux ports de la côte de Patagonie (Saint-Polycarpe, Asaurituan, Tianitan), car ces ports sont battus par les vents d'Ouest; mais ils pourront se réfugier soit dans le port Ballenas, soit dans l'anse de l'île Sombrero (vue N° 63, 1re série).

Le **port Ballenas** est la première échancrure profonde se trouvant dans la partie S. E. de l'île Wager, à l'entrée de la passe du S. O. : une ancre l'indique sur la carte N° 3399. Il a reçu son nom de Machado, pilote espagnol qui explora cette région en 1769 par ordre des autorités espagnoles qui gouvernaient alors le Chili. Le mouillage est peu étendu, le fond y est inégal et rocheux, mais l'abri est excellent contre les vents dangereux ; la mer reste toujours belle. On recommande, pour jeter l'ancre, un fond de 20 mètres à l'Ouest d'un petit îlot (*sic*) ; il y a juste la place pour éviter. On dit qu'il y a, dans la passe du S. O., des îlots et des rochers qui ne sont pas marqués sur les cartes et qui existeraient à 300 mètres de la côte.

Un navire de guerre anglais, *le Rocket*, indique un autre mouillage faisant pendant au port Ballenas. Il dit avoir essuyé un violent coup de vent de N. O. sous l'île Sombrero, par 36 mètres, vase, relevant le pic de l'île au N. 29° O. Le fond diminue très vite jusqu'à 5m50, près des varechs qui bordent la côte. Un grand navire serait obligé de mouiller par des fonds énormes de 55 à 70 mètres. Au demeurant, le port Ballenas est bien préférable.

En manœuvrant dans ces parages, les marins ne se préoccuperont pas des marées. Le flot porte au Nord et le jusant au Sud, mais les courants sont toujours faibles ; à peine atteignent-ils 2 nœuds dans les circonstances exceptionnelles.

LE GOLFE DE PEÑAS. — LES ÎLES GUAINECO (cartes Nos 2757 et 1146). — Le golfe de Peñas a 44 milles du Nord au Sud et est complètement ouvert aux vents d'Ouest. Nous commencerons sa description par les îles Guaineco, puis nous passerons sur la côte Est, que nous remonterons vers le Nord jusqu'au golfe San Estevan. Inclinant alors vers l'Ouest, nous nous occuperons de la partie de la côte comprise entre le golfe San Estevan et le cap Tres Montes.

Les îles Guaineco sont séparées par la passe du S. O. de l'extrémité Nord de l'île Wellington ; elles se composent de deux îles principales et de plusieurs autres petites. L'île Wager et l'île Byron ont entre elles la passe Rundle ; c'est un canal sain dans toute son étendue, excepté dans sa partie Nord, qui est obstruée par de très nombreux rochers. Ces rochers rendent très difficile l'accès de la baie Speedwell, qui s'ouvre sur la rive occidentale de la passe Rundle, à l'extrémité Nord de l'île Byron. La passe Rundle n'a que $\frac{1}{4}$ de mille de largeur.

BOCA DE CANALES. — JESUIT SOUND. — L'ÎLE XAVIER. — Passant de l'autre côté des îles Ayautau et négligeant les ports Saint-Polycarpe, Asaurituan et Tianitan, que nous avons déjà signalés comme mauvais et très exposés, nous arrivons au Boca de Canales, point de jonction d'un nombre considérable de bras de mer intérieurs s'étendant à plus de 20 milles dans les terres. Toute cette partie de la côte a été levée pour la première fois par le pilote Machado, pendant son exploration de 1769. Les bras de mer intérieurs courent entre deux rangées de montagnes extrêmement à pic; leurs rivages sont de roche et ne présentent ni anses ni baies; une embarcation n'y trouverait pas d'abri, si petite qu'elle fût. Cette partie de la côte est absolument improductive et déserte; on n'y rencontre ni un phoque, ni un oiseau, ni même un coquillage à manger. Pendant les travaux hydrographiques du capitaine Fitzroy, *le Beagle* stationna deux fois sous les îles Hazard, à l'entrée du Boca. Il y resta de longs jours avec du mauvais temps et 3 ancres mouillées par un fond de 42 mètres, sable et corail, mauvaise tenue. Les rafales soufflaient en foudre, le navire était très compromis; c'est cependant le seul mouillage qu'il y ait dans toute l'étendue du bassin dont nous parlons.

Entre le Boca de Canales et le Jesuit Sound, la côte est moins découpée et plus basse que dans les autres parties. On y remarque, en plusieurs endroits, des récifs débordant la terre à près de 2 milles de distance. Le capitaine Stokes a soupçonné une baie par la latitude de 47°17′, mais il n'a pu la visiter.

Le **Jesuit Sound** n'offre guère plus de ressources que le Boca de Canales; il se termine par deux enfoncements qu'on nomme la crique Benito et la baie Julian. La première est bordée, de chaque côté, par de hautes montagnes et se termine par une terre basse, de laquelle s'écoule un ruisseau prenant sa source dans un glacier; quant à la baie Julian, elle est limitée par une haute terre montagneuse avec des ruisseaux tombant des vallées; on observe au côté S. O. une longue plage de sable. L'entrée du Jesuit Sound est rendue fort étroite par des îles.

L'**île Xavier** est séparée de la grande terre par le canal Cheape; elle est haute et très boisée; les arbres y atteignent des dimensions considérables. On y connaît deux mouillages situés sur la côte Est et nommés par Machado: celui du Sud, baie Ignacio; celui du Nord, baie Xavier. Le dernier est de beaucoup le meilleur; les vents régnants n'y entrent pas; le fond est de 31 mètres à 4 encablures du rivage. La partie Sud du mouillage est signalée par une plage de sable à laquelle sont adossés des hêtres de grande taille. Au Sud du port, la côte présente, pendant 4 ou 5 milles, une falaise d'argile, très haute et à pic; puis le terrain s'élève jusqu'à former des montagnes hautes de 360 à 420 mètres, couvertes d'arbres et dont les troncs sont remarquablement droits. Le reste de la côte, jusqu'à la baie Ignacio, est bas et ne présente que des arbres rabougris et clairsemés. La mer y déferle furieusement, il est impossible d'accoster.

A la baie Ignacio, le mouillage est par 16 mètres. Quant à la côte Ouest de l'île, ce n'est, pour ainsi dire, qu'un récif non interrompu, s'étendant parfois à 2 milles au large et battu par une mer énorme.

LE PORT KELLY. — LE GOLFE SAN ESTEVAN. — Le port Kelly s'ouvre dans la partie N. E. du golfe de Peñas, entre le chenal Cheape et le golfe San Estevan; il s'enfonce jusqu'à 8 milles dans les terres; ses bords sont élevés, arides et rocailleux; mais un pic qui s'élève sur son côté Sud présente, au contraire, une certaine végétation; il est haut de 462 mètres. Dans l'intérieur, les sommets élevés sont nombreux, les montagnes sont rocailleuses et couvertes de neige. Les deux pointes de l'entrée sont comparativement basses et extrêmement boisées; le chenal qui les sépare présente des sondes de 65 à 75 mètres, fond de vase.

En approchant du port Kelly, on remarquera souvent que l'eau est boueuse; cette coloration jaune est produite par les eaux des ruisseaux et des marais qui occupent le fond du port. Pour prendre le mouillage on fera route au S. E., passant à mi-distance entre les deux pointes de l'entrée, et l'on ira reconnaître 5 ou 6 îlots boisés qui signalent une petite baie découpée dans la partie Sud; puis on viendra sur bâbord et l'on ralliera la partie Nord du port assez près de terre et assez vers l'Est pour trouver un fond propice; le meilleur mouillage est par 37 mètres, en fermant l'une par l'autre les deux pointes de l'entrée, à un peu moins de 1 encablure $\frac{1}{2}$ d'un épi sablonneux: cet épi prolonge, à l'Ouest, l'île haute et très boisée bornant à l'Est la partie du port qui peut recevoir des navires. A l'Est de cette île, il n'y a que bas-fonds et marécages.

La tenue est excellente. Le port offre aux navires, outre un bon abri, de l'eau et du bois. Mais, comme tout le voisinage n'est que glaciers et hautes montagnes coupées de ravins et de vallées, le climat est froid, humide, désagréable. De rares oiseaux et un petit nombre de phoques sont les seuls animaux qui y paraissent. On n'y a pas vu trace d'êtres humains.

Le glacier le plus voisin de l'entrée est une excellente marque pour reconnaître le port Kelly. Il occupe un terrain bas au Nord du port et au pied des hautes montagnes dont nous avons parlé plus haut. A mi-marée l'eau est presque douce, même au mouillage; mais elle est trop boueuse pour qu'il soit possible de s'en servir.

Le pain de sucre qui se trouve dans le Nord du Sound Holloway, sur les îles Marine, est la meilleure marque pour chercher l'entrée du port Kelly; en alignant ce pain de sucre avec la pointe Sud de la péninsule Forelius, on tombe presque sur l'entrée du port.

Golfe San Estevan. — L'entrée de ce golfe est à 10 milles dans le Nord de l'île Xavier; elle est formée, à l'Ouest par l'île Cirujano, à l'Est par une plage sablonneuse, sur laquelle la mer déferle avec fureur. Cette plage s'incline vers le N. O. jusqu'à l'entrée de la rivière San Tadeo. Dans le Nord de l'île Cirujano, on remarque un petit îlot appelé l'île de l'Arbre Mort.

Le golfe San Estevan est un des meilleurs ports de cette côte; il est d'un accès facile et les fonds y sont modérés; la tenue est bonne. Le meilleur mouillage est à environ 2 milles dans le N. 36° O. de l'île de l'Arbre Mort par 7 à 11 mètres, fond de sable. Ce mouillage est à peu près à mi-distance entre la presqu'île Forelius et la partie Nord du golfe; on y est dans un bassin absolument fermé. En cas de nécessité, on peut mouiller beaucoup plus près de terre.

A l'Ouest de ce mouillage, le golfe San Estevan se divise en deux branches, dont l'une s'appelle le Saint-Quentin Sound et l'autre la crique Aldunati.

Le Saint-Quentin Sound se termine par une terre basse par-dessus laquelle on aperçoit de hautes montagnes; l'une de ces montagnes, appelée le Dôme de Saint-Paul, est située de l'autre côté de la crique Neuman. Les bords du Saint-Quentin Sound sont garnis de bois formés de grands et beaux arbres. L'île Cirujano est ainsi nommée parce que c'est sur elle qu'a été enterré le chirurgien du *Wager*; elle est séparée de la péninsule Forelius par un canal large de 1 mille à $\frac{3}{4}$ de mille. D'après le rapport des missionnaires, il y aurait sur l'île un port appelé Saint-Thomas.

Dès qu'on entre dans le golfe San Estevan, on reconnaît facilement l'entrée de la rivière San Tadeo aux collines de sable qui se trouvent sur chacune de ses rives; si l'on hésitait, il suffirait de prendre un relèvement sur l'île Cirujano pour être immédiatement fixé. Une barre existe à l'entrée de la rivière; elle est presque à sec sur la plus grande partie de son étendue pendant les basses mers de syzygies; la mer y brise d'un bout à l'autre, de sorte qu'on ne peut y pénétrer sans danger que par très beau temps. A l'embouchure, la rivière n'a que $\frac{1}{5}$ de mille de large; mais en dedans elle s'élargit et forme un bassin de quelque étendue; à 3 milles de ce bassin, la largeur est de 270 mètres; ensuite elle diminue graduellement.

A 9 milles de l'entrée, la rivière se divise en deux bras, dont l'un se dirige vers le Nord et l'autre vers l'Est; ces deux bras charrient de nombreux troncs d'arbres. Les pirogues indiennes remontent le premier aussi loin qu'elles le peuvent; puis ces embarcations sont portées à bras par-dessus la presqu'île Ofqui jusqu'à la lagune de San Raphaël et au canal Costa : c'est ce qui avait fait croire pendant longtemps à l'existence d'une communication non interrompue entre le golfe San

Estevan et les canaux de l'archipel Chonos. Les Chiliens ont les premiers démontré que cette communication n'existe pas.

La péninsule Forelius limite au Sud le Saint-Quentin Sound; elle est reliée à la grande terre par un isthme bas et sablonneux; c'est, pense-t-on, par-dessus cet isthme que furent transportées les pirogues de Byron et de ses compagnons.

L'île Purcel est d'une hauteur modérée, couverte de bois et séparée de la péninsule Forelius par un bon canal large de 2 milles. À peu près à mi-chenal, et presque en face de l'extrémité Est de l'île, il y a un rocher qui ne déborde que de quelques pieds la surface de l'eau; entre l'île et le rocher le fond varie de 33 à 40 mètres, sable.

GOLFE ET CAP TRES MONTES. — PORT OTWAY. — Ce golfe est borné à l'Est par la baie Mauvaise. Par temps clair, on voit très bien de cette baie le cap Tres Montes, qui en est distant de 27 milles. Étant ouverte au S. O., la baie est exposée à des mers terribles. Il y a mouillage au centre, par 18 mètres, mais c'est en définitive un endroit à éviter. La plage est formée de galets; on ne peut y débarquer que rarement.

La plus grande des îles Marine se reconnaît facilement à un pain de sucre de 560 mètres dont nous avons déjà parlé page 157 à propos de l'entrée du port Kelly. C'est sur les îles Marine que restèrent volontairement quatre soldats anglais (*Marines*) pendant le périlleux voyage que Byron entreprit après le naufrage du *Wager*.

Dans le N. N. E. du pain de sucre s'ouvre la crique Neuman, qui s'enfonce très profondément dans la terre et n'est séparée que par un isthme de 1 mille des canaux de l'archipel Chonos. On a cru fort longtemps qu'il y avait de ce côté-là un passage praticable; on sait aujourd'hui qu'il n'en existe pas. Ce bras de mer a de si grands fonds qu'on ne saurait y mouiller; il est plein de phoques. A l'Ouest de la crique Neuman, on peut pénétrer dans le Hoppner Sound; mais le groupe des îles Marine rend l'entrée assez difficile. Si l'on tenait à visiter ce bassin, on prendrait la passe du Sud faisant suite à l'Holloway Sound; elle est étroite, mais saine et droite.

L'Holloway Sound s'étend entre le groupe des îles Marine et la péninsule Tres Montes; il n'offre par lui-même aucun mouillage, mais il donne accès au port Otway, qui est bon et très fréquenté par les navires venant du Nord pour s'engager dans les canaux latéraux.

Le **port Otway** est considéré comme un port de refuge excellent, et même comme pouvant servir de base à des opérations maritimes; l'eau et le bois y abondent; son seul inconvénient est l'humidité du climat. Dans cette région, les changements de temps sont, pour ainsi dire, subits; il pourra parfaitement arriver qu'un navire sorti le matin du chenal Messier se trouve pris, dès midi, par un coup de vent de

N. O., ou bien qu'il ait devant lui la perspective d'une nuit très mauvaise : dans ce cas, le capitaine n'hésitera pas à recourir au port Otway. On peut donner dans ce port par les temps les plus mauvais, car les terres et les îles qui l'environnent ont toutes leurs rivages très sains.

Les navires arrivant du Nord pour s'engager dans les canaux latéraux et commandés par des capitaines qui ne sont pas pratiques du pays n'iront point chercher la baie Tarn et l'entrée du canal Messier par les gros temps, pluvieux et obscurs, si fréquents dans ces parages. En manquant l'entrée des canaux, on risquerait d'être affalé sur la côte sous le vent et d'avoir à lutter pendant toute une nuit contre de véritables tempêtes.

De quelque côté qu'ils viennent, les vapeurs relâchant au port Otway et arrivant par temps sombre serreront leurs voiles de bonne heure et viendront, à la machine seule, chercher le cap Tres Montes. La vue N° 64 (1re série) guidera ceux qui sortent des canaux ou viennent du Sud; la vue N° 1 (2e série), ceux qui arrivent du Nord ou de l'Ouest. Le promontoire peut être approché jusqu'à deux encablures de distance. On observera souvent que sur la péninsule Tres Montes les sommets disparaissent dans les brumes et dans les grains, tandis que le pied des terres se distingue à 2 milles et plus. La coupée qui se trouve entre la péninsule Tres-Montes et celle de Taytao est aussi recommandée comme point de reconnaissance par temps sombre. (V. sur la carte à droite du cap Raper.)

Si, ayant reconnu le cap Tres Montes, on constate qu'il est trop tard pour chercher l'entrée du port Otway, on pourra tenir la cape sous le vent de la péninsule Tres Montes : il y a, en effet, dans l'Est de cette péninsule un vaste champ de dérive, large de 30 milles et exempt d'écueils; si, au contraire, le capitaine a devant lui le temps voulu pour atteindre le mouillage, il longera à petite distance la côte S. E. de la péninsule, donnant un peu de tour au cap Stokes et à la pointe qui en est à 3 milles dans le N. N. E. Cette précaution est nécessaire à cause des roches basses qui débordent un peu la terre en ces deux endroits. Devant la pointe qui est à mi-distance des caps Tres Montes et Stokes, il existe un haut rocher de forme très singulière : vu du S.S. E., il a l'air d'un brick sous voiles. Le cap Stokes est haut d'environ 150 à 180 mètres.

A 4 milles dans le N. N. E. de ce dernier cap, il existe un petit enfoncement dans la côte; on y peut jeter l'ancre de beau temps, par 22 à 25 mètres, à $\frac{1}{2}$ mille de terre (V. carte N° 2025). Ce n'est pas une relâche; c'est un mouillage temporaire. Dans la plupart des cas, les navires ne s'y arrêteront pas et continueront à remonter vers le Nord dans la direction des îles de l'Entrée (voir le plan précité). Ces îles sont un bon point de reconnaissance. Le rocher Logan, qui les termine à l'Est, est plat et large à son sommet; puis son épaisseur va en décroissant jusqu'à la base, qui semble reposer comme par une pointe sur la roche servant d'assises. Ce rocher ressemble beaucoup à celui du cap Land's End, en Angleterre, et a reçu le même nom. Dès que le navire se présentera entre les pointes, il verra sur le côté Ouest de l'entrée une plage de sable par-dessus laquelle un petit ruisseau vient se jeter dans la mer. On peut mouiller juste devant cette plage par 15 ou 18 mètres : c'est l'endroit le plus commode comme situation ; l'abri est très bon, mais le fond est pierreux. A 1 mille $\frac{1}{2}$ de l'entrée, le port prend un grand développement et se prolonge par deux bras dont l'un est dit bras de l'Est et l'autre bras de l'Ouest. Il y a mouillage partout dans le bassin central et dans les deux bras, mais la grande profondeur est gênante, car il faut jeter l'ancre par des fonds de 40 à 55 mètres. Pour pénétrer dans cette seconde partie du port Otway, il faut doubler une île et un îlot qui ne laissent entre eux et la grande terre qu'un passage extrêmement restreint. La passe de l'Est est impraticable, car elle est remplie de hauts-fonds; celle de l'Ouest est plus profonde, mais un grand navire la trouvera peut-être un peu étroite. Elle présente une sonde de 7 mètres aux plus basses mers, avec une montée de 1 mètre seulement, c'est une faible profondeur pour les bâtiments d'un grand tonnage : le bassin de l'entrée semble donc préférable pour eux.

Étant mouillés au port Otway, les bâtiments à destination des canaux latéraux attendront un moment favorable pour aller chercher l'entrée du canal Meissier. Les navires qui se rendent dans le Pacifique n'ont pas besoin d'un temps aussi sûr; quelle que soit leur destination, ils iront rejoindre la route des navires qui ont doublé le cap Horn.

§ 2. CÔTE DU LARGE. — DES ÎLES ÉVANGÉLISTES AU GOLFE DE PEÑAS.

DES ÎLES ÉVANGÉLISTES AU CAP SANTA LUCIA. — Le pic Diane, dans le N. q. N. E. environ du cap Victory de Narborough, est très remarquable et offre la forme d'une pyramide; il est visible, par temps clair, de 30 milles au large. Le cap Isabelle, pointe occidentale de l'archipel de la Reine Adélaïde, est un promontoire granitique, à pentes raides, avec un sommet formant un pic et un contrefort aigu et dentelé sur lequel on remarque deux grandes colonnes de roc. L'île Beagle, au large de ce cap, est terminée comme par une muraille bordant la côte. Cette île est bien moins élevée que la terre du cap; elle a environ 137 mètres de hauteur.

Le cap Santa Lucia est élevé et à pente rapide. Le cap George est moins haut et a la forme d'un morne; quelques rochers se détachent de la base de ce cap. Le pic central de l'île Cambridge est une bonne marque pour fixer la position du bâtiment.

Le détroit de Nelson permet de se rendre du large dans les canaux latéraux et de prendre soit le canal Smyth, soit le canal Estevan (V. page 126).

Attention. — Le canal San Blas, les havres Duck et Duncan, le rocher Duncan, ainsi que plusieurs autres rochers qui sont devant ces ports, ne sont connus que d'après la relation verbale du capitaine d'une goélette. D'autres avis disent que l'on a omis des îles et des roches dans le voisinage du détroit de la Conception. En général, les capitaines ne devront pas oublier que les côtes et les dangers extérieurs entre le détroit de Magellan et le golfe de Peñas n'ont pas été examinés avec tout le soin nécessaire et que les cartes sont nécessairement peu exactes; il est donc prudent de ne pas trop approcher de ces côtes dangereuses et inhospitalières.

ARCHIPEL DE LA MÈRE DE DIEU (Îles Madre). — Les sommets de ces îles qui, du large, sont les plus apparents sont le pic Avril, Tower rock et le cap Tres Puntas (ou *Three Peaks*), ce dernier formant la pointe S. O. du golfe de la Trinité.

Le cap Tres Puntas se raccorde à une grande montagne rocheuse qui a environ 610 mètres de haut, dont le sommet est composé de trois pics réunis entre eux par des crêtes aiguës et dentelées.

PORT HENRY (plan N° 2022). — Entre le cap Tres Puntas et ce port il y a de nombreux îlots et rochers; mais il semble qu'on peut en approcher sans crainte, et il est probable qu'il y a peu de dangers qui ne soient au-dessus de l'eau, ou au moins signalés par les goémons.

Allant au port Henry, on devra se tenir sur la côte Sud du golfe de la Trinité, car la partie Nord du golfe est semée de rochers dont quelques-uns paraissent être excessivement dangereux.

On reconnaîtra facilement l'entrée du port Henry parce que c'est la première plage de sable visible sur le rivage après qu'on est entré dans le golfe; elle est dominée en arrière par une falaise basse, sablonneuse, et à son extrémité Ouest par une élévation rocheuse, ronde et boisée. Les rochers Seal seront également de bons amers pour atterrir; on les relève à 5 milles environ au N. q. N. E. de la pointe Ouest de l'entrée, qui a à peu près 1 mille de large. Le chenal est bordé de chaque côté par des rochers bas et des îlots ronds et rocheux un peu plus élevés, dont on peut approcher à 1 encablure $\frac{1}{2}$. Les sondes, de 35 à 47 mètres, fond de sable, diminuent graduellement jusqu'au mouillage, qui est par 16 à 18 mètres.

L'établissement, au port Henry, est 11 heures 45 minutes; la mer monte de 1 ^{m} 50. Le courant de marée est cependant à peine sensible; il ne dépasse jamais $\frac{1}{2}$ nœud.

Instructions. — Quand on relèvera la plage de sable au S. 4° O. environ, la passe du port Henry sera entièrement ouverte et l'on se dirigera dedans en conservant le mont Round, à l'extrémité Ouest de la plage de sable, par le bossoir de bâbord jusqu'à ce que l'on soit presque par son travers; on remontera alors dans le port aussi loin qu'il conviendra pour choisir son mouillage, car le fond n'offre aucun danger en dehors des varechs qui bordent les rochers et les îlots des rives.

La profondeur de l'eau varie de 14^{m}50 à 21^{m}50; le fond est généralement de sable vasard. A l'entrée, il existe de chaque côté quelques bancs de goémons poussant sur des rochers qui sont à fleur d'eau à la haute mer; on prendra du tour pour les éviter. Leurs positions sont marquées sur le plan du port. Les rafales qui tombent des hautes montagnes sont quelquefois si violentes, qu'il sera bon, alors, de mouiller à l'instant, quitte ensuite à se touer jusqu'au mouillage choisi, ce qui sera toujours facile à faire, la mer étant plate. Ce port ne présente pas de sécurité. Le bassin Aid, dans le fond du port, est un véritable dock. On trouve à la plage sablonneuse de l'eau et du bois en abondance.

GOLFE DE LA TRINITÉ. — Le cap Primero, pointe Nord de l'entrée du golfe de la Trinité, est l'extrémité Sud de l'île montagneuse du Mont Corso, qui, par temps clair, se découvre de 30 milles au large. Vu du Sud, le sommet de l'île paraît arrondi et dominant toutes les terres contiguës. La terre de la côte Nord du golfe apparaît sous la forme de chaînes de montagnes et de pics; le capitaine Stokes estime la hauteur moyenne de ces montagnes à environ 910 mètres.

L'île du Mont Corso est séparée du cap Brenton, sur l'île Wellington, par la passe Sparton. Il existe plusieurs grands récifs s'étendant à plus de 3 milles au large du cap Primero; par le fait, toute la côte de l'île Madre est bordée de rochers, dont quelques-uns sont à 6 milles de terre. Les sondes sont régulières dans le golfe de la Trinité; mais elles augmentent dès qu'on est à l'Est du port Henry et que l'on entre dans le canal de la Trinité.

Deux ouvertures, paraissant être des canaux, débouchent sur la côte Nord du canal de la Trinité; celle de l'Ouest communique probablement avec la passe Picton. De l'entrée du canal, le mont Cathédrale ressemble à la toiture et au clocher d'une église, et il est visible au delà de 60 milles.

Le canal de la Trinité a été décrit en même temps que les canaux latéraux (page 136).

PASSE SPARTON. — BAIE BOSSI. — ÎLE DU MONT CORSO. — DANGERS. — D'après un avis de 1876, la grande île dite du Mont Corso n'est pas séparée du cap Brenton; c'est une presqu'île unie au cap Brenton par une terre basse que l'on ne voit qu'à quelques milles de distance.

11.

Au Nord de l'isthme, il y a une infinité d'îles, d'îlots et de roches; au N. E. (*sic*), on trouve un excellent mouillage que l'on a appelé baie Bossi. Ce port est abrité contre tous les vents du N. E. au S. O. par le Nord. Le fond est, depuis la distance de 10 milles, de 18 mètres, sable et vase. Le capitaine du *Charrua* recommande ce port aux navires qui, ayant fait de grandes avaries, ne pourraient continuer leur route vers les bons ports du Chili. A l'Est du cap Brenton il y a un canal qu'il suppose aboutir au Pacifique, à 10 milles environ au Nord de ce cap, formant ainsi une grande île avec Monte Corso.

PASSE PICTON. — BAIE DYNELEY. — On a lieu de penser que les terres qu'elles séparent forment une île dont le cap Montagne est l'extrémité Ouest. Plusieurs rochers gisent à 8 ou 9 milles de la côte au Sud, et ils sont encore plus nombreux au Nord du cap Montagne; d'autres gisent à 10 milles au large et dans des eaux très profondes. Les uns émergent au-dessus de la mer; les autres sont à fleur d'eau; d'autres enfin sont seulement signalés par la mer qui brise dessus. La côte au Nord de la baie Dyneley est très tourmentée.

PORT BARBARA (plan N° 2025). — C'est un bon port; le fond y est modéré; l'accès en est aisé. Lorsque, gouvernant sur ce port, on relèvera le cap Dyer au S. S. O., on se trouvera près de plusieurs roches que l'on conservera par bâbord; en en passant à $\frac{1}{8}$ de mille, on aura des sondes de 20 mètres. Au commencement, le chenal est large de 1 mille, mais il se rétrécit graduellement à mesure que l'on approche de la pointe S. O. de l'île Breaksea; en face de la pointe du Naufrage, la passe n'a que 1 encablure de large.

Le **Flinn Sound** est une ouverture profonde dans l'Est du port Barbara; elle n'a pas été explorée.

CANAL FALLOS. — Il a été exploré pendant 30 milles par M. Kirke, qui n'y a rien vu d'intéressant à signaler : cet officier le décrit comme dégagé de rochers et offrant de nombreux mouillages pour les petits navires. Le fond est généralement sablonneux; la largeur moyenne est de 1 mille $\frac{1}{2}$ à 2 milles. La rive occidentale est formée par une chaîne de montagnes. La côte orientale de l'entrée est beaucoup plus basse, très dentelée et bordée par de nombreuses petites îles. Sur la côte Est, à 5 milles dans l'intérieur, on rencontre la baie de Notre-Dame (*Our Lady*).

Le canal Fallos communique probablement avec la mer par la baie Dyneley et la passe Picton, et même au delà de cette dernière on suppose qu'il débouche dans le golfe de la Trinité par une ouverture à l'Ouest de la baie Neesham.

Au Nord du canal Fallos se trouvent les îles Guaineco, décrites page 152 en même temps que le golfe de Peñas.

CHAPITRE III.

TERRE DES ÉTATS. — TERRE DE FEU. — CAP HORN.

(Carte N° 1060.)

Variation en 1879 : 21° à 24° N. E.

SOMMAIRE DU PRÉSENT CHAPITRE. — Afin d'éviter les coupures dans la lecture du présent chapitre, nous décrirons tout d'abord la terre ou île des États, puis nous reprendrons la Terre de Feu, à la hauteur du cap Espiritu Santo (entrée du détroit de Magellan), et nous en ferons le tour, par le large, en passant par le détroit de Lemaire, le cap Horn et les innombrables îles situées à l'Ouest de ce cap et au Sud de la Terre de Feu. Nous arriverons ainsi à la côte du Large, de la Terre de Désolation, et au cap Pillar, sortie occidentale du détroit de Magellan. Nous terminerons par quelques conseils pour doubler le cap Horn de l'Est à l'Ouest.

§ 1. TERRE DES ÉTATS. (CARTE N° 2043.)

Description. — La Terre des États est dentelée de baies si profondes qu'elle forme presque 4 îles différentes. Elle est composée de montagnes élevées, dont les sommets à pic, qui se dressent à une hauteur de 915 mètres, sont ordinairement couverts de neige, et elle offre un bon point de départ pour les bâtiments qui vont dans l'Océan Pacifique, ainsi qu'un bon atterrage pour ceux qui en reviennent. Les ports sont formés par la continuation des vallées, conservant presque la même direction, et sont entourés de terres élevées, le fond augmentant rapidement vers le milieu. La côte est composée partout de falaises rocheuses de 61 à 152 mètres d'altitude, et on trouve généralement de 27 mètres à 36 mètres d'eau à toucher leur pied.

Marées. — La mer est haute, les jours de pleine et de nouvelle lune, dans le port Vancouver, dans la partie S. E. de l'île, à 4 heures 30 minutes du soir, et il en est à peu près de même dans les autres parties de l'île ; l'élévation verticale de la marée est de 2^{m}13 à 2^{m}74. La vitesse des courants est très grande, et comme ils rencontrent un obstacle dans les différentes pointes qui se projettent à angle droit dans leur direction, il se produit alors, lorsque le vent est fort et contraire, un très fort remous qui est impraticable pour une embarcation et qui serait même dangereux pour un grand bâtiment. Il y a aussi quelque raison de croire que la rencontre des deux courants de flot contournant le cap Horn et traversant les différents canaux de la Terre de Feu contribue à l'agitation extraordinaire de la mer dans le voisinage de l'île des États. Le flot vient de l'E., longeant la côte Nord de l'île. Il se fait peu sentir dans la partie Sud de l'île; il y a cependant un courant sous-marin assez fort qui ne permet pas aux embarcations de traverser sans danger l'entrée des différentes baies : aussi les pêcheurs de phoques contournent-ils toujours les terres.

La mer est haute, lors de la pleine et de la nouvelle lune, à 4 heures 30 minutes au cap Saint-Bartholomew, à l'extrémité S. O. de l'île, et au cap Horn à 3 heures 50 minutes du soir, ce qui prouve que le grand courant de flot vient du S. O. Après avoir dépassé le cap Saint-John, le flot suit la direction de la Terre de Feu vers l'Ouest et se réunit avec le flot descendant de la partie Est du continent de l'Amérique du Sud, ainsi qu'avec celui venant du détroit de Magellan et les courants qui trouvent passage entre les îles de la Terre de Feu.

La rencontre de courants ayant des directions si différentes est suffisante pour expliquer l'état d'agitation constante où se trouve la mer dans les environs de l'île des États, même par temps modéré et sans tenir compte de la fréquence des violents coups de vent d'Ouest.

Les **ports de l'île des États** sont situés, sauf une exception, dans la partie Nord; ce sont : le port Saint-John, le port Cook, New Year, le port Basil Hall, le port Parry, le port Hoppner et le port Vancouver.

Il y a aussi 2 ou 3 petites baies donnant sur le détroit de Lemaire, mais leur exposition aux vents régnants de la partie de l'Ouest les rend peu sûres. Tous ces mouillages, quoique présentant un bon abri une fois qu'on a pu y arriver, sont d'un accès plus ou moins difficile, à cause de la force avec laquelle les courants de marée traversent l'entrée des passes, de la profondeur de l'eau et de la variabilité du vent, qui, excepté lorsqu'il souffle directement dans le sens même du port, suit généralement les ravins et varie alors de direction suivant la forme des montagnes.

Les îles New Year (*nouvel an*) présentent un certain abri contre les vents d'Ouest, et il y a un mouillage sous celle qui est située le plus au N. E. par 31 mètres; mais on ne peut guère le recommander, car il est ouvert à tous les vents du Nord à l'E. S. E.; le fond est de roche et les courants sont rapides; en outre, les remous sont si incertains qu'il est très difficile d'appareiller.

Le **port Saint-John** (*Saint-Jean*) est le port le plus à l'Est de l'île et peut être facilement reconnu à une certaine distance par le mont Richardson, au pied duquel il est situé. En l'approchant, on aperçoit une falaise remarquable ressemblant à une molette de peintre (*painter's muller*), dans la partie Est de la côte, qui est haute, accore et surmontée d'une chaîne de montagnes élevées de 255 mètres au-dessus du niveau de la mer. En se dirigeant vers le port, il faut avoir soin de se défier du courant de marée, qui traverse toujours l'entrée avec rapidité; il est cependant moins sensible en dedans des pointes qui forment la baie N. O., dans laquelle, en cas de nécessité, ou pour attendre le changement de marée, on peut laisser tomber l'ancre par 36 à 55 mètres. L'entrée du port est large; on trouve 45 mètres dans le milieu, et il y a une roche à quelque distance au large de la pointe Ouest, à laquelle on doit avoir soin de donner du tour. A part cette exception la côte est saine, et immédiatement en dedans de la pointe Ouest on trouve une petite baie où il y a mouillage par 18 mètres.

Ressources. — On peut se procurer en grande quantité et avec facilité du bois et de l'eau; on trouve aussi du céleri, des canards et des oies sauvages, et dans la saison favorable (octobre) on peut faire une bonne provision d'œufs de pingouins en envoyant des hommes à un endroit, situé à environ 1 mille à l'Est de l'entrée du port, dans lequel ces oiseaux font leur nid et où l'on peut arriver en longeant les collines qui avoisinent Painter's Muller; on ramasse alors chaque jour les œufs qui sont déposés, et on les met en sûreté jusqu'à ce qu'on trouve une occasion favorable pour les embarquer au pied des falaises.

Mouillage. — L'endroit le mieux abrité est situé au fond du port, à 3 milles dans le S. S. O. de l'entrée; un bâtiment peut y choisir son mouillage entre 9 mètres et 55 mètres, fond de sable, et s'affourcher contre le S. O., les rafales descendant des montagnes situées dans cette direction étant très violentes.

Avec du vent de N. O. et même de N. N. O. au dehors, on peut sortir du port en serrant le vent; mais s'il est un peu frais, il devient impossible de louvoyer, parce qu'il suit la direction qui lui est donnée par chaque ravin par lequel il passe. Le seul moyen d'avancer est alors de se touer, ayant soin de tenir une ancre de bossoir prête à mouiller, en filant peu de chaîne, au cas où les amarres viendraient à casser.

Un bâtiment peut s'abattre facilement en carène sur une plage de sable au fond du port.

Les côtes du port Saint-John sont couvertes d'herbes marines, ce qui est une excellente indication pour les parties qui ne sont pas navigables, leur limite se trouvant presque invariablement par 15 mètres et généralement près de terre. Le brassiage augmente rapidement vers le milieu du port jusque près du fond, où les sondes diminuent alors graduellement jusqu'à la plage.

Le **port Cook** est le meilleur port de l'île des États pour un navire qui a besoin de relâcher, tant pour le bon mouillage qu'il offre à l'entrée par un fond modéré, la grande régularité des vents régnants, que par la facilité des communications avec la partie Sud de l'île, au moyen de la langue de terre basse qui le sépare du port Vancouver; cependant l'entrée est étroite, et l'on y trouve une petite île. Il existe un rocher à fleur d'eau à environ 1 mille au Nord de la pointe Wales, du côté Est de l'entrée.

Le **port Basil Hall** n'est séparé que par une étroite langue de terres élevées du fond du port New Year, quoique leurs entrées soient éloignées de 2 milles $\frac{1}{2}$. Le port Basil Hall offre le meilleur mouillage une fois qu'on a pu l'atteindre; il est bien abrité de tous les vents, mais la profondeur de l'eau et le rétrécissement de son entrée par deux roches détachées le rendent difficile à aborder si l'on n'a pas vent sous vergue et le courant favorable.

Il y a trois pâtés de roches à peu près au milieu de l'espace qui se trouve en dedans de l'entrée; mais tous les dangers sont indiqués par les plantes marines et par les sommets des rochers qui découvrent à mi-marée. On doit passer dans l'Est de ces rochers, où il y a un espace assez large pour permettre de louvoyer avec une brise modérée.

Le meilleur mouillage est situé entre une petite île verte près de la côte Ouest et une belle plage de sable au Nord de cette île, en ayant soin d'éviter une chaîne de rochers à fleur d'eau qui s'étend à son extrémité S. E.

Quoique l'on trouve également à Basil Hall les tourbillons de vent communs à tous les ports de l'île des États, cependant le peu d'élévation comparative de la côte S. O. les rend moins violents que partout ailleurs, et les îles New Year offrent au port un certain abri contre la mer par leur situation en travers de l'entrée, quoique à une assez grande distance.

Il y a aussi mouillage sur le côté Est de la baie, juste en dedans de l'entrée; mais on ne peut pas le comparer avec l'autre, parce qu'il est exposé à la houle qui entre en dedans, du large, et est ouvert à l'influence des vents dominants de l'Ouest.

Les meilleures instructions pour entrer dans le port sont, après avoir dépassé les rochers qui se trouvent à l'entrée, de gouverner sur une colline à pic remarquable, la plus orientale de deux hauteurs près du fond de la baie, jusqu'à ce qu'un autre pic, sur le rivage occidental, qui est isolé, vienne en vue; après quoi la route peut être donnée de manière à passer l'île par son côté Nord, où l'on trouvera le meilleur mouillage.

Ressources. — Le bois et l'eau sont en abondance, et une belle plage de sable située à côté du mouillage donne toute facilité à un petit navire pour se réparer. On trouve dans les plantes marines des poissons assez grands que l'on ne peut pêcher qu'à la ligne ou à la foène, car les paquets de goémons qui existent près de la plage empêcheraient de se servir de la seine.

PORT PARRY. — L'entrée de ce port est facile à reconnaître, d'abord parce que c'est la première ouverture que l'on rencontre dans l'Ouest des îles New Year, et ensuite à cause du mont Buckland, situé dans sa partie Est, que sa forme de coin rend très remarquable. Il y a de petits îlots de roche détachés au large des deux pointes qui forment l'entrée, mais ils sont très accores et il n'y a aucun danger à les approcher.

Le port lui-même est divisé en deux parties par le rapprochement des deux côtes opposées qui forment, à environ 2 milles $\frac{1}{4}$ de l'entrée, une gorge après laquelle il s'élargit de nouveau et devient un port sûr et très abrité. La profondeur de l'eau dans la gorge du port intérieur est de $14^m 60$; sa largeur est d'environ 45 mètres. Après l'avoir doublée, on devra tenir la pointe Est de l'entrée extérieure par la pointe Est de la gorge, afin de parer les deux pâtés de roches qui sont situés en dedans de chaque côté, et que font reconnaître facilement les herbes qui poussent dessus.

Les pêcheurs de phoques ont l'habitude d'avoir recours à ce port quand ils ont besoin de réparations, ou comme un bon abri pendant que leurs embarcations sont à la poursuite des phoques. En outre, les rafales qui descendent des hauteurs sont fréquentes et violentes, quoique cependant sans danger pour un navire bien amarré.

Instructions pour l'entrée du port. — Une fois entré dans le port extérieur, on ne trouve pas de fond par 55 mètres jusque près de la gorge, et l'on doit serrer la côte Ouest, si l'on a l'intention de mouiller dans la partie Ouest du port extérieur.

Si l'on veut entrer dans le port intérieur, on devra serrer d'assez près la côte Est jusque par le travers du ravin blanc. A moins que l'on n'ait bon vent, il est impossible de conserver les voiles dans la gorge. Si en l'approchant les vents jouent, on doit serrer les voiles et se préparer à se touer ou à se faire remorquer; il serait même préférable, dans tous les cas, de prendre cette précaution, parce que les hauteurs environnantes occasionnent souvent des rafales qui peuvent, dans un canal si étroit, jeter le navire à la côte avant que l'on ait le temps de se débarrasser des voiles.

Mouillage. — Il y a un bon mouillage par 16 mètres à 18 mètres, fond de sable, dans le Sud d'une petite île couverte d'herbes sur la côte Est, dans le port intérieur; le fond augmente ensuite jusqu'au fond du port, où un navire peut s'affourcher contre le S. S. O., vis-à-vis d'une plage de sable où ont été faites les observations pour déterminer la position.

L'endroit le plus profond est sur la côte Ouest, principalement par le travers d'une falaise à pic, vis-à-vis de la petite île mentionnée ci-dessus.

Il y a un banc sur lequel on trouve $7^m 30$, fond de roche, à peu près au milieu du port extérieur, et comme le fond va en diminuant graduellement, un navire peut y trouver un mouillage provisoire.

La profondeur de l'eau dans la partie Ouest rend seule ce mouillage mauvais pour y séjourner, car le fond y est bon, et on peut se procurer du bois et de l'eau, quoique la houle rende l'abord de la côte difficile et dangereux pour les embarcations; il y a cependant un endroit commode pour employer une manche à eau. Si l'on veut affourcher, on doit le faire contre les vents d'Ouest.

Le **port Hoppner** est la première baie que l'on rencontre dans l'Est du cap Saint-Antoine; il est séparé du port Parry par une presqu'île de 2 milles de long. Ce port est également divisé en deux parties, comme le port Parry; à l'entrée se trouve un îlot de roche élevé qui le protège des vents de N. O. et en dedans duquel il y a mouillage dans un espace de $\frac{1}{2}$ mille par un fond de $14^m 60$ à $36^m 60$. Dans le S. E. de cette île, existe une petite chaîne de roches entourée d'une grande quantité de goémons; deux têtes paraissent au-dessus du niveau de la mer.

Dans le fond du port extérieur, il y a aussi mouillage près de la côte, qui dans la partie Ouest est élevée et escarpée.

Le goulet n'a pas plus de 25 à 30 mètres de largeur, et l'on n'y trouve que $3^m 70$ à $7^m 30$; cependant les pêcheurs de phoques halent quelquefois leurs petites goélettes dans le port intérieur, où ils sont complétement à l'abri de tous les vents, par un fond de 11 mètres à $36^m 60$; ils s'amarrent avec des aussières sur les rochers. Le courant se précipite avec une grande vitesse dans cet étroit goulet, et il est prudent de ne se touer que vers la fin du flot.

Eau. — Un ruisseau assez profond descend, dans le fond du bassin intérieur, des montagnes qui entourent le port. Au milieu du port extérieur il n'y a pas de fond par 73 mètres. On trouve en quantité suffisante du bois et de l'eau; mais, en somme, ce port n'est ni aussi commode ni aussi sûr qu'aucun de ceux dont il a été question jusqu'à présent.

CÔTE OUEST DE L'ÎLE DES ÉTATS. — La côte Ouest de l'île des États forme la partie Est du détroit de Lemaire; elle est élevée, inégale et profondément coupée par les baies Flinders, Crossley et

Franklin. On peut mouiller dans les petites criques qui se trouvent sur la côte Est des deux premières; mais elles sont ouvertes toutes deux aux vents régnants, sans abri contre la mer, et on ne peut guère les recommander.

Remous, tourbillons. — On trouve de violents ras de marée près des caps Saint-Antoine, Middle, Sud et Saint-Barthélemy, qui forment les pointes élevées des baies susnommées; ils s'étendent à 5 ou 6 milles au large, le flot courant dans le Sud avec une vitesse de 5 à 7 nœuds. Il y a, dit-on, un récif dans le remous qui se produit vers le Nord du cap Sud, à 3 milles de la côte.

PORT VANCOUVER. — Dans la partie méridionale de l'île, le seul port bien abrité est le port Vancouver, situé vis-à-vis du port Cook, dont il est séparé par un isthme assez bas. Un navire peut mouiller en sûreté par 29 à 31 mètres, fond de sable, tout près d'un petit ruisseau, près d'un endroit assez commode pour faire du bois dans le bras qui se trouve à l'Ouest.

A l'Est de l'entrée se trouve un îlot de roche toujours visible, et un récif s'étend à une certaine distance de la pointe Sud du bras occidental; on l'évitera en ayant soin de ne pas se diriger sur le mouillage jusqu'à ce qu'on aperçoive un ravin blanc très remarquable sur la côte Sud : ce sont les seuls dangers que l'on rencontre dans ce port; il offre une communication facile avec le port Cook et l'autre côté de l'île au moyen de l'isthme, et a l'énorme avantage d'offrir un refuge par coup de vent de S. O. Il est facile à reconnaître du large, car c'est la première entrée qui se présente dans l'Est des îles Dampier; il est à 4 milles $\frac{1}{2}$ de celle de ces îles qui se trouve le plus au Sud. On doit affourcher contre les vents d'Ouest.

Le **havre Back** ne saurait être recommandé, à cause de la grosse mer qui y entre avec les vents de S. O., de la rareté du bois et de la difficulté de se procurer de l'eau par suite du ressac qui existe à la plage; cependant la tenue y est bonne, et les petits navires y vont quelquefois avec les vents de N. O.

Histoire naturelle. — La loutre, le rat et la souris sont les seuls quadrupèdes de l'île des États. Les oiseaux sont plus nombreux et comprennent trois espèces de pingouins, des mouettes, des albatros, des shags (espèce d'oiseau de mer) qui ont sur la tête une espèce de poil dur formant un long panache et qui construisent leurs nids sur les arbres les plus élevés des montagnes. Des huîtriers noirs, des faucons de montagne, une petite chouette, quelques grives, deux espèces de linots, des oiseaux-mouches, de temps en temps des canards, et trois espèces d'oies forment le catalogue ornithologique de l'île. Le canard imbécile, le *coureur* des anciens voyageurs, appelé maintenant le canard *steamer*, est l'oiseau de ce pays le plus délicat à manger.

Géologie. — La structure géologique de l'île des États se compose principalement de quartz, de basalte, d'argile et de schiste micacé. Le basalte et le quartz sont entremêlés et alternés, formant les hauteurs principales de l'île et en stratification concordante. Dans beaucoup d'endroits le quartz est disposé en veines verticales.

Végétation. — Quoique offrant le climat le plus humide et le plus dur du globe et une température basse mais très uniforme, la végétation y est d'une beauté si surprenante que l'aspect sauvage que présente l'île à une certaine distance se change en une verdure perpétuelle et luxuriante quand on en approche.

Chaque endroit est couvert de plantes; les montagnes sont couronnées d'arbres verts et chaque saison les trouve de même. Le hêtre antarctique y est l'arbre le plus commun : son nom n'est ni distinctif ni bien approprié, car il existe un autre hêtre dans ces régions. Le hêtre antarctique étant toujours vert, on devrait le nommer le *fagus sempervirens*. L'arbre dans sa jeunesse est joli et élégant. Il atteint une hauteur de 9 à 12 mètres, avec une circonférence de 1 mètre à 1 ^{m} 50. Quelquefois il double ces dimensions; il devient alors un arbre magnifique et majestueux.

L'arbre qui se rapproche le plus de ces hêtres, soit comme taille, soit comme nombre, est le *winterana aromatica*, arbre vert ayant tout à fait l'aspect d'un laurier, atteignant quelquefois une taille très considérable et une circonférence de 6 mètres; sa hauteur ordinaire est de 2^m 50 à 3 mètres, et sa circonférence petite. L'*arbutus aculeata* ou l'arbousier à feuilles pointues est l'orgueil de ces régions : c'est un élégant et charmant arbre vert qui ressemble tellement à un beau myrte, que les marins le nomment généralement le *myrte buisson*. Il a de 1 mètre à 1^m 25 de haut, de petites feuilles terminées par un piquant : de là le nom qu'on lui a donné. Le *dactylis glomerata* pousse en grosses touffes; ses tiges sont aussi grosses que le doigt, et la partie inférieure, qui est blanche et a un goût assez doux, se mange comme des asperges, mais c'est une nourriture très astringente. Le sol est couvert de plantes rampantes comme les fraisiers, et qui portent une petite baie d'un rouge-brun contenant une petite graine. Le *rubus geoides*, espèce de fraisier, donne un fruit très agréable.

Plantes marines. — Les plantes marines couvrent les ports et les côtes. La mer en est remplie, principalement dans les baies ouvertes, tandis qu'elles sont comparativement rares dans les criques abritées. Elles sont de forme gigantesque, quelques-unes atteignent 90 mètres de longueur; il y en a qui sont d'une remarquable force et ont des branches énormes qui les font ressembler à des chênes qui pousseraient en pleine mer. D'autres étendent leurs feuilles dures comme du cuir, à ce point qu'on peut facilement en faire des seaux, des tasses et des bols. Il y en a avec lesquelles on peut faire des cordages pour amarrer des embarcations; d'autres fournissent une gelée claire et sans goût comme de la colle de poisson, beaucoup plus forte que celle du *fucus crispus*, mousse des côtes d'Angleterre. Un de ces *fucus*, d'une jolie teinte verte, est très acide; c'est la seule espèce, il paraît, qui offre cette propriété.

§ 2. LA TERRE DE FEU.

DESCRIPTION. — La Terre de Feu [1], l'archipel qui forme l'extrémité Sud de l'Amérique, se compose d'une grande île, de quatre autres d'une étendue moyenne et d'un grand nombre de petites îles et de roches.

Les terres sont coupées par des bras de mer profonds mais étroits, sur les côtés desquels s'élèvent des montagnes dont les sommets sont, pendant la plus grande partie de l'année, couverts de neige, tandis que leurs pentes rocailleuses et abruptes sont en partie couvertes de verdure.

Une chaîne de hautes montagnes continue sans interruption depuis le détroit de Lemaire jusqu'au canal Barbara; le mont Sarmiento fait partie de cette chaîne. Au Sud des montagnes, il y a une grande étendue de terres brisées, coupées par des détroits et de larges canaux. Une embarcation peut se rendre de l'entrée orientale du canal du *Beagle* jusqu'aux îles Week sans être exposée une seule fois à la mer du large.

La côte, depuis le cap Horn jusqu'au cap Pillar, est très irrégulière et très coupée; elle se compose, par le fait, d'une grande quantité d'îles. Elle est généralement élevée, accore, et dégagée de bancs ou de hauts-fonds; mais on rencontre plusieurs rochers presque à fleur d'eau à une distance de 2 et même 3 milles de la côte la plus proche, ce qui fait qu'il est dangereux pour un navire de s'approcher à moins de 5 milles, excepté en plein jour et avec un temps clair. La hauteur de la côte varie de 240 à 460 mètres au-dessus du niveau de la mer. Dans l'intérieur sont des chaînes de montagnes toujours couvertes de neige, qui ont de 600 à 1,200 mètres d'élévation, et même 2,070 mètres, tel que le mont Sarmiento par exemple.

Lorsqu'on voit la côte d'une distance un peu grande, elle paraît haute, déchiquetée, couverte de neige et ininterrompue, comme s'il n'y avait pas d'îles; mais lorsqu'on est près on peut voir beaucoup

---

[1] La Terre de Feu a été découverte et appelée ainsi par Magellan, en 1520.

de canaux qui découpent la terre dans toutes les directions et débouchent dans de grands golfes derrière les îles du large. La haute terre, couverte de neige permanente, disparaît alors, et les hauteurs voisines de la mer apparaissent abondamment boisées du côté de l'Est, mais dénudées du côté de l'Ouest, à cause du vent régnant. Ces hauteurs sont rarement couvertes de neige, les vents du large et la pluie la faisant fondre très peu de temps après sa chute.

Rochers balisés par le goémon. — Pendant le jour, et avec un temps clair, un bâtiment peut ranger la côte sans danger, parce que le fond est toujours très grand, et parce que chaque roche se trouve marquée par des plantes marines ou goémons, de telle sorte qu'avec une bonne vigie au haut du mât on en reconnaît la position aussi bien que si elle portait une balise. En évitant le goémon on est sûr d'avoir assez d'eau pour les plus grands navires, à quelque endroit de la côte que ce soit.

Il est bon de se rappeler en même temps que ces plantes poussent dans quelques endroits d'une profondeur de 55 mètres, et que dans plusieurs points de cette côte on peut traverser des bancs d'herbes très épais sans trouver moins de 11 mètres. Néanmoins leur présence est toujours un indice dangereux, et à moins d'avoir sondé avec soin l'endroit où on trouve ces herbes il n'est jamais prudent d'y passer avec un bâtiment.

Mouillages. — On trouve généralement un bon mouillage vis-à-vis des vallées orientales, où la terre est couverte de bois et où l'on voit l'eau descendre des ravins; mais ces vallées sont exposées à des rafales très violentes qui tombent des hauteurs. Les meilleurs de tous les mouillages sur cette côte sont ceux où l'on trouve une bonne tenue dans l'Ouest d'une terre élevée et qui sont abrités de la mer par des îles basses. Le vent ne souffle presque jamais si violemment contre une terre élevée que lorsqu'il en descend; mais la mer, du côté du vent, est généralement très grosse si elle n'est arrêtée par quelque obstacle, soit un cap, soit une île.

Dans les endroits où les terres sont composées principalement de grès ou de schiste, les mouillages abondent; dans ceux où l'on trouve du granit, il est difficile de rencontrer un bon fond.

La différence entre les hauteurs granitiques et celles qui contiennent du grès ou du schiste se reconnaît à ce que les premières sont stériles, inégales et d'une couleur grise ou blanchâtre, tandis que les dernières sont généralement couvertes de végétation d'une couleur sombre et présentent un profil plus régulier. Les montagnes schisteuses ou de grès n'offrent que peu de sommets, et les seules places stériles qu'on y remarque sont celles exposées au vent ou à la mer.

Sondes. — Les sondes s'étendent jusqu'à 30 milles de la côte. Entre 10 et 20 milles de terre, la profondeur varie de 110 à 366 mètres, et le fond est presque partout d'un sable fin blanc ou piqué. De 5 à 10 milles, la profondeur moyenne est de $91^m 4$, quoiqu'elle varie de 55 à 183 mètres et que dans certains endroits on ne trouve pas le fond par 366 mètres. A moins de 5 milles de terre, les sondes sont très irrégulières, généralement en dessous de 73 mètres, mais augmentant tout d'un coup et arrivant à 180 mètres et plus dans certains endroits, tandis que dans d'autres une roche s'élève seule presque à la surface de l'eau. Si l'on veut enfiler une passe après avoir, en s'y dirigeant, trouvé 91 mètres, 73 mètres, 54 mètres et 36 mètres, il est possible que l'on tombe tout d'un coup dans des fonds de 109 à 180 mètres à l'entrée, et dans les grands Sounds qui sont derrière les îles du large le brassiage est beaucoup plus considérable qu'en dehors.

Un banc de sondes ayant 20 ou 30 milles de large s'étend tout le long de la côte; il semble avoir été formé par l'action continue de la mer, qui a sans cesse entraîné et réuni les sables du rivage. En somme, il y a beaucoup moins de risques à approcher cette côte qu'on ne le croit généralement. Elle est élevée et accore, sans hauts-fonds ni bancs de sable; sa position est déterminée avec soin, et un banc de sondes s'étend à 20 ou 30 milles de terre : elle ne peut donc inspirer de craintes. Il y a, à la vérité, beaucoup de roches près de la côte, mais elles sont très rapprochées de terre et hors de la route des bâtiments.

Entre les îles où l'on ne trouve que peu de houle et de ressac il y a beaucoup d'eau, et le fond est très irrégulier. Dans l'Est du cap Horn, le brassiage n'est pas aussi considérable que dans l'Ouest et les terres ne sont pas aussi élevées. Un petit bâtiment peut passer entre les îles dans plusieurs endroits et trouver de bons mouillages; mais c'est un labyrinthe d'où il peut se trouver embarrassé de sortir, et avec un temps sombre il peut y avoir du danger.

CÔTE N. E. DE LA TERRE DE FEU. — Cette côte commence au cap Espiritu Santo, qui a été décrit en même temps que l'entrée orientale du détroit de Magellan (page 33).

A partir du cap Espiritu Santo, des falaises de 30 à 91 mètres de haut s'étendent, avec quelques coupures, à 23 milles environ dans le S. E. jusqu'à la pointe Nombre; les terres ont de 91 à 120 mètres de haut, à contours irrégulièrement arrondis et presque entièrement dénudés. A partir de là une plage basse ou plutôt un long banc de galets formant une langue de terre s'étend à 9 milles, se terminant par une étroite pointe escarpée appelée pointe Arenas. Dans l'Ouest de cette pointe, et entre elle et le cap Saint-Sébastien, à

10 milles plus dans le Sud, il existe une grande baie à l'abri de tous les vents, excepté des vents d'Est, qui rarement soufflent directement et avec force. En longeant ce banc de galets, le fond n'est pas de plus de 18^{m}9, mais il augmente tout d'un coup près de l'extrémité S. E. Au delà de la pointe, qui est accore, ou à peu près, le fond est uniforme et décroît graduellement.

La **baie Saint-Sébastien** est un excellent mouillage comme abri, bonne tenue et facilité d'accès, mais sans bois; il n'y a pas d'endroit commode pour faire de l'eau, quoiqu'on puisse cependant s'en procurer. Il n'y a pas de danger caché dans la partie Nord de la baie; le galet est à pic, les terres diminuent graduellement; le fond est sain, et les sondes régulières. Dans la partie Sud, à la hauteur du cap Saint-Sébastien, il en est autrement : un banc de roches presque à fleur d'eau s'étend dans le N. E. et demande à être arrondi à 3 milles; il n'y a pas de goémon dessus. A l'accore de ce banc, le fond tombe tout d'un coup de 22 à 7 mètres; le jusant porte assez violemment dessus, avec une vitesse d'environ 2 nœuds; le fond est dur et d'une mauvaise tenue.

Le **cap Saint-Sébastien** est une falaise à pic, d'une couleur sombre : il s'enfonce dans les terres en s'élevant jusqu'à une hauteur de 305 mètres au-dessus de la mer, et devient ensuite irrégulièrement accidenté. A partir du cap Saint-Sébastien on trouve des falaises pendant une petite distance, puis une terre basse, et ensuite une nouvelle petite falaise devant laquelle il existe un rocher au dessus de l'eau, à environ 1 mille de terre.

Le **cap Sunday** est une pointe proéminente d'une couleur rougeâtre s'élevant à 60 mètres au-dessus de la mer; les terres qui l'avoisinent n'offrent aucun danger jusque près du cap Peñas, où l'on trouve quelques roches dangereuses. Entre le cap Saint-Sébastien et ce cap les terres sont basses, irrégulièrement accidentées et bordées par une plage de galets.

Le **cap Peñas** n'a pas plus de 30 mètres au-dessus de la mer; tout autour, à une distance de 2 milles, il y a de dangereuses roches; la mer y brise presque toujours; il faut les éviter avec soin, surtout la nuit. La baie située dans le Sud du cap Peñas semble offrir un mouillage; mais l'apparence est trompeuse, car il y a peu d'eau et elle est parsemée de roches. Les hauteurs qui l'environnent sont élevées et boisées dans certains endroits, et la vue du pays est agréable.

Les **caps Santa Inès, Medio** et **San Pablo** sont élevés et accores; ils sont bordés de falaises à pic de 60 à 90 mètres d'élévation. De là au cap San Diego il n'existe pas de dangers; le fond est assez grand près de terre, pas assez cependant pour empêcher un bâtiment de mouiller avec des vents de la partie de l'Ouest et du Sud.

La **Table d'Orozco**, qui se trouve à 4 milles dans l'intérieur, est une remarquable montagne dont le sommet est en forme de table, et qui est élevée de 305 mètres au-dessus du niveau de la mer. Entre elle et le cap San Diego il y a trois montagnes remarquables appelées les Trois-Frères; la plus à l'Ouest ressemble assez à la Table d'Orozco : elles ont de 300 à 420 mètres de haut. Les bâtiments qui traversent le détroit de Lemaire doivent reconnaître ces trois pics.

L'**anse Policarpo**, qui offre l'aspect d'un port, n'est bonne que pour abriter des embarcations; quant à l'**anse False**, c'est à peine si elles pourraient y entrer.

Le **cap Saint-Vincent** est un morne bas et noir, dont le revers est couronné de hauteurs boisées; il a 60 à 90 mètres de hauteur. Quelques roches s'étendent jusqu'à $\frac{1}{2}$ mille de la pointe du cap, auprès duquel le fond est mauvais.

La **baie Thétis**, située entre le cap Saint-Vincent et le cap San Diego, est un mouillage que peut prendre un bâtiment qui veut traverser le détroit de Lemaire et qui est retenu par le vent ou par le courant: le fond est mélangé : il est de roches dans certains endroits, de sable vaseux mêlé de gravier dans d'autres, et la marée court avec une vitesse de 1 à 3 nœuds entre les pointes de la baie. On y trouve beaucoup de goémon, mais il ne cache aucun danger. Lorsque le vent est contraire à la marée ou la traverse, il y a beaucoup de mer dans la baie; on ne peut donc la recommander que pour y passer quelques heures. En partant de là pour doubler le cap San Diego, on doit avoir soin de se tenir très au large afin d'éviter un fort ras de marée qui s'étend jusqu'à une distance de 3 milles dans le détroit de Lemaire, et que dans aucun cas un petit bâtiment ne doit traverser.

Le **cap San Diego** est bas, à pente douce, se terminant par un petit morne. Une chaîne de roches à fleur d'eau qui s'étend dans l'Est de ce cap est plus dangereuse qu'on ne l'avait supposé. Le ras de marée y était tel qu'il a empêché de prendre autant de sondes qu'on eût voulu le faire et avec tout le soin désirable; dans le milieu, les sondes variaient tout d'un coup de 110 et 130 mètres à 13 et 9 mètres : en conséquence, il sera prudent d'arrondir ce cap à une distance d'au moins 3 milles. Ce ras de marée est parfois très dangereux; on y a vu un navire sombrer, mais on n'a jamais pu savoir si c'était en touchant sur un rocher ou coulé par le tourbillon. Le long de cette côte N. E. de la Terre de Feu les sondes sont régulières et le fond dans beaucoup d'endroits est sain et permet de mouiller. Avec des vents de la partie Sud ou de l'Ouest, un bâtiment peut très bien jeter l'ancre à l'abri de la côte; mais les vents du Nord et de l'Est occasionnent une forte houle à terre.

Courants. — Près du détroit de Magellan, aussi bien qu'au cap San Diego, les courants de marée se font sentir avec assez de force, mais ils sont presque insensibles le long de la côte intermédiaire. A partir du cap San Diego et au Nord de ce cap, la marée de flot porte au Nord et à l'Ouest le long de la côte avec une vitesse de 1 à 3 milles à l'heure. Le jusant porte dans une direction contraire, mais avec moins de force.

La **baie Good Success** est à 7 milles du cap San Diego. C'est un bon mouillage parfaitement sûr, pourvu qu'on ne jette pas l'ancre trop en dedans vers la plage de sable qui est au fond de la baie, car dans les coups de vent de S. E. la mer y est très grosse. Le meilleur mouillage est par 18 mètres. La baie est entourée de montagnes élevées d'environ 365 mètres au-dessus de la mer : aussi est-elle par de grandes brises exposée à des rafales qui, pendant les coups de vent d'Ouest, sont très violentes. Cette baie offre un excellent mouillage pour les bâtiments de toute grandeur qui relâchent pour faire de l'eau ou du bois; mais elle ne conviendrait pas si le navire devait demeurer en position pour être radoubé, car la houle y entre fréquemment. Elle est très sûre, mais néanmoins, pendant l'hiver, quand les vents d'Est sont fréquents, on ne doit pas mouiller aussi avant dans le fond de la baie qu'on peut le faire en été. Broad Road (la Grande Route), mentionnée par Cook, est une bonne marque pour cette baie, dans le cas où la courbure de la côte ne suffirait pas pour en faire reconnaître la position : c'est une bande de terre stérile située sur la hauteur qui est en dehors de la baie. Le cap Good Success est élevé et à pic; il y a tout auprès quelques rochers au dessus de l'eau. (Voir le plan N° 2029.)

Marées. — Il y a pleine mer, les jours de pleine et nouvelle lune, à terre dans la baie Good Success, à 4 heures de l'après-midi, et la mer étale dans le détroit. La mer est basse, avec étale au large, à 10 heures du matin. L'élévation de la marée est de 1^m80 à 2^m40, suivant le vent. Dans le détroit de Lemaire, le flot file de 2 à 4 nœuds près du cap San Diego et de 1 à 3 à mi-chenal, plus ou moins, suivant la force et la direction du vent. Les marées, dans le détroit, sont régulières, et, prises à temps, elles peuvent faciliter beaucoup le passage d'un bâtiment.

DÉTROIT DE LEMAIRE. — Les sondes sont régulières dans ce détroit; près de son entrée méridionale, elles varient entre 128 et 55 mètres, fond de sables; vers le Nord le fond diminue, et à

2 milles du cap San Diego on ne trouve pas plus de 55 mètres, fond de roche. La partie Est du détroit, dont il a déjà été question (page 165), est formée par les baies irrégulières et les caps inégaux de l'île des États; autour de ces derniers on trouve de forts tourbillons qui s'étendent, au large, à une grande distance; vis-à-vis du cap Sud, on croit qu'il existe un récif. Comme le détroit est large, dégagé de tout obstacle autre que les ras de marée, que les sondes y sont régulières, un bâtiment peut le traverser sans difficulté et sans danger, en serrant de près la baie Good Success, pour le cas où le vent et la marée viendraient à changer. La baie Valentin, la baie Aguirre et le havre Espagnol, étant tous très ouverts au Sud, ne peuvent offrir qu'un mouillage momentané par des vents de Nord et d'Ouest.

Bell Mountain (la montagne de la Cloche), située entre les baies Valentin et Aguirre, est remarquable : on l'aperçoit de loin, soit que l'on vienne du Nord ou du Sud; elle est élevée et affecte la forme d'une grande cloche.

L'île Lennox et **New-Island** (île Neuve) sont situées à 41 milles dans l'O.S.O. du cap Good Success. Ces îles, ainsi que toutes les parties de la côte qui les avoisinent, peuvent être approchées avec sécurité, en se servant de la sonde et veillant avec soin les plantes marines. Dans l'Est de l'île Lennox il y a un excellent mouillage; de petits bâtiments peuvent entrer dans une crique dans laquelle le *Beagle* resta amarré; mais les grands navires devront jeter l'ancre dans la rade Richmond, qui est parfaitement sûre et abritée de tous les vents, excepté de ceux du S.E. Quelques hauteurs sur l'île Neuve ont été signalées par Cook, mais elles ne sont pas aussi visibles de l'Ouest que de l'Est.

On peut prendre sous cette île un mouillage temporaire qui est bon contre les vents d'Ouest; il y en a un autre près de la côte Nord, mais il n'existe pas de véritable port entre la baie Good Success et la rade Richmond. (Voir le plan N° 2029.)

Le **canal du Beagle** est un passage étroit, courant pendant 120 milles dans l'Ouest, presque en ligne directe, entre deux chaînes de montagnes toujours couvertes de neige; les plus hautes sont élevées de 914 et 1,218 mètres au-dessus du niveau de la mer. Son entrée Est est dans le N.N.O. de l'île Lennox et de New Island, des deux côtés de l'île Picton.

Le canal a 1 mille $\frac{1}{2}$ de large, et le brassiage y est en général considérable; mais on y trouve beaucoup d'îlots entourés de rochers. Quoique d'un facile accès, il n'est guère fréquenté par les navires; mais des embarcations peuvent profiter de l'avantage que présentent sa route directe et la mer calme qu'on y rencontre.

A 45 milles de l'île Picton se trouve le premier passage dans le Sud conduisant au détroit de Ponsonby ; 27 milles plus loin, le canal se divise en deux parties : la branche S. O. conduisant dans la baie de Cook; la branche N. O., dans le Sound Darwin et de là, à travers le Sound Whale-Boat et la baie Desolate, dans l'Océan Pacifique. La marée a une vitesse d'environ 1 mille à l'heure; dans le canal du Beagle, le flot porte dans l'Est et le jusant dans l'Ouest.

La **mission d'Ushuwia** a été établie sur la côte Nord du canal du Beagle, dans une anse formée par une petite péninsule au N. E. q. N. du détroit Murray, entrée Nord du Ponsonby Sound; la mission peut servir de refuge et de secours aux marins ayant fait naufrage dans le voisinage du cap Horn.

Pour un équipage contraint d'abandonner son navire dans l'Ouest du cap Horn, la route la plus directe avec les embarcations sera de passer dans l'Est du faux cap Horn et dans le Sound de Ponsonby, relâchant au besoin sur l'île Packsaddle (on pense qu'on peut se fier aux indigènes de cette île), mais évitant toute communication avec les naturels du Sound de Ponsonby jusqu'auprès de sa partie Nord, parce qu'on les dit très hostiles aux étrangers.

Pour un équipage abandonnant son navire dans l'Est du cap Horn, la meilleure route serait de passer dans l'Est de l'île Navarin et de se diriger de là à l'Ouest dans le canal du Beagle; on relâchera au besoin dans la crique Banner de l'île Picton ou dans les passes du canal du Beagle, sur la côte Sud duquel on trouve un établissement de naturels serviables, et d'où la mission est à 30 milles de distance environ.

RADE DE GORÉE. — La rade de Gorée, dans la partie Ouest de l'île Lennox, est un excellent point de relâche, où l'on peut entrer et dont on peut sortir très facilement, et où l'on se procure sans peine du bois et de l'eau. Une particularité assez remarquable, c'est que les plantes marines dans la rade de Gorée, ainsi que celles qui s'étendent en partie de la pointe Guanaco à travers l'entrée de la rade, ne poussent pas, autant qu'on a pu s'en assurer, sur des rochers, mais sur des pierres détachées du fond et qui, par suite, n'offrent pas autant de danger. (Voir le plan N° 2024.)

La **baie Nassau** conduit, au N. et au N. O., dans le canal du Beagle, à travers le détroit de Ponsonby; elle est d'un accès facile et exempte de dangers. On peut, sur chaque côte, trouver des mouillages, et les seuls obstacles qu'on ait à redouter sont quelques rochers ou îlots au-dessus de l'eau indiqués sur la carte et visibles de jour à une certaine distance. La côte Nord est basse, principalement vers la pointe Guanaco, où ses terrains plats et ses basses falaises terreuses s'élèvent et se changent en hauteurs formées de rochers.

Terhalten et Sesambre sont deux petites îles élevées, situées à l'entrée de la baie Nassau; elles sont situées à 8 milles dans le S. E. q. S. de la pointe Guanaco; devant Sesambre, la plus Sud des deux, il y a un récif indiqué par du goémon.

Pour un navire qui va dans l'Ouest du cap Horn, il est peut-être préférable de traverser la baie Nassau et de doubler le faux cap Horn plutôt que de chercher à s'élever dans l'Ouest en haute mer, comme on le fait ordinairement. Il n'y a pas d'autres dangers que ceux marqués sur la carte; la mer est comparativement belle, et on peut mouiller la nuit, soit dans la rade de Gorée, soit dans la rade Nord, ou dans la baie Orange. Quand il vente trop pour gagner au vent, c'est au moins une satisfaction que de pouvoir rester tranquille, évitant les accidents, et maintenir sa position, au lieu d'être entraîné sous le vent et peut-être de faire des avaries au large. Il y a moins de courant dans la baie qu'au large, près du cap Horn.

Nous ferons observer que le conseil du capitaine King, relatif au passage de la baie Nassau, rencontre des contradicteurs.

Observation. — Dans la baie Nassau, le compas est très irrégulier; il devient paresseux et peut causer de graves erreurs, si l'on n'y porte une sérieuse attention. Pendant les travaux du *Beagle*, l'aiguille magnétique a été affectée d'une manière remarquable dans plusieurs des îles de ce groupe, quoiqu'on n'ait pas observé de grandes différences à bord du bâtiment. Dans une occasion, en faisant une ascension au sommet de l'île Maxwell, dans le Sound Franklin (entre les îles Hermite), le compas fut placé, pour la commodité, sur un rocher, et l'on s'aperçut que l'aiguille avait été tellement influencée par la nature ferrugineuse de cette roche, composée de quartz et de grands et nombreux cristaux de hornsblende, que ses pôles étaient exactement renversés. Ensuite, en prenant une série de relèvements sur un objet très éloigné, à diverses stations distantes de 50 mètres de cette roche magnétique, on trouva que la plus grande différence s'élevait à 127°. On n'obtint cependant pas de déviation sensible dans la vallée située au fond de l'anse Saint-Martin, où la variation du compas fut observée avec plusieurs instruments et comparée à des relèvements astronomiques; il ne parut pas que l'aiguille subît d'influence locale.

Les îles Hermite ou **îles du Cap Horn** sont composées de grès vert, dans lequel le hornsblende et le felspath sont plus ou moins visibles, et la présence du fer très apparente, comme on l'a déjà dit. Les côtes sont accores; les montagnes à sommets pointus s'élèvent en pente très escarpée à une hauteur de 300 à 518 mètres au-dessus du niveau de la mer et sont couvertes, jusqu'à une distance de 61 à 91 mètres de leur sommet, d'une grande quantité d'arbustes et d'arbres verts qui rendent leur accès difficile.

L'île Hermite est haute et inégale à son extrémité Est; elle descend en pente vers le cap Ouest, qui est bas. Le pic Kater est élevé de 530 mètres au-dessus du niveau de la mer; les îles Herschel et Wollaston renferment aussi des montagnes. Les passes qui existent entre ces îles sont profondes et n'offrent pas de dangers; les quelques roches qu'on y rencontre sont visibles au-dessus de l'eau et couvertes de goémon très épais. Il y a quelques roches au large de l'île Chanticleer, à l'entrée de l'anse Saint-Martin, mais elles sont trop près de terre pour qu'on y prenne garde; il n'existe aucun danger dans le Sud de ces îles, et on peut les ranger de près sans crainte.

L'**île Deceit** est la plus orientale du groupe, et de l'Est son apparence est assez semblable à celle de Diégo Ramirez. Devant le cap Deceit, qui est sa pointe Sud-Est, il y a plusieurs rochers au-dessus de l'eau; à 2 milles dans le S. S. E. du cap gît un groupe de rochers à tête élevés de 9 à 12 mètres au-dessus du niveau de la mer.

Ressources. — On trouve en abondance de l'eau et du bois dans l'anse Saint-Martin, sur la côte Est de l'île Hermite; mais on ne peut pas toujours se les procurer, à cause de l'escarpement de la côte et de la houle qui entre parfois dans la baie. L'eau est très colorée par les matières végétales qu'elle traverse, mais son usage n'a pas offert d'autres inconvénients que celui de donner une couleur plus foncée au thé et quelquefois un goût désagréable. Le bois y était tordu et rabougri, et n'a pas paru être bon à autre chose qu'à brûler.

Les côtes de l'anse Saint-Martin sont bordées de plantes marines qui servent à protéger les embarcations quand elles y abordent, et parmi lesquelles on peut prendre du poisson à la ligne ou à la foëne dans les endroits où les petits ruissseaux d'eau douce tombent dans la mer. Les Indiens font la pêche de la manière suivante: ils attachent au bout de la ligne un coquillage que le poisson avale avec avidité, et comme il ne peut le rejeter, on le tire à la surface et on le prend à la main.

Au fond de la baie, et même dans beaucoup d'autres endroits, à quelques pieds à peine du lieu où atteignent les grandes marées, on trouve une grande quantité de céleri. Ce légume est surtout beau au mois de décembre; mais on peut également s'en procurer en automne.

Le **CAP HORN** est la pointe la plus méridionale des îles Hermite. Il n'y a rien de bien frappant dans l'aspect de ce promontoire, quand on le voit à quelque distance; mais lorsqu'on passe auprès, il est très remarquable et présente vers le Sud des escarpements noirs et élevés; il a environ 152 mètres au-dessus du niveau de la mer. A

1 mille dans l'Ouest du cap Horn, il y a trois roches ordinairement découvertes, et sur lesquelles la mer brise constamment. Au large de la pointe orientale de l'île Horn existent aussi quelques petites roches et des brisants, mais tous à découvert.

Mouillages. — Les côtes Nord des îles Hermite présentent plusieurs mouillages qui sont libres de dangers extérieurs ou cachés.

Les **baies Scourfield** et **Hately** sont sur le côté Nord de l'île Wollaston, mais le fond est grand pour mouiller. (Voir le plan N° 2024.)

L'**anse Middle**, à 4 milles au Nord de la baie Hately, est sûre, quoique petite; mais lorsqu'il vente, les rafales tombant des hautes terres voisines sont furieuses. (Voir le plan N° 2024.)

La **baie Gretton** est une baie très étendue située dans l'Ouest du cap de Ros, qui forme la pointe Nord de l'anse Middle. Elle est ouverte au N. E., mais le fond permet d'y mouiller. M. P. Snow, commandant le yacht *Alan Gardiner*, a exploré l'ouverture qui est au fond de la baie et a découvert qu'elle conduisait à un port d'environ 5 milles de long sur 2 de large avec un passage étroit mais profond conduisant vers la côte Sud dans le Sound Franklin, et divisant ainsi Wollaston en deux îles. Le flot dans ce canal porte vers le Nord. (Voir le plan N° 2024.)

Le **banc Banner** gît à 7 encablures dans le S. 32° E. de la pointe Dillon, extrémité N. O. de la baie Gretton. Le banc, marqué par du goémon, est recouvert de 5 mètres d'eau, avec 13 mètres à mi-distance entre lui et la terre.

La **rade North**, dans la partie Nord de la baie Gretton, est d'un accès facile et suffisamment abritée. C'est une bonne relâche pour un navire louvoyant afin de franchir la baie Nassau. Il faut avoir soin seulement d'éviter les roches Dædalus et Hazeltine. (Voir plan N° 2024.)

La **roche Dædalus** gît dans la partie Nord de la rade North, à environ $\frac{2}{3}$ de mille dans le N. E. de l'île Dædalus et dans le Nord de la pointe Dillon. Elle n'est pas plus grande qu'une chaloupe et n'est recouverte que de 1 mètre d'eau. On trouve 13 mètres à une distance de 20 mètres tout autour et 20 à 27 mètres entre elle et l'île Dædalus. La roche est balisée par du goémon. Elle est très dangereuse pour les navires arrivant au mouillage en venant du Nord; ils sont portés à donner un certain tour à l'île Dædalus, tandis que le meilleur est d'en passer à une encablure.

Roche Hazeltine. — Un navire de ce nom s'est perdu en 1878 sur une roche située par 55° 28' S. et 69° 52' O. (approximativement), à environ 1 mille $\frac{1}{2}$ au N. 77° E. de la roche Dædalus.

Le **Sound Franklin** est entre l'île Wollaston et les îles situées au Sud; on pense qu'il n'offre pas d'autres dangers que ceux qui sont portés sur les cartes.

Le **port Maxwell** est un mouillage sûr et qui n'est pas exposé aux rafales des montagnes (ou *williwaws*), mais il est hors de la route. Quoiqu'il ait quatre issues, il n'y en a que deux de praticables; celles du Nord et de l'Est. Le meilleur mouillage est par 29 mètres, fond de sable. Ce port est réellement bon, quoiqu'il exige, pour y arriver, un peu plus de temps et de peine.

L'**anse Saint-Martin**, dans l'Est de l'île Hermite, est reconnaissable à l'île Chanticleer, qui est située à environ 1 mille dans l'E. N. E. de la pointe Sud. Il n'existe de dangers dans cette direction que ceux qui sont apparents, et l'anse est d'un accès facile avec les vents de N. E., Est ou S. E.; mais avec les vents d'Ouest, qui sont les vents régnants, c'est bien différent : les bâtiments à voiles sont obligés alors de mouiller devant l'entrée, par 40 mètres, et de se touer dans l'anse, où il y a un bon mouillage par 33 mètres, fond de sable, à mi-chenal, et à $\frac{1}{4}$ mille environ du fond de la baie.

Ce mouillage est très sûr, quoique les rafales dans les coups de vent d'Ouest descendent des montagnes, dans différentes directions, avec une violence telle, qu'on pourrait les appeler des rafales-ouragans. Elles frappent le navire par en haut, et ont plutôt pour effet de faire incliner le bâtiment que de le faire forcer sur ses ancres, qui, une fois leur lit fait dans le sable, tiennent très solidement et sont très dures à lever. (Voir le plan N° 2026.)

Marées. — L'établissement du port est 3 heures 50 minutes dans l'anse Saint-Martin; la mer marne de 2m40. Ces données ne sont pas absolument certaines, parce que la houle qui entre dans l'anse a rendu les observations incertaines. On n'a pu trouver d'une manière bien précise la direction du courant du flot et du courant de jusant; ils sont faibles, et il a semblé que le flot venait du Sud au milieu de ces îles.

Les marées, sur la côte comprise entre le cap Horn et le cap Pillar, sont régulières en ce qui concerne l'élévation et l'abaissement du niveau de l'eau et aussi le moment de la haute mer; mais il n'en est pas ainsi pour la force et la direction. Pendant que l'eau s'élevait à terre, il a semblé que la marée, ou plutôt le courant, portait le long de terre du N. O. au S. E. avec une vitesse de 1 nœud ou plus, suivant le vent. Pendant 6 heures de niveau baissant, c'est-à-dire pendant le jusant, il y avait peu ou point de courant le long de terre.

Dans le canal compris entre le faux cap Horn et les îles Hermite il y a un courant qui porte dans la baie Nassau, surtout vers les îles

Hermite, avec une vitesse de 2 nœuds à l'heure pendant le flot et d'environ $\frac{1}{2}$ nœud pendant le jusant. Comme ce courant porte principalement vers le cap West (Ouest), il faut le doubler à une bonne distance.

La **presqu'île Hardy**, qui fait partie de l'île Hoste, offre quelques mouillages dans sa partie Est. Son extrémité Sud, le faux cap Horn, est un promontoire très remarquable; vu de l'Est ou de l'Ouest, il présente l'aspect d'une grande corne. La baie de Pack Saddle (baie du Bât), dans la partie N. E. de la presqu'île, abritée des vents de N. O. par une île très curieuse ressemblant à un bât, est sûre et large. (Voir le plan N° 2026.)

La **baie Orange** (plan N° 2026) est considérée comme le meilleur mouillage de cette côte; elle est tant soit peu ouverte aux vents d'Est, mais ils sont rarement violents. On n'y trouve pas de mer, à cause de l'abri des îles Hermite. Le meilleur endroit pour faire de l'eau est situé dans une petite crique du Nord de la baie et appelée l'anse de l'Eau (*Water cove*).

Au cap Horn l'établissement est de 3 heures 30 minutes, à York-Minster, de 3 heures, et au cap Pillar, de 1 heure. Dans les endroits intermédiaires, l'établissement change proportionnellement à ces limites; l'élévation varie de $1^m 20$ à $2^m 40$.

Les **courants**, près du cap Horn, sont aussi violents que sur le reste de la côte; mais entre ce cap et le cap Pillar ils sont très irréguliers : parfois, avec un fort vent et avec le flot, ils atteignent une vitesse de 2 nœuds et plus; dans d'autres moments, ils sont à peine sensibles. Lors des travaux d'exploration, jamais on ne trouva le courant portant dans l'Ouest, à quelque heure de la marée que ce fût et quel que fût le vent.

Un fort courant porte quelquefois le long de la côte extérieure des îles Hermite et à travers la baie Saint-François, qui sépare l'île Horn du reste du groupe : la force en est de $\frac{1}{2}$ nœud à 2 nœuds, suivant le vent et la marée; dans la baie, il change de direction en même temps que la marée.

Au large de la baie Orange, le brassiage convenable pour mouiller s'étend à 2 milles de terre. L'entrée de la baie a 3 milles de large, et dans cette partie il y a de 32 à 36 mètres, fond de sable fin piqué; au milieu sont deux îles, dont la plus grande paraît plate et unie; derrière elles se trouve le port, qui présente 1 mille carré d'excellent mouillage sans une seule roche ni un seul banc. Dans les deux criques situées dans le partie Sud il y a bon mouillage pour de petits bâtiments; les sondes y varient graduellement de 9 à 36 mètres, fond de sable fin piqué. Les terres qui contournent ce port sont comparativement basses, et l'on n'est pas incommodé par les violentes rafales qui descendent des montagnes dans les autres endroits. On peut partout ranger la terre de près; dès lors il n'y a pas d'instructions à donner pour indiquer la route qui conduit au meilleur mouillage. Au large de la pointe Nord sont plusieurs petits îlots qu'il ne faut pas ranger de trop près et qui, du reste, sont hors de la route.

L'établissement du port est de 3 heures 30 minutes; la mer marne de 1m 80.

La **baie Schapenham** a 1 mille ½ de largeur; il y a une petite roche noire au-dessus de l'eau un peu au Nord du milieu de l'entrée. On aperçoit au fond de la baie une grande quantité de plantes marines qui poussent sur un fond de roches et dont un fort remous indique distinctement la position. Il existe un mouillage près de la pointe Sud, par 18 et 27 mètres; mais on ne conseille pas d'en profiter, lorsqu'en allant un peu plus loin on peut trouver un port exceptionnel, la baie Orange, ou mouiller en toute sécurité devant l'entrée. Les terres adossées sont hautes et inégales; on y voit deux pics remarquables qui ressemblent à des guérites. Près du rivage, les terres sont basses en comparaison de celles des autres parties de la côte, et ne paraissent pas taillées à pic et inaccessibles comme celles qui sont plus dans l'Ouest. Des rafales violentes et soudaines soufflent des hauteurs avec les vents d'Ouest. Comme les vents viennent généralement de terre et que tout le long de la côte le fond est régulier, on n'éprouve aucune difficulté pour choisir un mouillage et l'atteindre.

La **baie Lort** est située à 5 milles dans le S. S. E. de la baie Schapenham et a environ 2 milles de large. Un bâtiment peut y mouiller, si c'est nécessaire, par 14 ou 18 mètres, fond de sable; mais il existe quelques rochers au-dessus de l'eau près de la côte Nord.

La **baie Rice** se trouve en dedans d'une petite île à 2 milles environ dans le N. N. O. de la pointe Lort; elle offre un mouillage de peu d'étendue, mais sûr et abrité de tous les vents, par 11 mètres, fond de sable.

M. Rice, capitaine du navire anglais *River Boyne*, chargé de charbon et à bord duquel le feu se déclara à 160 milles environ dans le S. O. du cap Horn, trouva dans cette baie une place convenable pour échouer son navire.

Le *River Boyne* s'échoua en face du ruisseau qui est dans le fond de la baie Rice, sur un fond uni de sable, et pendant les cinq jours qu'il y resta il n'eut pas la moindre mer dans la baie. L'eau douce et le bois de chauffage étaient abondants.

ÎLES DIEGO RAMIREZ. — Le point le plus élevé de ces îles a environ 45 mètres (d'autres disent 150 mètres) au-dessus du niveau de la mer; il n'y a pas de dangers cachés auprès d'elles. Un navire peut passer entre le groupe Nord et celui du Sud. On trouve quelques roches détachées en face de l'île méridionale; toutes les roches du large sont au-dessus de l'eau.

Boat Island, qui est l'île la plus Sud, présente dans sa partie N. E. une crique dans laquelle on peut aborder avec une embarcation; on peut s'y procurer de l'eau à la pointe qui est dans l'Est de l'endroit où l'on accoste. Entre les îles Hermite et les îles Diego Ramirez il n'y a aucune espèce de dangers.

M. W. Greenword, commandant le navire anglais *Gareloch*, obtint les sondes suivantes, en 1875, pendant qu'il se trouvait dans le voisinage des îles Diego Ramirez :

A 6 milles $\frac{1}{2}$ dans l'E. S. E. des îles, 157 mètres, fond de gravier et de sable tacheté; à 5 milles $\frac{1}{2}$, 146 mètres, beau sable tacheté; à 4 milles $\frac{1}{2}$, 137 mètres, sable et coquilles; et à une distance estimée de 3 milles $\frac{3}{4}$ de l'entrée d'une petite anse sur la côte Est de l'île, la deuxième en dimension, 128 mètres, sable et coquilles. Cette île (la deuxième en dimension) peut être reconnue à son pic de l'Ouest, qui est le plus élevé de tout le groupe.

Les **Ildefonsos**, amas considérable de roches et d'îlots, restent au N. N. O. $\frac{1}{2}$ N. de Diego Ramirez, à une distance de 37 milles. Elles ont une étendue de 5 milles, courent à peu près N. O. et S. E., formant un groupe très étroit, et s'élèvent d'environ 30 mètres au-dessus de la mer. Elles semblent être les restes d'une chaîne de montagnes rompue en plusieurs endroits par la mer. Un bâtiment peut les ranger de près sans danger. Elles sont très fréquentées par les pêcheurs, qui viennent y chercher des phoques.

Le **Sound New-Year**, situé dans la partie Ouest de la presqu'île Hardy, est le premier qui s'offre en remontant la côte. C'est une grande étendue d'eau remplie d'îles et s'étendant dans le N. O. Il peut y avoir un bon mouillage entre les îles Morton et Henderson, à l'entrée du Sound. On n'a pas eu le temps d'examiner plusieurs anses qui se trouvent dans la partie Est des îles Morton; mais leur aspect semble promettre un bon abri et une bonne tenue. Sur l'île Henderson il y a une haute montagne se terminant en pointe, visible à une grande distance. On aperçoit de son sommet les îles Diego Ramirez, quoiqu'elles se trouvent à une distance de 50 milles. Entre le faux cap Horn et le cap Weddel, dans la partie Est du Sound New-Year, il y a un grand espace de terre brisée qui n'a pas été très bien exploré : c'est, au reste, une côte exposée aux vents de Sud et de S.O. et par suite ne pouvant offrir que de mauvais mouillages. L'anse Indienne, située à environ 12 milles de l'entrée du Sound, sur la côte Ouest, ne saurait être recommandée; les bâtiments seraient obligés de s'engager assez loin dans les îles pour l'atteindre, et, une fois là, ils trouveraient un mauvais fond de roche et un brassiage considérable.

La **baie Clearbottom** est un bon mouillage situé à l'extrémité septentrionale de l'île Morton. On le décrit ainsi dans le journal de Weddel : « Ce mouillage, qui est près de la côte, est commode pour un navire qui veut faire de l'eau et du bois; pour y entrer, il faut tenir l'îlot Ildefonse le plus à l'Est au S. 17° O. et gouverner au N. 17° E. sur la pointe Turn. À environ 1 mille $\frac{1}{2}$ dans l'Est de cette pointe se trouve le mouillage; le meilleur endroit est à 3 encablures de terre, par 40 mètres, fond de sable argileux. »

Leading Hill, sur l'île Hind, est une hauteur très remarquable surmontée de deux pics et que l'on peut voir à une distance de 6 ou 7 lieues; elle indique l'entrée de la baie Duff. Le Sound Rous et la baie Trefusis n'offrent aucun mouillage; les îles Wood n'en ont pas de bon. En dedans et au Nord de ces îles, on trouve plusieurs passes et une terre brisée.

Le **Christmas Sound** est situé sur la côte Ouest de l'île Hoste, entre celle-ci et l'île Waterman. La description que fait Cook de Christmas Sound est aussi exacte que toutes celles qu'il donne; on aperçoit en entrant la grande et la petite Roche Noire (*Little Black* et *Great Black rock*). Il n'y a pas de danger caché. L'anse de l'Adventure est celle qui offre l'accès le plus commode, mais elle ne peut contenir qu'un bâtiment.

L'**île Waterman** se reconnaît aisément à ses hauteurs remarquables; la plus Sud a été nommée par le capitaine Cook York Minster (cathédrale d'York), à cause de sa prétendue ressemblance avec cet édifice. Il la décrit avec raison comme une roche d'un aspect sauvage (*a wild looking rock*). Dans l'Est et tout près de York Minster sont plusieurs rochers et îlots : l'un d'eux, sur lequel la mer brise avec violence, se trouve à l'E. S. E. $\frac{1}{2}$ Est de l'extrémité de Minster. On peut le ranger de près. Au large de la grande Roche Noire sont deux ou trois brisants produits par des roches cachées sous l'eau. Il n'y a que peu de courant parmi ces îles. À 8 milles dans l'Ouest de York Minster et à 4 milles dans le Sud de la pointe Ouest de l'île Waterman gisent les roches Capstan, élevées d'environ 6 mètres au-dessus de l'eau. Il n'y a pas d'autres dangers au large de la ligne joignant York Minster aux roches Philips.

Le **havre March**, dans la partie orientale de l'île Waterman, est grand; la tenue y est bonne, mais dans plusieurs endroits le fond est de roches. Il s'y trouve une basse sur laquelle il ne reste que 1^m 80 d'eau; sa position est indiquée par un amas de plantes marines. *Le Beagle* louvoya dans l'étroit passage qui longe l'île Shag depuis l'anse de l'Aventure et entra dans la partie la plus reculée du port sans se toucr; de plus grands navires auraient naturellement beaucoup de peine à en faire autant. Au reste, un navire de plus de 500 tonneaux ne doit pas essayer de pénétrer dans le Sound Christmas. *Le Beagle* resta amarré dans ce port tout le mois de mars, en parfaite sécurité; mais ses câbles-chaînes s'engagèrent dans les roches et ce ne fut qu'avec beaucoup de temps et de peine qu'on parvint à les lever. (Voir le plan N° 2027.)

Le **port Clerke**, à environ 1 mille dans le Nord du port March, est un mauvais endroit pour toute espèce de bâtiments, quoiqu'on y soit en sûreté, une fois dedans; mais l'entrée est difficile, et il est par sa position exposé à de violentes rafales.

La **baie de Cook** est une vaste étendue de mer située entre les îles Alikhoolip et Waterman. Des terres hachées, des îlots, des brisants, l'entourent et en rendent l'abord impraticable pour des navires. Ses côtes ont été explorées par les embarcations du *Beagle*. Dans l'Est de la baie de Cook il y a une entrée du canal du Beagle et un passage qui conduit à Whale-Boat Sound; mais tous deux sont difficiles à traverser pour des navires à voiles, excepté avec bons vents.

Les **îles Londonderry** forment un large groupe qui remplit presque l'espace situé entre les deux passages mentionnés ci-dessus. L'île Treble, sur la côte Ouest, se fait remarquer par trois pics élevés : elle est visible d'une distance considérable; auprès d'elle sont plusieurs roches éparses indiquées sur les cartes. Les roches Philips sont situées à environ 4 milles dans le S. 53° O. d'Alikhoolip, le cap S. O. de ces îles; elles sont dangereuses, quoique ne couvrant pas, à cause de leur peu de hauteur et de leur éloignement de la côte.

Les **îles Gilbert** et **Stewart** sont à 4 milles plus dans l'Ouest. Entre ces deux îles est un espace ouvert, exempt de dangers, où le brassiage est considérable et qu'on nomme le passage de l'Adventure. Le cap Castlereagh, leur promontoire Ouest, est élevé et remarquable; au Nord de ce cap est un très bon mouillage appelé le port Stewart. Dans la partie N. E. de l'île Gilbert, la plus à l'Est, se trouve l'anse Doris, mouillage sûr pour un petit navire. Il n'y a pas de dangers cachés dans les environs; l'œil et la carte sont les meilleurs guides. (Voir le plan N° 2027.)

Le **port Stewart** n'est pas grand, mais pour de petits navires c'est un excellent refuge, présentant trois issues, ce qui le rend d'un accès facile par tous les vents. Un navire à voiles peut mouiller à l'entrée et se touer en dedans. Il n'y a nulle part plus de 29 mètres d'eau; mais généralement le fond est de 11 à 22 mètres. Au milieu du port gisent deux roches qui restent juste à fleur d'eau à mer haute; elles sont exactement placées sur la carte. A 1 mille à l'Ouest de l'entrée du milieu s'en trouve une autre sur laquelle la mer brise; ce sont là les seuls dangers. Le bois et l'eau y sont en abondance, comme dans tous les ports de la Terre de Feu, et on se les procure facilement. (Voir le plan N° 2027.)

La **baie Desolate** est une vaste étendue de mer entre les îles Stewart et la Terre de Feu; elle conduit aux Sounds Courtenay, Thieves et Whale-Boat.

Les roches et les brisants abondent dans ces canaux et les rendent peu propres à la navigation. Sans doute de petits navires peuvent avec beau temps traverser quelques-unes de ces passes; mais ce serait toujours dangereux, et il ne faudrait pas le tenter sans un motif bien sérieux.

Le **cap Désolation**, pointe Sud de l'île Basket, est à l'entrée Nord de la baie Desolate; c'est un promontoire remarquable, déchiqueté et présentant de nombreux pics.

Les **îles Camden** forment un groupe considérable au large de la presqu'île Breknoch, la pointe Ouest de la grande île de la Terre de Feu. Dans le Nord de ces îles et entre elles il existe plusieurs passages où il y a beaucoup d'eau; vis-à-vis de la plupart des vallées ou entre les îles on trouve des mouillages dans lesquels de petits bâtiments peuvent au besoin tenir en sûreté.

Le **passage Brecknoch**, entre les îles Camden et la Terre de Feu, est large et exempt de tout danger. Les bâtiments qui entrent dans le canal de Barbara ou qui en sortent devront prendre ce passage de préférence à celui des roches Fury.

Le **havre Townshend** se trouve dans l'île London, la plus grande du groupe : c'est un mouillage sûr, situé à son extrémité orientale. Les pics Horace servent à faire reconnaître sa position. Quelques roches, sur lesquelles la mer brise avec violence, gisent au large des îles et près de l'entrée du passage Pratt. Comme on ne trouve pas fond par moins de 91 mètres, quand on a dépassé ces roches et qu'on donne dans les passes, il faut être sûr de la durée du vent pour entrer dans le port ou en sortir. La tenue y est excellente, et quoiqu'il vienne des terres élevées de l'Ouest de terribles rafales, il n'y a pas à craindre de chasser. (Voir le plan N° 2027.)

LES FURIES DE L'EST ET DE L'OUEST. — L'entrée des canaux Barbara et Cockburn est située entre les îles Camden et Magill.

Cette entrée est parsemée d'amas de roches, dont les plus importantes et les plus remarquables sont les Furies, entre lesquelles se trouve le passage qui conduit au canal Cockburn. Elles sont situées dans l'Ouest du cap Schomberg, lequel forme la pointe Ouest de l'île London; les Furies de l'Est sont à 4 milles et celles de l'Ouest à 9 milles de ce promontoire. A 3 milles de ces dernières, et dans leur alignement avec celles de l'Est, existe un rocher isolé. Dans l'E. q. N. E. et à 4 milles $\frac{1}{2}$ des Furies de l'Ouest gisent les roches Tussac, qui sont au nombre de deux, sans dangers extérieurs. Les bâtiments qui entrent avec des vents d'Ouest devront passer près des Furies de l'Ouest et gouverner sur les roches Tussac. Une fois dépassées, on ne rencontre plus de dangers connus à l'entrée du canal Cockburn. Ces îlots sont très fréquentés par les pêcheurs de phoques; ces animaux s'y rassemblent en grand nombre dans certaines saisons.

SOUND MELVILLE. — Les îles Magill forment un groupe étendu situé dans le Sound Melville, à l'entrée du canal Barbara; on y trouve plusieurs anses et plusieurs mouillages. Le mont Skyring, dans l'île du même nom, est un point remarquable; il s'élève en forme de pic à une hauteur de 914 mètres.

Il existe un grand banc de goémons un peu au Sud de la plus Ouest des îles Bynoe; on l'évitera en ralliant le côté Sud du passage. Des fonds de 20 à 24 mètres ont été trouvés près de ce banc. L'île Bynoe présente un mouillage à son côté N. E.

Il y a un îlot à $\frac{1}{4}$ de mille dans le S. E. de la pointe S. E. de l'île Mortimer. Enfin, dans la passe qui sépare cette dernière île de l'île Kempe, on a rencontré des îlots et des roches non mentionnés sur les cartes; ils sont au côté Sud du canal, et pour les éviter on doit rallier l'île Mortimer.

En rangeant de près la côte Sud de l'île Mortimer, on ne trouve pas le fond par 55 mètres. On peut jeter l'ancre dans le Sud de l'île qui gît à 1 mille $\frac{4}{10}$ O. N. O. de l'île Mortimer; on mouillera par 27 mètres entre des bancs de goémons se détachant des pointes S. E. et S. O. de cette île. Un navire ayant pris ce mouillage aura derrière lui, lorsqu'il sera évité au N. E., un autre banc rendu dangereux par les nombreuses roches noyées qui surgissent en son milieu. (Voir, pour la description du canal Barbara, du passage Adélaïde et du canal Cockburn, pages 89 et 189.)

Le **port Tom,** dans la partie S. E. de l'île du mont Skyring, est bon et très abrité, excepté contre les violentes rafales qui descendent des hautes terres; mais, au reste, elles sont fréquentes dans tous les ports de la Terre de Feu. Pour les pêcheurs de phoques, il est néanmoins meilleur et plus sûr que le port Fury, qu'ils ont l'habitude de fréquenter, et on y trouve tous les avantages qu'offrent les autres ports de la Terre de Feu.

Le **havre Fury,** situé sur la côte S. E. de l'île Fury, qui occupe le centre du groupe Magill, est une rade foraine qui n'offre que peu d'abri et un mauvais fond. Son voisinage avec les Furies de l'Est et de l'Ouest et les roches Tussac, sur lesquelles on trouve beaucoup de phoques, fait qu'il est très fréquenté par les pêcheurs. (Voir plan N° 2028.)

L'**anse Nord,** sur la côte N. E. de l'île Fury, est un mouillage fermé et convenable temporairement pour de petits navires. Une fois entrés, ils y sont en sûreté; mais on doit se rappeler qu'il n'y a pas de mouillage dans le canal, ni en dedans de l'anse, si ce n'est à toucher la côte du vent. (Voir le plan N° 2028.)

Le canal Barbara, qui conduit dans le détroit de Magellan (English reach), a son entrée tellement obstruée par les roches et les îles ci-dessus qu'aucun chenal ne peut être indiqué de préférence. La carte doit être consultée comme étant le meilleur guide pour cette navigation. Pour de petits bâtiments il n'y a ni danger ni difficulté; ils y trouvent de nombreux mouillages qu'ils peuvent atteindre sans peine. La situation des roches qui gisent devant l'entrée de ce canal est parfaitement indiquée sur la carte; mais néanmoins aucun bâtiment n'en doit tenter le passage, si ce n'est de jour et avec un temps clair, de manière à se fier plutôt à une bonne vigie placée en tête d'un de ses mâts qu'à une carte quelconque. Quatre montagnes remarquables servent à reconnaître très distinctement l'entrée de ce canal :

Les pics de l'île Kempe, qui sont élevés et ont trois pointes;
Les pics de l'île Fury, qui sont élevés et séparés;
Le mont Skyring, qui est haut et n'a qu'un pic;
Le mont Saint-Paul, qui, vu d'auprès de l'île Fury, a tout à fait l'aspect du dôme de la cathédrale dont il porte le nom, Saint-Paul de Londres. (Voir, page 89, la description du canal Barbara.)

Les **îles Agnès** et celles qui les avoisinent n'ont pas besoin d'être décrites; elles sont si bien défendues par les rochers qui les environnent qu'aucun bâtiment ne peut les approcher. L'entrée S. O. du canal Barbara se trouve entre les îles Magill et Agnès. Aucun bâtiment ne doit s'engager dans ce dédale; et, s'il le fait, il ne pourra naviguer qu'à l'aide de vigies. Ni cartes, ni sondes, ni instructions ne peuvent lui être d'aucun secours, et avec un temps sombre sa position pourrait devenir très embarrassante.

L'**île Noire,** la plus en dehors de ce labyrinthe, reste à l'O. N. O. $\frac{1}{2}$ N. du cap Schomberg, à une distance de 34 milles. Elle s'élève d'environ 183 mètres au-dessus du niveau de la mer; une langue de terre remarquable, dans la partie S. O., se termine par un rocher semblable à une tour ou à un clocher. A 1 mille au Sud de cette pointe est une roche sous l'eau sur laquelle la mer brise parfois. Il y a deux autres brisants auprès de la pointe dans la baie.

Entre l'île Noire et le cap Schomberg, qui est situé sur l'île London, il y a beaucoup de récifs et un grand nombre de roches détachées et avancées qui rendent cette côte très dangereuse et impraticable pour les bâtiments. Aucune carte ne peut leur servir de guide; il ne faut naviguer que de jour, avec beau temps et avec de bonnes vigies, si l'on veut entrer dans le canal Barbara, qui débouche dans cette baie, ou en sortir.

La **rade Noire** offre un bon mouillage; plusieurs bâtiments peuvent s'y abriter, par un beau fond de sable, contre tous les vents de la partie de l'Ouest. On y trouve en grande quantité du bois et de l'eau, que l'on peut se procurer facilement. Dans la partie méridionale de l'île est une crique dans laquelle des embarcations peuvent se trouver en sûreté par tous les temps, mais l'entrée est trop étroite pour des navires.

Le vaste espace compris entre l'île Noire et les îles Agnès est extrêmement dangereux pour la navigation; il est hérissé de roches, les unes à fleur d'eau, les autres élevées de quelques pieds au-dessus de la mer, d'autres enfin recouvertes de quelques pieds d'eau. Il y a cependant un espace suffisant pour faire le tour de l'île en sûreté, et par suite un bâtiment n'a pas à craindre d'être surpris par des vents d'Est au cas où il serait mouillé dans la rade Noire. Une roche gît dans cette rade, et à 4 milles dans l'Est s'en trouve une autre très dangereuse. (Voir le plan N° 2023.)

MILKY-WAY. — Ce nom a été donné à l'espace compris entre l'île Kempe et l'île Noire parce qu'il est, dans toute son étendue, couvert de roches à fleur d'eau ou élevées de quelques pieds au-dessus de l'eau.

La mer y brise continuellement. On a vu des bâtiments passer à terre du Milky-Way et à toucher les îles Kempe et Agnès, mais c'est une route qu'il est fort dangereux de suivre. Cette partie de la côte n'a besoin d'être connue que pour être évitée. Les roches Tower sont élevées et accores; on peut les ranger de très près d'un bord ou de l'autre.

Marées. — Dans le canal Barbara, on a trouvé que le courant de flot portait au large, c'est-à-dire dans le Sud, comme c'est aussi le cas dans le canal Cockburn; au reste, tout le système des marées dans cet archipel demande à être observé avec beaucoup de soin et de patience.

Les **îles Grafton** sont élevées; les remarques faites sur le caractère général de la côte peuvent leur être appliquées. Elles offrent plusieurs mouillages, mais le meilleur et le plus accessible est la baie Euston. Derrière elles est le passage Wakefield, qui a été traversé par un bateau pêcheur de phoques. Dans le N. E. se trouve une masse de terres hachées composée d'îlots et de roches. Le havre Hope, sur la côte Est de l'île James, est un de ceux fréquentés jadis par les pêcheurs de phoques.

L'**île Isabelle** offre un mouillage qui n'est bon que pour les bateaux de pêche. Il y a au large de la côte Sud de l'île Isabelle quelques roches qui se terminent par les roches Kennel, lesquelles sont à 3 milles dans le Sud de la pointe Sud de l'île. Une autre roche à fleur d'eau gît à 3 milles dans le N. O. q. O. des Kennel.

Le cap Gloucester, qui forme l'extrémité Ouest de l'île Charles, la plus grande et la plus occidentale de toutes, est un promontoire très remarquable qui ne peut être pris pour un autre. A une certaine distance, il apparaît comme une île haute et détachée; mais en approchant on distingue une langue de terre basse qui le réunit à l'île. Une roche, sur laquelle la mer brise, est située à 1 mille environ dans le N. O.; il n'y a pas d'autre danger. Le cap étant accore, il peut être rangé de près.

BAIE EUSTON. — Le cap Gloucester sert de reconnaissance pour cette baie, qui offre un des meilleurs mouillages de cette côte, qu'on peut approcher et dont on peut s'éloigner par tous les vents sans aucun risque, et dans lequel une flotte peut s'abriter en toute sûreté de tous les vents, excepté du S. E., qui est le moins fréquent sur cette partie de la côte. En venant de l'Ouest et doublant le cap Gloucester, on aperçoit une île élevée dans le S. E., à 7 milles de distance : c'est l'île Ipswich; entre elle et le cap est la baie Maria, dans laquelle on trouve beaucoup de roches et de brisants.

Quand on double l'île Ipswich, il faut se tenir à distance des roches sous l'eau qui se trouvent à 1 mille de l'extrémité S. E. de cette île. La mer y brise généralement, mais pas toujours cependant; il n'y a pas d'autre danger caché.

Après avoir paré ces roches, il faut ranger de près l'île Leading et gouverner sur l'entrée du havre Laura, que l'on apercevra sous une haute montagne pointue. On choisit son mouillage où l'on veut, si on a l'intention de mouiller dans la baie Euston; ou bien on s'avance aussi loin qu'on le juge à propos dans le passage qui conduit au bassin Laura; on mouille et l'on se hale jusqu'au mouillage indiqué sur le plan.

Le bassin contient assez d'eau pour un navire de dimensions modérées, mais il est plutôt convenable pour un petit navire. Les grands bâtiments peuvent mouiller dans la baie, et comme le fond est égal et de bonne tenue, que la baie est vaste et exposée seulement aux vents de S. E., qui arrivent graduellement et soufflent rarement avec violence, on peut regarder cet endroit comme un refuge très commode pour toutes sortes de bâtiments et même pour une escadre. L'eau et le bois s'y trouvent en abondance, et on peut se les procurer facilement. Le brassiage varie dans la baie de 9 à 36 mètres; le fond est généralement de sable fin piqué. Un grand espace couvert de plantes marines se montre en travers de l'entrée du havre, mais il n'y existe aucun danger, si ce n'est dans un endroit où il n'y a que 7^{m}30. (Voir le plan N° 2023.)

Les **îles Fincham** sont les premières à reconnaître en remontant dans le N. O. Entre elles et le cap Gloucester se trouve la côte Breaker, grand espace ouvert de 20 milles d'étendue, rempli de roches et de brisants et exposé à toute la violence des vents d'Ouest; elle est complètement inaccessible pour les navires. La côte environnante est hachée et remplie d'une quantité presque innombrable d'îles, d'îlots et de rochers.

Le **cap Tate** est élevé et arrondi à son sommet; au large sont plusieurs groupes de roches : les deux plus au Sud s'appellent roches Collège; elles ne sont visibles que lorsqu'on est près de terre. Comme on le verra sur la carte, il n'y a pas de bon mouillage dans cette partie. La côte est très dangereuse et doit être évitée.

Les **îles Landfall** (îles de l'Atterrage) furent ainsi nommées par le capitaine Cook, parce que c'est la première terre qu'il vit lorsqu'il explora cette côte; son extrémité Sud forme le cap Schettky, hauteur remarquable surmontée de deux sommets; quelques roches à fleur d'eau se trouvent à 1 mille au large. Le cap Inman est un promontoire très remarquable situé à leur extrémité occidentale.

Devant ce cap sont plusieurs roches détachées sur lesquelles la mer brise avec force, ce qui leur donne un aspect effrayant; la plus au large n'est pas à 2 milles de la côte et se distingue très facilement.

La **baie Latitude** s'ouvre derrière le cap Inman; c'est un bon mouillage, quoique exposé parfois à une forte houle qui y pénètre par les grands vents de N. O. Entre les îles Landfall est un endroit bien fermé où peut entrer un bâtiment ne tirant pas plus de 3^{m}7, et dans lequel il aura un excellent abri et une mer calme; il ne faut pas mouiller par moins de 18 mètres et l'on doit se tenir aussi près que possible de la côte Ouest, avec une ancre dans l'Est, pour le cas où le vent viendrait à souffler de cette partie. Comme dans tous les ports de la Terre de Feu, on y trouve en abondance du bois et de l'eau. La mer est pleine aux changements de lune à 1 heure de l'après-midi. (Voir le plan N° 2023.)

La **baie Otway** se trouve en dedans et dans l'Est des îles Landfall ; c'est une vaste étendue d'eau entourée de terres coupées d'îlots et de roches. Un grand nombre de ces dernières sont répandues çà et là dans la baie et la rendent impropre à la navigation. Il est probable qu'il existe des communications entre cette baie et le détroit de Magellan, car le Sound Dynever et plusieurs autres canaux courent dans cette direction aussi loin que l'œil peut les suivre des îles Landfall : on n'a pu les explorer faute de temps. Le capitaine King dit : « Il est probable qu'il doit exister une communication entre le pertuis Dynever et l'ouverture Abra de Sarmiento, qui est dans le détroit, vis-à-vis de Playa Parda. »

En 1871, on a affirmé qu'un navire pêcheur de phoques, commandé par don Pedro Louis Bueno, a passé sans accident à travers la Terre de Désolation en prenant le Dynever Sound et l'Abra de Sarmiento (voir page 104).

Les **îles Week** sont séparées de l'île Désolation par le passage Murray. Dans leur partie Sud est une rade où il y a bonne tenue par 32 à 36 mètres, fond de gros gravier et de sable avec quelques roches ; elle est exposée aux vents de Sud et d'Ouest et, par suite, ce n'est pas un bon endroit pour mouiller. Au milieu des îles, un petit navire peut trouver un abri très sûr dans le port Saturday, mais il est d'un accès difficile. Comme on l'a déjà dit, l'œil doit être le meilleur guide pour entrer dans la plupart de ces endroits. Ils sont tous du même genre ; ce sont des bras de mer renfermés entre des terres élevées, ayant généralement un brassiage considérable, et les roches y sont balisées par les plantes marines. Les rafales et les violentes bouffées de vent qui descendent de ces terres élevées en rendent l'approche difficile pour toutes sortes de bâtiments et impraticable pour un grand navire. (Voir la carte N° 2023.)

L'**île Graves** est la plus grande de ce groupe. Le cap Sunday, le promontoire Ouest, est élevé et proéminent ; on trouve au large deux îlots et deux rochers dangereux qui sont indiqués sur la carte. Après avoir doublé le cap Sunday, on découvre la baie Barrister ; c'est un endroit ouvert, rempli d'îlots, de roches, de brisants, et tout à fait impraticable pour un bâtiment.

Le **cap Deseado,** qui se montre dans le N. N. O. des îles Week, est la terre la plus élevée de ces parages, et, par suite, très remarquable ; au large gît un îlot de roche à 1 mille du cap ; à 2 milles, dans le S. S. E., se trouve une ouverture qui n'a pas encore été explorée ; de cet endroit jusqu'au cap, la côte est très élevée et sans interruption. L'accore des sondes de 90 mètres paraît s'étendre jusqu'à

20 milles de terre le long de cette côte S. O. de la Terre de Feu, fond de gros sable.

Le **havre Dislocation** est un endroit de refuge pour un navire affalé sur la côte ou en détresse, mais peu convenable dans tout autre cas. Son entrée est difficile à voir, à cause des roches qui l'obstruent et sur lesquelles la mer brise violemment ; en outre, il y a deux basses sur lesquelles la mer ne brise pas toujours : leur position est exactement indiquée sur la carte. La position du havre Dislocation est reconnaissable à deux montagnes appelées pic Law et pic Shoulder, qui sont les plus remarquables de cette partie de la côte et qui dominent le port. On peut faire de l'eau facilement; les canots peuvent se tenir dans un ruisseau qui descend des montagnes et remplir leurs pièces le long du bord. Le bois y est en abondance.

Les Weather et Lee Rocks, les roches du vent et de dessous le vent, sont deux dangers placés au large de ce port; les Weather-Rocks sont situés à 2 milles $\frac{3}{4}$ dans le N. 60° O., et les Lee-Rocks à 3 milles $\frac{1}{3}$ dans le S. 22° O. de l'entrée Sud, qui est étroite et exposée aux vents régnants et à la houle, lesquels peuvent pendant plusieurs jours empêcher un navire de prendre la mer. (Voir le plan N° 2023.)

Instructions. — Pour trouver l'entrée, gouvernez sur les deux pics, en veillant avec soin les roches du vent (Weather) et de dessous le vent (Lee), toutes deux élevées de plusieurs pieds au-dessus de l'eau, et sur lesquelles la mer brise avec violence; et quand vous serez à moins de 4 milles de la côte, vous distinguerez facilement, du haut du mât, l'entrée du port. En donnant dedans, évitez les deux roches de l'entrée et mouillez le plus en dedans possible. Il n'y a qu'un petit bâtiment qui puisse sortir sans avoir bon vent. Les vents régnants produisent de la houle dans la baie, mais elle est néanmoins parfaitement sûre. Quatre petits bâtiments peuvent s'y tenir en sûreté; le fond y est très uniforme, variant de 27 à 45 mètres; sable fin blanc.

Les **roches Juges et Apôtres** s'aperçoivent en faisant route du havre Dislocation pour aller dans le N. O.; elles s'élèvent de 1^{m}50 à 15 mètres au-dessus de la mer, mais la quantité de brisants qui les entourent indique que les récifs ont une certaine étendue; la roche la plus au large est à 4 milles de terre.

Le **cap Pillar**, extrémité N. O. de la Terre de Feu, forme la pointe Ouest de l'entrée du détroit de Magellan. C'est une falaise escarpée; quand on l'aperçoit en venant de l'Ouest, il est surmonté de quatre pics dont le plus méridional est le plus élevé. Les terres sont accores, et à moins de 1 mille du pied du cap on trouve 110 mètres de profondeur. (Voir, page 211, le passage du détroit de l'Ouest à l'Est.

et, page 158, la description de la côte du large au Nord des îles Évangélistes.)

Marées. — Il y a pleine mer, les jours de pleine et de nouvelle lune, au cap Pillar, à 1 heure de l'après-midi, et à York-Minster, dans le Christmas Sound, à 200 milles environ dans le S. E., à 3 heures.

Dans les endroits intermédiaires, l'heure varie graduellement entre ces limites; l'élévation de la marée varie de 1^{m}22 à 1^{m}44.

Les **brumes** sont extrêmement rares sur cette côte; mais un temps pluvieux et sombre, accompagné de vents violents, y règne presque toujours. Le soleil se montre rarement, le ciel, même avec beau temps, étant généralement couvert et nuageux; il est rare que le temps soit clair.

Vents. — Les coups de vent se succèdent les uns aux autres à de rares intervalles et durent plusieurs jours. Quelquefois, le temps est beau et fixe pendant peut-être une quinzaine de jours, mais c'est bien rare. Les vents d'Ouest règnent pendant la plus grande partie de l'année; les vents d'Est soufflent principalement en hiver, très violemment parfois; ils sont rarement très forts en été.

Les vents d'Est sont toujours faibles et accompagnés de beau temps lorsqu'ils commencent; puis ils augmentent graduellement, le temps change, et souvent ils finissent par passer à l'état de coup de vent. Le plus souvent ils atteignent la force d'une brise à 3 ris aux huniers, puis tombent graduellement ou sautent à une autre aire de vent. Les coups de vent du Sud et les bourrasques du S. O. sont précédés et annoncés par des bancs épais de gros nuages blancs qui s'élèvent de cette partie de l'horizon et ont des bords très nets et très tranchés. Les vents de N. et de N. O. sont précédés et accompagnés de nuages chassant très bas; le ciel est obscur et on aperçoit d'autres nuages à une grande hauteur; le soleil les perce avec peine et offre un aspect rougeâtre.

Quelques heures, et même un jour entier avant un coup de vent de Nord ou de l'Ouest, il est impossible de prendre une hauteur du soleil, quoiqu'il soit visible, parce que la brume des parties supérieures de l'atmosphère empêche son disque d'être distinct et tranché. Quelquefois, mais rarement, avec une petite brise variant du N. N. O. au N. N. E., on peut avoir quelques jours de beau temps; mais ils sont généralement suivis de fortes brises du Sud avec de la pluie.

Les vents de Nord commencent toujours par souffler modérément; mais le temps est plus sombre et plus nuageux qu'avec les vents d'Est et est généralement accompagné d'une pluie fine. A mesure qu'ils augmentent, ils tournent graduellement vers l'Ouest et deviennent plus frais entre le Nord et le N. O.; le ciel se charge de gros nuages, s'obscurcit, et la pluie tombe abondamment. Quand la fureur du vent de N. O. est passée, ce qui varie de 12 à 50 heures, ou même pendant qu'il vente dur, la brise saute tout à coup au S. O. et souffle plus violemment. Ce vent chasse alors rapidement les nuages, et en quelques heures le temps devient parfaitement clair, mais de forts grains passent de temps à autre.

Une fois au S. O., le vent dure (généralement) plusieurs jours, soufflant avec violence, mais se modérant vers la fin et amenant alors deux ou trois jours de beau temps.

Les vents de Nord commencent généralement pendant l'été ; mais ils varient continuellement du Nord au Sud, en passant par l'Ouest, dans cette saison, qui ne mérite guère le nom d'été qu'à cause de la longueur des jours et de la température un peu plus chaude. La pluie et le vent sont plus forts dans les longs jours que dans les courts.

Il faut se rappeler que le mauvais temps ne vient jamais subitement de l'Est et qu'un coup de vent du S. O. ou du Sud ne saute jamais brusquement au Nord.

Les vents de Sud et de S. O. s'élèvent subitement et avec violence, et c'est une circonstance à laquelle il faut bien avoir égard pour choisir son mouillage ou éviter les sautes de vent à la mer.

Le temps le plus ordinaire sous ces latitudes est un vent frais variable du N. O. au S. O., accompagné d'un ciel sombre et nuageux.

§ 3. — DOUBLER LE CAP HORN DE L'EST À L'OUEST.

DIVERGENCE DES OPINIONS. — Devant les conseils contradictoires donnés par les auteurs les plus recommandés, nous ne pouvons que mettre sous les yeux des capitaines les diverses instructions qui ont été publiées par des marins d'expérience.

Le capitaine King conseille de doubler la Terre des États au large. Il pense qu'il serait imprudent de s'engager dans le détroit de Lemaire avec des vents de la partie du Sud; car, lorsque la marée porte au vent, la mer devient très creuse du travers et peut compromettre gravement la sûreté d'un petit bâtiment et causer des avaries majeures à un grand. Avec du calme, il serait encore plus imprudent à un navire à voiles de s'engager dans le détroit, parce que les courants portent sur les îles des États et qu'alors, s'il devenait nécessaire de mouiller, ce ne pourrait être que par un très grand fond et très près de terre. Mais avec des vents de Nord cette route fait tant gagner dans l'Ouest qu'on renoncera rarement à tenter le passage; toutefois il est douteux que les vents du Nord, à moins d'être très forts, persistent dans tout le détroit; et s'ils viennent à tomber on aura encore à craindre d'être drossé sur la côte orientale.

Le capitaine Fitz-Roy semble croire qu'il n'y a aucun risque à courir en prenant par le détroit de Lemaire. Le principal danger est que le vent vienne à tomber; or, les navires qui arrivent du Sud ne verront les vents de S. O. les quitter que s'ils sont très faibles, et alors on trouvera généralement des vents de N. O. à l'extrémité Nord du détroit.

Quoi qu'il en soit, le mouillage de la baie Good Success, sur la côte Ouest du détroit, est parfaitement situé, pour le cas où la marée viendrait à manquer.

Lorsqu'on se décidera à passer sous le vent de l'île des États, on évitera avec soin le ras de marée qui s'étend à une certaine distance au large du cap Saint-John, à l'extrémité N. E. de l'île; on n'a pas d'autre danger à craindre.

Après avoir doublé l'île des États, si le vent souffle d'une direction plus Sud que le S. S. O., on prendra bâbord amures; mais s'il souffle de la partie Ouest, on mettra les amures à tribord et l'on courra jusqu'au parallèle de 60° S., sur lequel beaucoup de navigateurs pensent que les vents soufflent plus souvent de la partie de l'Est que de toute autre direction [1]. On prendra ensuite la bordée qui fera faire le plus d'Ouest possible. Quand on sera parvenu au méridien du cap Pillar, ou de 77° O., on continuera de chercher à faire le plus de route que l'on pourra, jusqu'au méridien de 85° ou de 86° Ouest; ce qui permettra de faire ensuite du Nord, malgré les vents de N. O. qui règnent entre 50° et 54° Sud.

En ce qui concerne les saisons et le choix de la meilleure époque pour doubler le cap Horn, le capitaine King, malgré l'avantage des longs jours de l'été austral, considère comme préférable de doubler le cap pendant l'hiver austral. Les vents d'Est et de Nord sont très fréquents, suivant lui, dans cette dernière saison, au large du cap Horn, tandis que les vents d'Ouest et de Sud soufflent constamment en été. De plus, les vents seraient modérés en hiver, comparativement aux furieux coups de vent de l'été.

On trouve dans les mêmes instructions les observations suivantes :

Les mois d'équinoxe, surtout mars, sont les plus mauvais; coups de vent violents. Les mois d'août, septembre et octobre sont les plus froids; pluie, neige et grêle. Décembre, janvier et février sont les plus chauds; les jours sont longs et quelquefois le temps est beau, mais les vents d'Ouest sont encore fréquents, quelquefois très violents et avec de fortes pluies. En avril, mai et juin, on a moins de mauvais temps qu'à toute autre époque ; les vents d'Est sont fréquents et

---

[1] Les cartes-pilotes ne signalent pas du tout ce fait. Les vents dominants sont, au cap Horn, ceux de N. O. à S. O., et les vents de la partie de l'Est y sont très rares, aussi bien sur le parallèle de 60° Sud que partout ailleurs, et en hiver comme en été.

amènent parfois du beau temps assez fixe. Juin et juillet se ressemblent beaucoup, mais les grandes brises d'Est sont plus fréquentes en juillet. La conclusion est que les mois de juin et de juillet, bien que très froids, et malgré la brièveté des jours, sont peut-être les plus favorables pour doubler le cap de l'Est à l'Ouest; les mois d'avril et mai sont également assez favorables pour aller de l'Est à l'Ouest.

Nous allons maintenant exposer l'opinion du capitaine J. Weddel, de la marine royale britannique; on remarquera que ces nouvelles instructions ne sont pas complètement d'accord avec les précédentes. Voici le résumé des conseils de cet officier :

Mars et avril seraient les plus mauvais mois pour doubler le cap de l'Est à l'Ouest; au contraire, la traversée serait facile depuis le 1er novembre jusqu'au 15 février, période pendant laquelle les vents ne souffleraient pas souvent de l'Ouest. Du 20 février environ jusqu'au 15 mai, vents très violents de N. O. à S. O.; impossibilité de doubler le cap, à moins de courir de grands risques, avec un navire faible ou se comportant médiocrement à la mer. Du 15 mai à la fin de juin, vents dominants de l'Est, beau temps; on devra doubler le cap à cet époque, en vue de Diego Ramirez. En juillet, août, septembre et octobre, vents de N. O. à S. O.; tempêtes fréquentes en août et en septembre. Le capitaine Weddel engage également à prendre le détroit de Lemaire en été, parce qu'il abrège la route de 50 ou 60 milles, et qu'on peut le prendre sans danger, pourvu que l'on ait assez de jour pour en sortir, dans le cas où l'on trouverait à son extrémité Sud des vents de cette partie. En sortant du détroit, on fera route vers le Sud pour passer au Sud du cap Horn; puis on côtoiera par l'Est, et l'on dépassera par le Sud l'île Diego Ramirez, à la distance de quelques milles. Lorsqu'on louvoiera, en été, pour s'élever dans l'Ouest, on se placera le soir près de la côte de la Terre de Feu, parce que l'on aura fréquemment, pendant la nuit, des vents venant du Nord qui prendront de l'Ouest dans la matinée.

Dans les mois de mauvais temps, tels que mars, août et septembre, et suivant Weddel et King, il faut se tenir au Sud par 60° de latitude, où l'on trouve la mer moins tourmentée et les vents plus égaux en force et moins variables en direction.

Le capitaine King conseille aux navires qui se rendent de l'Atlantique dans le Pacifique de rallier la côte Est de Patagonie et de s'en tenir à une centaine de milles.

Quant à Fitz-Roy, il pense le contraire ou à peu près. Il est vrai, dit-il, que la mer est plus belle près de terre et que l'on n'a pas à y craindre les glaces, comme au large; mais cependant, comme les courants portent au Nord avec plus de force quand on se rapproche de la terre, il recommande aux grands navires bien construits de rester plus au large.

En ce qui concerne la route à suivre pour doubler le cap, Fitz-Roy pense qu'au lieu de descendre jusque par 60° S., comme le dit King, il est préférable de louvoyer près de la Terre de Feu, vers la baie Nassau; il conseille de se tenir, en cas de mauvais temps, au mouillage dans la baie d'Orange, sous l'île Noire, dans la baie Euston, ou partout ailleurs, et de saisir la première occasion favorable qui se présentera pour faire bonne route à l'Ouest, jusque vers le méridien de 84° O.

Le capitaine Beechey pense, comme Fitz-Roy, qu'il est inutile de courir au Sud pour doubler le cap Horn. Il recommande seulement de mettre les amures du bord qui fait gagner le plus dans l'Ouest, en se préoccupant simplement de passer à 60 milles dans le Sud du cap.

Avec les vents de la partie du S. O. on devra courir vers le N. O., et avec ceux de la partie du N. O. on fera route vers le S. O.; enfin, si les deux bords sont également défavorables, on prendra la bordée du Sud, à moins qu'on ne se trouve déjà par une latitude élevée. En tout cas, on se gardera bien de s'approcher de la terre, dans l'Est du cap Horn, à cause du danger causé par la vitesse du courant par le travers du détroit de Lemaire, particulièrement avec les vents du Sud. Dans l'Ouest de Diego Ramirez, on peut sans crainte rallier la terre à moins de 40 ou 60 milles.

Ainsi, Weddel conseille d'aller, en hiver, jusque par 60° S., et le reste du temps, près de terre; Fitz-Roy pense qu'il faut toujours rester à petite distance de la côte. Beechey, à son tour, est d'avis qu'on ne doit pas se laisser affaler près de terre dans l'Est du cap Horn, mais qu'on peut se rapprocher de la côte dans l'Ouest de Diego Ramirez.

D'après Maury, la meilleure saison pour doubler le cap Horn, au point de vue de la rapidité des traversées, est de décembre à avril inclusivement, et la plus mauvaise saison est de juin à novembre. Ce résultat étant celui des moyennes établies par Maury d'après 220 traversées, on peut l'admettre comme absolument exact et sortant complètement du domaine ordinaire des spéculations d'un seul navigateur raisonnant d'après une douzaine de traversées, tout au plus, qu'il lui a été donné de faire.

Ces conséquences irréfutables des moyennes faites par Maury détruisent à peu près complètement l'opinion émise par King (voir plus haut) que les mois d'avril, mai, juin et juillet sont les plus favorables pour doubler le cap; elles donnent, au contraire, en grande partie raison aux observations de Weddel, qui ont été précédemment reproduites.

On trouve également dans les instructions de Maury une lettre qui lui a été adressée par le capitaine Smyley, et qui contient d'intéressantes indications sur les avantages incontestables que présente la route par l'Ouest des Malouines. Il expose que pendant longtemps les navires destinés à l'Océan Pacifique avaient l'habitude, après avoir franchi le parallèle de la Plata, de passer dans l'Est des Malouines, les uns pour éviter le danger de l'Aigle, les autres pour ne pas être jetés sur la côte Est de Patagonie. Or, suivant lui, l'écueil n'existe pas plus que la côte n'est à craindre. Il dit avoir cherché l'Aigle dans les circonstances les plus favorables, et n'a jamais rien trouvé. Quant à la crainte d'être jeté sur la côte Est de Patagonie, il affirme qu'après avoir passé 22 ans de son existence presque continuellement entre la Plata et les Shetland du Sud il n'a jamais vu le vent souffler en côte douze heures de suite, bien que le genre de pêche auquel il se livrait le forçât de se tenir près de terre.

Nous terminerons ces citations en reproduisant les conseils de Maury, qui nous semblent résumer parfaitement les instructions des différents auteurs dans ce qu'elles ont de commun, et qui présentent d'ailleurs l'avantage d'être basées sur un grand nombre d'observations :

« La règle sera de passer toujours dans l'Ouest des Malouines. On prendra le détroit de Lemaire, s'il est possible de le faire pendant le jour, car les courants y sont singulièrement forts et variables; puis on rangera le cap aussi près que le permettront les vents et les rochers de la côte. Mais si, après le détroit de Lemaire et avant d'avoir doublé le cap, on trouve les grandes brises d'Ouest, il ne faudra pas lutter contre elles près de terre; il sera préférable de prendre la bordée du Sud pour aller trouver des brises moins fraîches, ce qui aura lieu probablement à une distance des côtes variable selon la direction du vent.

« Toutefois, même en prenant ce parti, il faudra soigneusement profiter des variations de la brise et préférer en général, jusqu'à ce que le cap soit doublé, la bordée qui donnera le plus d'Ouest. Les navires se rendant à Valparaiso ou aux Intermedios ne devront pas, avec bon vent, faire autant d'Ouest au Sud du parallèle de 50° S. que ceux qui vont plus au Nord, en Californie par exemple. Ces derniers couperont convenablement le parallèle de 50° S. tant qu'ils seront à l'Est de 100° ou 112° O., et le plus souvent ils couperont ce parallèle entre 82° et 92° O. »

De tout ce qui précède, un seul point de la question reste exactement prouvé : c'est la détermination de l'époque la plus favorable pour effectuer de rapides traversées. Nous avons déjà dit que les moyennes extraites de Maury ne peuvent laisser le moindre doute à cet égard. Mais encore faut-il ajouter que rien ne prouve d'une manière positive que la saison des traversées moyennes les moins longues soit la meilleure au point de vue des coups de vent et des chances d'avaries graves.

Quant à la route à suivre, nous pensons que la diversité extraordinaire des opinions émises à ce sujet doit fournir cet enseignement, qu'*aucune règle absolue n'est bonne pour cette navigation spéciale* et qu'il est seulement possible de donner des conseils généraux que chacun des navigateurs modifiera suivant les circonstances et les qualités du bâtiment.

CONSEILS GÉNÉRAUX. — Lorsqu'on sera parvenu au parallèle de 50° Sud, en suivant les indications données ci-dessus, on pourra tracer sur la carte une ligne joignant la position du navire au cap San Diego (détroit de Lemaire), et l'on fera tout son possible pour se tenir dans l'Ouest de cette ligne. Pour cela, et comme les vents sont toujours dominants du N. O. au S. O., on profitera des vents de la partie du N. O. pour faire route au S. q. S. O. et même au S. O. du monde, de manière à se placer bien au vent et à pouvoir faire sans inconvénient le S. S. E. du monde quand le vent halera la partie du S. O. La plus mauvaise saison pour effectuer cette fraction de traversée sera celle comprise du 1er janvier au 1er avril, période pendant laquelle les vents souffleront le plus souvent du S. O.

En arrivant à l'entrée du détroit de Lemaire, avec un navire à voiles, on n'hésitera pas à tenter le passage si l'on a des vents bien établis de la partie du Nord, de N. E. à N. O., avec un baromètre ferme et des apparences de temps bien établi; enfin, si l'on se sent maître de sa manœuvre. Dans tout autre cas, et si l'on éprouve de l'hésitation, il faudra se résigner à doubler la Terre des États, en passant à bonne distance dans l'Est du cap Saint-John : on aura ainsi l'esprit tranquille, et la traversée sera un peu plus longue.

Avec un bon navire mixte, avec un grand aviso ou une corvette par exemple, on n'aura aucune excuse à donner si l'on ne prend pas le détroit de Lemaire, à moins toutefois que l'on ne trouve dès l'entrée de fortes brises de S. O. à S. E. ou un temps de mauvaise apparence.

En tous cas, on fera son possible pour passer le détroit pendant le jour, en raison des courants irréguliers et violents contre lesquels on devra se tenir en garde.

En sortant du détroit de Lemaire, la route à suivre pour aller doubler le cap sera à peu près le S. O. Or il sera facile de s'en tirer si l'on a le bonheur d'avoir des vents de N. E. à N. O., ce qui n'est pas rare du tout; et, dans ce cas, on fera une très belle traversée, en doublant le cap à petite distance. Mais si l'on trouve des vents d'Ouest ou de S. O., que faire? Fitz-Roy pense que le mieux est de louvoyer près de terre, en profitant de toutes les embellies, et en allant se mettre à l'abri, en cas de mauvais temps, dans diverses baies de la Terre de

Feu qu'il indique. Suivant notre opinion, cette manière de faire est, sans aucun doute, la meilleure et même la seule qui puisse permettre de compter, avec une presque certitude, sur une rapide traversée; mais, en revanche, nous croyons qu'on ne saurait conseiller, dans des instructions générales, une telle conduite, qui pourrait entraîner le navire, à un moment donné, dans une position critique. Fitz-Roy, qui connaissait parfaitement ces parages dont il avait fait l'hydrographie, et, comme lui, les officiers familiarisés avec les traversées du cap Horn, notamment les baleiniers et certains capitaines de navires de commerce, ont pu accoster la Terre de Feu sans crainte et ont accompli de cette manière des traversées rapides; ils en sont arrivés à conseiller et à prôner hardiment cette route. Mais comme les instructions sont rédigées surtout pour les capitaines qui connaissent peu ou point la traversée qu'ils doivent entreprendre, nous pensons que ce serait assumer une grande responsabilité que de soutenir la thèse de Fitz-Roy et d'exposer ainsi un navire à voiles à être porté en vue de la Terre de Feu par des vents de S.O. qui pourraient fraîchir et le contraindre à chercher un abri sur une côte qui ne lui serait pas familière. Partout ailleurs, rien de plus naturel; mais dans les parages qui nous occupent, le cas est bien différent. Pas de balisage, pas de phare, pas de pilotes, peu de cartes détaillées, et par-dessus tout une côte inhospitalière à redouter, côte vers laquelle poussent les vents et des courants imparfaitement connus; sans compter que l'on ne trouvera aucun moyen d'existence, ni de ravitaillement, ni de réparation en cas d'avaries. Voilà, selon nous, ce que pensera, en général, un officier n'ayant pas encore doublé le cap Horn et à qui on donnera le commandement d'un navire à voiles pour effectuer cette navigation. Quelques capitaines, soit du premier coup, soit après une traversée antérieure dans laquelle ils auront tâtonné, prendront sur eux de suivre la route de Fitz-Roy.

Nous pensons donc qu'un navire, surtout s'il est à voiles, qui trouvera des vents de la partie du S.O. à sa sortie du détroit de Lemaire, prendra très généralement la bordée tribord amures. Si le navire est mixte, il pourra faire d'abord bonne route à la vapeur tant que les vents de la partie du S.O. ne seront pas assez forts pour l'en empêcher; et il arrivera quelquefois que le vent tournera au Sud et au S.E., puis au N.E., ce qui permettra d'accomplir une rapide traversée. En somme, on agira prudemment, tant que l'on sera dans l'Est du méridien du cap Horn, en évitant de s'approcher de terre. Sous cette unique réserve, on peut recommander de choisir toujours la bordée qui fait faire le plus d'Ouest.

Après avoir dépassé le méridien du cap, on n'aura plus à redouter sérieusement le voisinage de la côte. La route à suivre sera environ l'O.N.O., et l'on pourra même courir à l'O.q.N.O. et au N.O.

tant que l'on sera éloigné de terre de plus de 50 à 60 milles. Les vents domineront du N. O. au S. O. et pourront toujours être utilisés avantageusement, excepté quand ils souffleront en coup de vent du N. O., parce qu'alors on serait réduit à tenir la cape bâbord amures. Dans toute autre éventualité, les vents de N. O. permettront de courir au S. O. et même à l'O. S. O., ce qui sera une bonne route; si les vents prennent, au contraire, de la partie du S. O., même violents, la route que l'on fera bâbord amures sera encore meilleure. La véritable difficulté de la traversée du cap consiste donc à parcourir le chemin en longitude compris entre le méridien de la Terre des États et celui de 70° ou 70° 30' Ouest.

En ce qui concerne le meilleur point de croisement du parallèle de 50° Sud, nous croyons suffisant de couper ce parallèle par 82° Ouest si l'on se rend à Valparaiso ou à tout autre point du Chili et du Pérou; mais il est certain que les navires destinés au Mexique ou à la Californie ont tout avantage à couper beaucoup plus loin dans l'Ouest (jusque par 95° ou 100° Ouest), si les circonstances de temps et de vent qu'ils rencontrent le leur permettent.

COURANTS AU LARGE DU CAP HORN. — Au large du cap Horn existe un mouvement considérable de la surface des eaux, de l'Ouest vers l'Est. Le courant descend de la côte occidentale de Patagonie, en portant au S. E.; il contourne la Terre de Feu en portant à l'Est, puis il remonte vers le N. E. passant par le détroit de Lemaire et au large de la Terre des États. Une partie des eaux passe dans l'Ouest des Malouines et l'autre partie dans l'Est. La vitesse de ce courant est d'autant plus variable que les vents dans ces parages sont eux-mêmes soumis à de plus grandes variations que partout ailleurs. Toutefois nous allons indiquer les vitesses moyennes sur lesquelles on pourra compter.

Sur le méridien de 82° O., et entre 55° et 60° S., la vitesse du courant portant au S. E. et à l'E. S. E. varie de 12 à 24 milles par jour. Sur le méridien de 77° O., et à une quarantaine de lieues dans le Sud du cap Pillar, la vitesse du courant portant au S. E. est d'environ 12 milles; sur le même méridien, et entre 55° et 60° S., la vitesse vers l'Est varie de 18 à 24 milles. Sur les méridiens de 72° et 73° O., la vitesse à l'Est sur le parallèle de 58° S. est d'environ 30 milles par jour. Par 71° et 70° O., et dans le Sud du cap Horn, la vitesse vers l'Est atteint environ 24 milles à 30 milles. Dans le S. E. et dans l'Est du cap Horn, le courant remonte vers le N. E. et le N. N. E. avec une vitesse de 30 milles; près de terre, entre le cap Horn et la Terre des États, la vitesse vers le N. E. est d'environ 24 milles.

Une partie des eaux, après avoir doublé et contourné le cap Horn et la Terre des États, passent dans le Sud des Malouines et se dirigent vers l'E. N. E., avec une vitesse de 12 à 24 milles sur les parallèles de 53° à 54° S.

Dans l'Est des Malouines, entre ces îles et le méridien de 52° O., les eaux portent vers le N. E. avec une vitesse de 12 à 24 milles, jusqu'au parallèle de 50° S., où le courant perd toute sa force.

L'autre partie des eaux, débouchant du détroit de Lemaire, et après avoir doublé la Terre des États, porte vers le N. N. E. et passe dans l'Ouest des Malouines. La plus grande vitesse, de 36 milles par jour, est observée à 10 ou 20 lieues dans le Nord du détroit de Lemaire. Par le travers et dans l'Ouest des Malouines, la vitesse au N. N. E. n'est plus que de 12 milles; et dans le Nord des îles, jusque sur le parallèle de 50° S., la vitesse du courant porte vers l'Est avec une vitesse de 12 à 24 milles.

Plus loin, dans le Nord des Malouines, et sur les parallèles 47° et 48° S., la vitesse du courant vers le N. E. est de 12 à 20 milles par jour.

Dans le N. E. des Malouines, entre les parallèles 47° et 49° S. et entre les méridiens 44° et 37° O., on observe fréquemment à la surface de la mer des variations brusques de température qui indiquent la limite des courants venant des régions polaires antarctiques et du cap Horn.

BAROMÈTRE AU CAP HORN. — Lorsqu'on désire être fixé sur la valeur des renseignements que le baromètre peut fournir au cap Horn, on se trouve dans la plus grande perplexité qui se puisse imaginer.

Un grand nombre de capitaines, ayant doublé plusieurs fois le cap, certifient que l'on ne doit pas se fier au baromètre dans ces parages, et citent tels exemples où des mouvements du niveau du mercure se sont produits sans changement de temps, et inversement. Quelques autres prétendent le contraire, avec une grande persistance, et pensent que leurs contradicteurs ne savent pas interpréter les indications de leurs instruments, et que, s'il est vrai que certaines exceptions peuvent être signalées, elles n'infirment en rien la règle générale, etc.

Il est facile de se rendre compte de ce conflit d'opinions en parcourant les pages 280 à 298 des *Instructions de Maury* (traduction de M. Vanecchout). On y voit des citations de fragments de rapports et de journaux de bord qui ne laissent aucun doute sur le peu d'entente des navigateurs à cet égard.

Après avoir cité treize opinions contradictoires de marins éclairés, Maury résume la sienne comme il suit:

« Les indications du baromètre sont peu utiles au cap Horn. Le niveau barométrique s'élève et retombe de plusieurs pouces en quelques heures; parfois il monte au plus fort d'un coup de vent, tandis qué d'autres fois il baisse ou demeure stationnaire. Sa hauteur moyenne au Sud de la latitude du cap Horn est de 737^{mm} 75. En approchant des côtes de la Terre de Feu et de la Patagonie dans le Pacifique, les vents étant à l'Ouest, le baromètre monte; si la brise est fraîche, il s'élèvera au-dessus de 762 millimètres, et même souvent, sous la terre, au-dessus de 774. »

Après avoir donné ces témoignages, qui tendent presque tous à enlever la confiance que l'on pourrait avoir dans l'emploi du baromètre au cap Horn, nous devons reproduire un résumé de la lettre que le commandant Bayley écrivait à Maury en 1864. Ainsi qu'on va le voir, il résulte de ces observations qu'en ne faisant pas usage du baromètre dans ces parages on négligerait de son plein gré une source précieuse d'informations.

« En été (c'est-à-dire en décembre, janvier et février), les vents d'Est sont rares et de peu de durée lorsqu'ils soufflent; nous n'en avons pas eu. Les vents du Nord et de N. O. sont habituellement accompagnés d'un temps couvert et pluvieux, ou de brume. Peu après qu'ils se sont établis, le mercure commence à baisser et continue tant qu'ils restent de la partie du Nord; après quoi il y a généralement un intervalle de 2 ou 3 heures de calme et de petites brises variables; puis le vent passe au Sud ou S. O. à grains, le brouillard se change en grêle et neige fondue, et le S. O. se charge de nuages de la forme dite cumulus.

« Alors le mercure commence à monter, et monte tant que le vent reste de la partie du Sud. Ainsi, un baromètre bas (724 millimètres par exemple) montera avec un vent du Sud, et un baromètre haut (759 millimètres par exemple) baissera avec un vent du Nord. Le 10 janvier, par 57° 40′ S. et 81° 30′ O., nous avions vers 4 heures du matin des vents de la partie du N. O., avec lesquels nous courions, toutes voiles dessus, la bordée de l'Ouest tribord amures; le baromètre était graduellement tombé à 724 millimètres, lorsque la brise mollit et hala le Sud. A peine avions-nous établi la voilure sur l'autre bord que la brise fraîchit avec assez de rapidité pour nous obliger à laisser porter, sans avoir le temps de songer à prendre des ris; heureusement nous avions fait assez d'Ouest pour ne pas craindre la terre. Sous nos voiles d'étai, nous filâmes d'abord 15 nœuds, puis 14 nœuds. Le baromètre commença à monter peu après que le coup de vent se fut déclaré, et atteignit 758 millimètres en 32 heures; il retomba ensuite lorsque le vent passa au N. O.

« J'ai doublé trois fois le cap Horn, et chaque fois une observation attentive de ces phénomènes me les a montrés tels que je vous les dépeins; aussi suis-je tellement convaincu de la vérité de ce que j'avance que je conseillerais aux navires (après avoir passé par le détroit de Lemaire, ce qui n'offre aucun danger et fait gagner au moins

1 degré dans l'Ouest), lorsque le vent sera du Nord et que le baromètre baissera, de compter sur ce vent tant que le baromètre continuera à baisser; lorsqu'il aura atteint un minimum inférieur à 735 millimètres et que le calme viendra, ils pourront de même compter sur les vents du Sud, et, s'il est possible, se mettre d'avance en position d'en profiter. »

Nous terminerons ces extraits en renvoyant au tableau des moyennes barométriques mensuelles au cap Horn, tableau dont l'importance est capitale, en ce qu'il montre combien le niveau est bas en général (le niveau moyen est de 743 mill. pour toute l'année). Il n'y a pas lieu par conséquent de s'effrayer des hauteurs telles que celles de 715 et 720 millimètres, qui sont fréquentes et qui, dans d'autres parages, annonceraient de grands mauvais temps.

OPINION DES OFFICIERS FRANÇAIS. — En général, ceux de nos officiers qui naviguent dans les mers du cap Horn montrent une certaine confiance dans le baromètre haut, en signalant de fréquentes irrégularités dans ses indications. Les diverses opinions peuvent se résumer comme il suit :

Le baromètre étant dans les environs de son niveau moyen, entre 737 et 745 millimètres, suivant l'époque de l'année, on le verra souvent baisser de 10 millimètres dans un quart de 4 heures, avec les vents de N. O.; le niveau pourra ensuite atteindre 720 et même 715 millimètres, sans qu'on puisse en déduire une annonce certaine de coup de vent. Lorsque les vents reprendront du S. O. on verra le niveau remonter et passer quelquefois, en moins de 24 heures, de son point le plus bas à des hauteurs de 775 et 780 millimètres. Si le N. O. doit reprendre ou reprend à son tour, le niveau recommence à baisser rapidement vers 730 et 720 millimètres, et ainsi de suite.

Il résulte de là qu'il est plus nécessaire au cap Horn que partout ailleurs de tenir compte de tous les indices pouvant donner quelque certitude aux pronostics tirés de l'observation du baromètre. Ainsi, on pourra compter, avec d'assez grandes probabilités, sur des vents de N. O. lorsque le mouvement de baisse du baromètre sera accompagné d'une hausse du thermomètre, d'une augmentation d'humidité au psychromètre, d'un horizon chargé dans le Nord et le N. O., etc. Inversement, on aura sans doute de grandes chances de S. O. lorsque le mouvement de hausse du baromètre sera accompagné d'une baisse du thermomètre, d'une humidité moindre au psychromètre et d'un horizon dégagé dans le Sud et le S. O.

De même les probabilités de mauvais temps seront plus grandes lorsque les mouvements très brusques du niveau barométrique, au-dessus ou au-dessous de niveau moyen, se produiront en même temps qu'une forte houle et après un coucher ou un lever de soleil venteux, ou vers les changements de lune, ou au moment du lever ou du coucher de la lune, enfin lorsque le temps aura mauvaise apparence.

THERMOMÈTRE. — Le thermomètre monte avec les vents d'Est, de N. E. et de Nord; avec les vents de N. O., il cesse de monter et commence à descendre; il baisse avec les vents d'Ouest, de S. O. et de Sud; avec les vents de S. E., il cesse de descendre et commence à monter.

APPENDICE.

LES CANAUX DU NORD AU SUD.— LE DÉTROIT DE L'OUEST A L'EST.

Beaucoup de marins d'expérience sont d'accord pour recommander aux grands bâtiments l'emploi des canaux latéraux dans le sens du Sud au Nord; mais ils sont moins affirmatifs lorsqu'il s'agit de la traversée inverse. En effet, les vents sont fréquemment favorables au large, pour faire route du Nord au Sud; la grosse mer y est beaucoup moins redoutable, puisqu'on ne l'a pas de l'avant. Donc les bâtiments passant du Pacifique à l'Atlantique ne donneront dans les canaux latéraux, sauf désir contraire du capitaine, que s'ils sont faibles, en état douteux, ou dépourvus de qualités nautiques. Ajoutons que les petits voiliers, auxquels le passage du Sud au Nord est, pour ainsi dire, interdit, tant il serait long, peuvent aussi l'essayer dans le sens qui nous occupe en ce moment, sous la réserve d'y rester longtemps s'ils éprouvent des contrariétés.

Nous allons examiner rapidement les particularités que peut offrir le passage du golfe de Peñas au détroit de Magellan; nous ne donnerons, bien entendu, aucun détail sur les ports qui se présenteront: nous nous bornerons à de simples renvois aux paragraphes convenables. Rendus au détroit de Magellan, c'est-à-dire à la baie Sholl, qui est le point de jonction, nous attaquerons la traversée du détroit de l'Ouest à l'Est et nous verrons à quels navires cette navigation peut convenir. Les renseignements sur le temps, le vent, les marées, les cartes, les indigènes et les ressources ont été donnés de la page 118 à la page 121, pour ce qui concerne les canaux latéraux. Nous prions le lecteur de vouloir bien y recourir.

Décidé à s'engager dans les canaux pour gagner le détroit de Magellan, un bâtiment, d'où qu'il vienne, reconnaîtra le cap Tres Montes (vue N° 1, 2° série). Si le temps est propice, il fera route directement pour aller chercher les îles Ayautau, dans le Nord de la baie Tarn. S'il y a crainte de ne pouvoir atteindre avant la nuit ni le havre Hale ni le havre de l'Île (page 153), le bâtiment relâchera au port Otway ou au port Kelly (pages 157 et 159). Les petits navires ont encore la ressource du port Ballenas et du mouillage temporaire de l'île Sombrero, mais il faut de la prudence et un temps maniable pour aller les chercher.

Le capitaine attendra à l'un de ces mouillages que les circonstances soient favorables pour entrer dans la baie Tarn et le canal Messier. Les îles Ayautau, Wager et Byron constituent les meilleurs points de reconnaissance (vue N° 2, 2° série); on voit les sommets de ces îles de 30 ou 40 milles. L'île Sombrero et le point culminant de l'île Millar guident dès que l'on est un peu plus près.

Les vues N°ˢ 3 et 4 (2ᵉ série) sont à consulter entre les îles Ayautau et le havre Hale; la baie Fatale sera toujours évitée, quelles que soient les circonstances.

La navigation n'offre aucune difficulté dans la partie Nord des canaux. Le havre de l'Île (page 153) et l'anse Connor (page 152) sont, après le havre Hale, les meilleurs points de relâche. A partir du Search Inlet, les capitaines se préoccuperont de suivre attentivement les terres de façon à connaître exactement leur position en approchant du goulet Anglais; la vue N° 10 *bis* (2ᵉ série), prise avant d'arriver à la pointe Ommaney, montre, ainsi que les deux suivantes, que le mont Albion, situé dans le Sud du goulet Anglais, a une importance considérable pour le passage du goulet du Nord au Sud.

Pour que le capitaine engage son bâtiment dans le goulet Anglais, il faut que les circonstances soient favorables et qu'il y ait encore assez de jour pour que l'on puisse atteindre l'un des mouillages situés dans le Sud du goulet. Obligé de mouiller dans le Nord, un navire a le choix entre la baie Halt, le havre Gray et l'anse Hoskyn. La baie Halt est de plus en plus délaissée (page 151).

Au contraire, un bâtiment ayant devant lui du temps et des circonstances favorables franchira le goulet Anglais sans s'arrêter (carte N° 3016; vues N°ˢ 10 *ter*, 11, 12 et 10 *quater*). Ces vues sont échelonnées de telle sorte qu'avec un peu d'attention on est conduit jusqu'à portée de l'île Mi-Chenal, et alors il n'y a plus d'erreur possible. On ne perdra pas de vue que les îles situées au Nord du goulet Anglais sont assez difficiles à reconnaître, parce que certaines d'entre elles sont très près de la côte et qu'on ne les en distingue qu'avec peine; cependant l'île Thomas (celle qui se trouve au Nord de l'île Lamarmora) présente près de son centre un pic très bien défini et en même temps l'*Entrance Rock* est une bonne marque pour aller chercher l'îlot Loney (voir, pour les courants, la page 149). Comme les bâtiments s'enfonçaient parfois dans la baie Magenta au lieu de suivre la bonne route, les Chiliens ont élevé sur le sommet de l'île Cavour une pyramide blanche (page 149) qui se voit de l'île Daly et même de plus loin: cette marque et celle de la pointe Cedar facilitent la navigation.

S'il est trop tard pour continuer vers le Sud, pour atteindre, par exemple, le havre Grappler, les grands bâtiments jetteront l'ancre dans l'excellent havre Eden; les moyens auront le choix entre le havre Éden et le port Simpson; enfin les petits se réfugieront soit dans l'un des deux premiers, soit dans l'anse Lucas (pages 143 à 146).

Au Sud de ces mouillages, la navigation redevient facile. Nous indiquerons par une simple table les points à signaler jusqu'au canal Smyth :

Banc du Zealous, page 144;
Récif Gorgon, page 142;
Dangers de l'Indian reach, page 140;
Choix entre le Grappler reach et l'Escape reach, page 139;
Rocher Amethyst, page 140;
Havre Grappler, page 139;
Baie Tom, page 135;
Havre Molyneux, page 134;
Guia Narrows, page 133;
Roche Suwanee, page 133;
Puerto Bueno, page 132;
Pointe Delgada, page 132;
Havre Mayne, page 131;
Anse Dixon, page 128;
Baie de l'Isthme, page 126.

Rendu à la baie Fortune, le lecteur quittera la carte N° 3399 pour prendre celle qui porte le N° 3143 et figure le canal Smyth, de l'île Cutler au détroit de Magellan. La seule préoccupation pendant cette route, longue de 32 milles, sera le passage des chenaux Mayne et Gray (voir page 123 et vue N° 34, 2ᵉ série). Pour pratiquer le chenal Mayne en venant du Nord, il faut doubler l'île Cutler à $\frac{3}{4}$ de mille de distance. Dès qu'on sera le long de cette île, on cherchera la bouée de l'île Summer, que l'on aperçoit de là. Puis, on laissera un peu par tribord le plus Nord des îlots Francis ; ensuite on se placera de manière à relever ledit îlot au N. 23° O. et on mettra le cap sur la bouée, que l'on rasera en la tenant par tribord ; puis on fera route sur l'île Bradbury, pour parer le fond de 6 mètres qu'on laissera par tribord ; on ralliera ensuite le milieu du chenal.

Le chenal Gray, plus profond que le chenal Mayne, est moins direct, plus étroit et plus encombré de dangers. Il faut, comme nous l'avons dit à propos du passage inverse, éviter de s'y engager par temps sombre, car on ne peut parer qu'à l'œil les bancs de goémons qui débordent les divers îlots et surtout ceux qui sont situés entre les îles Verecker et Foley. Un relèvement pris sur la pointe Sud de l'île Orlebar fera éviter les bancs de goémons qui gisent devant la partie N.E. de cette île ; ensuite on ralliera la côte Ouest de l'île Hoskyn, dont on passera à 3 encablures au plus, pour éviter le haut-fond de 5 mètres $\frac{1}{2}$ qui est près de la pointe Sud de l'île Orlebar. L'île Hoskyn passée, on mettra le cap à mi-distance entre les îles Foley et Verecker, en faisant un petit détour pour parer les deux bancs de goémons dont il est question plus haut.

Le mouillage de l'île Summer (page 124) et la baie Otter (page 124) sont les meilleurs points de relâche qu'il y ait dans le canal Smyth. Les bâtiments n'ayant pas le temps de parcourir les 30 milles qui séparent le chenal Mayne de la baie Sholl choisiront suivant leurs convenances l'un ou l'autre de ces mouillages.

Dans le Sud de l'île Renouard et à hauteur de l'île Verte (vue N° 36, 2ᵉ série), on peut distinguer jusqu'au bout la sortie du canal Smyth. De beau temps on aperçoit non seulement les îles Fairway, mais encore le port Churruca, de l'autre côté du détroit. En s'avançant vers les îles Fairway, il faut les laisser bien franchement par bâbord, parce qu'une roche existe à 3 encablures dans le Nord de la plus septentrionale; cette roche est à fleur d'eau à basse mer.

A 4 milles des îles Fairway, l'excellent mouillage de la baie Sholl offre un abri sûr dont tout bâtiment peut user. Il est également possible de s'engager immédiatement dans le détroit de Magellan, à la condition de pouvoir atteindre l'un des mouillages qu'il présente dans l'Est du canal Smyth. Nous nous reporterons maintenant plus à l'Ouest, afin de dire quelques mots de l'atterrissage sur le cap Pillar et les Évangélistes par les navires venant du Pacifique. Ces renseignements sont nécessaires aux bâtiments qui, sans vouloir passer les canaux du Nord au Sud, désirent néanmoins traverser le détroit de l'Ouest à l'Est. Cette route a, par rapport à celle du cap Horn, des avantages et des inconvénients que nous allons signaler.

Le cap Horn n'étant point difficile à doubler de l'Est à l'Ouest, beaucoup de marins pensent qu'il n'est pas opportun de se créer le souci d'une navigation près de terre. D'autres, au contraire, font observer que, si la traversée du détroit est difficile lorsqu'on lutte contre des vents debout, elle est des plus simples lorsqu'on défile vent arrière, poussé par les rafales. La différence est tellement grande que l'interdiction pesant sur les grands voiliers pour le passage de l'Est à l'Ouest disparaît lorsqu'il s'agit de passer du Pacifique à l'Atlantique. De grands clippers américains ont pris cette route rien que par goût, sans nécessité aucune, et ont franchi en trois jours.

Ainsi tout navire évoluant bien peut traverser le détroit de l'Ouest à l'Est, pourvu que son capitaine soit habitué à bien reconnaître les terres, à pratiquer sans pilote l'entrée et la sortie des ports. Mais si le passage est relativement facile, il n'en résulte pas qu'il soit forcé. Seuls les petits voiliers et les bâtiments en mauvais état doivent, sans hésitation aucune, s'engager dans le détroit. Pour les autres, chaque capitaine se laissera aller à ses propres inspirations, se souvenant que la route du large est évidemment la plus simple, mais que, d'un autre côté, elle expose le bâtiment à une mer quelquefois énorme, à des roulis fatigants, sinon dangereux.

Il faut aussi tenir compte des considérations suivantes. Dans l'Est du détroit, les vents régnants permettent de remonter la côte orientale d'Amérique en s'en éloignant beaucoup moins que si l'on a doublé le cap Horn. En effet, tout bâtiment ayant fait cette dernière route rencontre la plupart du temps des vents de N. O. et est obligé d'aller dans l'Est des îles Malouines ou Falkland. Il est alors exposé à de forts coups de vent et à une mer très grosse du travers. Il gagne difficilement dans le Nord. Les mois compris entre avril et septembre sont les moins favorables pour passer le détroit de l'Ouest à l'Est.

Tout ce qui a trait aux avantages, aux inconvénients et aux divisions du détroit, aux précautions générales, au charbon, au bois, à l'eau, aux provisions, aux marées, aux vents, au temps, au climat, aux indigènes, etc., est traité avec détail de la page 2 à la page 21 : le lecteur voudra bien s'y reporter.

La carte N° 877 suffit pour l'intelligence de ce qui suit; mais les quatre grandes cartes qui détaillent les diverses parties du N° 877 seront encore plus commodes (N°s 3397, 3398, 2991 et 2869).

Les **îles Évangélistes** sont visibles à 15 milles, par un temps clair, du pont d'un bâtiment; elles serviront de reconnaissance pour donner dans le détroit, en venant du Pacifique. Les hautes terres voisines du cap Victory s'aperçoivent d'une distance un peu plus grande que les Évangélistes. La sonde ne sera pas négligée pour atterrir, car l'inspection de la carte indique des fonds modérés au large de l'entrée. Le cap Pillar est également très facile à distinguer : vu de l'Ouest, il montre quatre pics, dont le plus méridional est le plus élevé. Les Apôtres et les Juges seront utiles aux bâtiments arrivant par le S. O. et atterrissant sur cette côte désolée, dont la vue produit toujours une impression de tristesse. Le Westminster Hall doit être également classé parmi les amers excellents. Pour peu que les vents dépendent du Nord, les voiliers devront avoir soin de gouverner franchement au vent de l'entrée et de ne laisser porter qu'au dernier moment pour passer au Sud des Évangélistes.

Une fois les îles Évangélistes bien reconnues, la pluie, le vent et la grosse mer n'empêcheront pas d'entrer; on se gardera seulement des îles Sir John Narborough, dont la limite est encore mal déterminée. Il faut tenir compte des courants de marée tant que l'on est à l'Ouest de la ligne qui passe par les Évangélistes et le cap Pillar; à l'Est de cette ligne, ces courants deviennent, au contraire, insensibles. Le navire a toutes sortes de facilités pour faire route dans le milieu du Sea reach; violemment poussé (sauf le cas très rare du vent d'Est), il acquerra de grandes vitesses; avec des voiles il faut toujours être prêt à manœuvrer, à cause de l'arrivée subite des tourbillons.

Pendant la saison des longs jours (octobre-avril) ou avec le clair de lune, on peut ne mouiller que dans l'Est du détroit, là où il faut tenir un compte sérieux des marées. On a vu des navires à voiles aller en 3 jours du cap Pillar au cap des Vierges, après être arrivés à la baie Laredo sans jeter l'ancre une seule fois. Dans la saison des jours courts (avril à octobre), ou lorsque des contrariétés se présentent, les vapeurs eux-mêmes peuvent avoir à relâcher beaucoup plus fréquemment. Les cartes indiquant tous les ports, il suffira de recourir, avec leurs noms, à la table alphabétique de la fin du volume pour être fixé sur leur valeur.

Nous n'avons d'observations à faire qu'à partir de la baie Laredo, où les marées commencent à être fortes et à devenir l'un des principaux éléments dont il faille tenir compte pour la navigation. Le courant de jusant devra toujours être recherché; malheureusement il est court, car le retard de la marée (page 10), si favorable pour se rendre du cap des Vierges à Punta Arenas, devient, au contraire, nuisible pour naviguer en sens inverse.

Les capitaines ne quitteront ou ne dépasseront la baie Laredo que s'ils ont l'espérance d'avoir une vue suffisante, lorsqu'ils seront en route, et d'atteindre la baie Grégory, qui est distante de 33 milles; ils se pénétreront bien du régime des eaux (page 9). A moins d'être pratique du pays, on ne peut entreprendre cette navigation qu'en se guidant sur des relèvements. Les îles Sainte-Madeleine et Sainte-Marthe sont, avec le cap Saint-Vincent, les amers à recommander.

En quittant la baie Laredo, il ne faut pas craindre de s'élever dans l'Est, de façon à donner un bon tour aux hauts-fonds du cap Porpesse. Le passage du Pélican ne sera pris que par des bâtiments calant $5^m 50$ au plus et ayant affaire soit dans la rade Royale, soit dans le havre Pecket.

Le nouveau chenal, n'ayant d'avantage qu'en cas de louvoyage avec vent debout, est peu usité pour aller vers le second goulet, puisque les vents portent presque toujours. Les bâtiments doivent donc manœuvrer pour prendre le chenal de la Reine. A partir du moment où ils relèvent le cap Thorax au N. O. q. O., ils n'ont plus à se préoccuper des hauts-fonds du cap Porpesse; alors, ils longeront la côte Est de l'île Élisabeth à moins de 1 mille de distance et, autant que possible, entre $\frac{1}{2}$ mille et $\frac{3}{4}$ de mille. Le plus simple est de se tenir sur l'alignement de la pointe Est de l'île Sainte-Marthe par le cap Saint-Vincent.

A partir du moment où la pointe Saint-Sylvestre sera au Nord, le capitaine viendra sur bâbord pour parer les goémons de l'île Sainte-Marthe; ensuite il se préoccupera du banc de l'île Sainte-Marthe, signalé par une bouée (page 48). En cas d'enlèvement de cette bouée on saura que l'on n'a rien à craindre du banc dans l'Ouest de l'alignement de la pointe Est de l'île Sainte-Marthe par la pointe Ouest de l'île Sainte-Madeleine. On en est absolument paré lorsqu'on est dans le Nord de la ligne qui passe par la pointe Saint-Sylvestre et par le cap Saint-Vincent.

Le passage du second goulet n'offre aucune difficulté. Le cône et la balise du cap Grégory permettent de suivre constamment la route. Si l'on a le flot contre soi, il y a lieu de rallier le cap Gracia, afin d'éviter le courant traversier qui jette avec impétuosité dans la baie Lee. Au contraire, avec jusant, on ne craindra pas de se tenir un peu plus vers la côte Sud, parce que le courant vers l'Est y est plus fort.

De la baie Grégory, il est aisé d'atteindre soit la baie Possession, soit le large. Les bâtiments ayant relâché dans cette baie feront route de manière à passer entre la côte, le banc de la Tribune et le banc Triton; ils longeront la côte à un peu moins de 2 milles et se placeront à peu près Est et Ouest avec le Grégory Shoulder, puis ils viendront sur tribord et gouverneront sur la balise de la pointe Baxa de manière à passer entre le banc Triton et le banc Barranca; ils prendront ainsi le point de départ de tout navire voulant donner dans le premier goulet, savoir : la balise de la pointe Baxa à l'Est, la pointe Barranca au N. 27° E.

C'est à ce même endroit qu'aboutiront les navires qui seront venus directement du second au premier goulet; ces derniers passeront par le Sud du banc de la Tribune et du banc Triton. En se tenant dans le Sud de la ligne qui passe par le cône et la balise Grégory, ils n'auront rien à craindre du banc de la Tribune; ce banc sera considéré comme paré dès que la pointe Valle sera relevée au Nord. A partir de ce moment, il faut se rapprocher du banc Triton et laisser sa bouée à environ 1 mille par bâbord; de cette manière on ne craindra rien de l'écueil douteux signalé par *le Lusitania* (page 40). Il n'y a, de là, aucune difficulté pour aller rejoindre l'entrée du premier goulet au point déterminé par les relèvements donnés ci-dessus.

En venant du second goulet, les bâtiments apercevront d'abord la balise de la pointe Baxa, et ensuite les collines situées à l'intérieur, tant sur la Terre de Feu que sur la côte de Patagonie; le mont Dinero lui-même apparaît de très bonne heure lorsque le temps est clair; tous les sommets se montrent d'abord comme des îles, et ce n'est que beaucoup plus tard qu'il est possible de distinguer soit la pointe Barranca, soit la pointe Baxa. Ces pointes, ainsi que le cap Nuñez et la pointe Mendez, sont des points de reconnaissance parfaitement sûrs. Le cap Nuñez est une falaise formant un triangle très caractérisé.

Si le temps n'est pas propice pour s'engager dans le premier goulet, il reste la ressource de jeter l'ancre à la baie San Yago ou de prendre l'un des mouillages compris entre la pointe Baxa et la pointe Oar (voir pages 39 et 43). Si, au contraire, on poursuit vers le N. E., la colline Direction et le cap Orange apparaîtront lorsqu'on sera par le travers du cap Nuñez. Des relèvements pris sur les pointes Delgada, Espora et Anegada, ainsi que sur le cap Orange et sur la pyramide Direction, conduiront sûrement sur la route mi-chenal entre le banc Direction et le grand banc Orange. A peine dégagé de ce passage (qui exige de l'attention), on apercevra la bouée du banc Narrow, ainsi que celle du banc Orange. La pyramide du cap Possession apparaît également, car on peut la voir de 20 milles, c'est-à-dire à partir du moment où l'on relève la pyramide Direction au N. q. N. O. Obligé de relâcher, on jettera l'ancre soit dans la baie Possession si les vents sont de la partie Nord ou de l'Ouest, soit au mouillage Spiteful si le temps est menaçant de la partie Sud.

De l'un ou de l'autre de ces mouillages, il n'y a plus de difficultés jusqu'au large. La vue N° 50 (2ᵉ série) indique très nettement la pointe Dungeness et le cap des Vierges. Les deux mouillages situés l'un à l'Ouest et l'autre à l'Est de l'Épi, si utiles pour un navire s'engageant dans le détroit, servent rarement à celui qui sort. La haute mer est si voisine de l'Épi et la sortie tellement large qu'il est très possible de passer outre, malgré la force des courants. Il suffit, pour cela, d'incliner franchement la route vers le Sud en donnant un très grand tour au banc Sarmiento. Le capitaine aura soin seulement de consulter le paragraphe : *Marées à l'entrée* (page 9).

S'il fait jour, tout bâtiment à destination du Nord ou de l'Est pourra pratiquer en sens inverse l'une des trois routes données pour entrer par le Nord ou par le Sud du rocher Nassau (page 25). Cependant la première, commode pour entrer pour les navires moyens, l'est beaucoup moins pour sortir. Il faut aller se placer de manière à relever la balise Dungeness au S. 58° O. et ensuite faire la route inverse au N. 58° E. Cette passe ne sera prise dans ce sens que par de petits navires, car elle fait ranger des fonds de 6 mètres et force à se maintenir entre deux dangers, sur un relèvement pris par derrière ; c'est une opération délicate avec des courants aussi violents et aussi variables en direction que ceux qui s'observent près du cap des Vierges.

La seconde route fait passer par des fonds de 10 mètres à marée basse ; il faudrait un bien grand navire ou une mer bien démontée pour qu'on ne puisse pas la suivre. Elle consiste à se placer sur le parallèle de la balise Dungeness et à faire l'Est du monde ; comme il n'y a aucun danger par tribord, il suffit de méfier bâbord pour parer le rocher Nassau. Enfin, tout capitaine craignant la levée et jugeant que les sondes de 10 mètres sont encore trop faibles pour son navire ira relever le mont Dinero au N. 66° O. et gouvernera ensuite au S. 66° E. Dans cette direction, les plus petites sondes trouvées seront de 15 mètres.

Loin du banc Sarmiento, le bâtiment fera la même route que s'il était venu par le cap Horn.

En ce qui concerne le passage du cap Horn de l'Ouest à l'Est, il est à peine besoin de mentionner que, les vents étant presque constamment favorables, les navires pourront éviter les latitudes australes et faire route de manière à reconnaître soit les îles Diego Ramirez, soit le cap Horn lui-même.

INDEX ALPHABÉTIQUE.

A

	Pages.
Abra (de Sarmiento)	104
Adélaïde (archipel de la Reine)	108
Adélaïde (passage)	87
Adeona (rocher)	125
Admiralty (sound)	67
Adventure (bridge)	47
Agnès (îles)	192
Aguirre (baie)	178
Aid (bassin)	163
Aigle (baie de l')	70
Ainsworth (port)	68
Albion (mont)	142, 216
Albuquerque (baie)	80
Aldunate (crique)	158
Alert (rocher)	123
Allard (pointe)	139
Alquilqua (baie)	115
Altamirano (puerto)	85
Anchor (baie)	132
Ancon de Tamasco	94
Ancud (pointe)	121
André (baie)	76
Andrew (sound)	101
Anegada (pointe)	36
Angosto (port)	105
Antoine (baie)	122
Anxious (pointe)	66
Apôtres (roches)	197
Arauco (plateau)	61
Arauz (baie)	82
Arce (baie)	98
Arenas (pointe)	175
Armingen (îles)	151
Artigas (récif)	84
Artillerie (baie de l')	136
Astrée (pointe)	139
Astrée (roche)	110
Atterrage (pointe de l')	66
Ayautau (îles)	155
Aymond (mont)	28, 33

B

	Pages.
Bacchante (baie)	140
Bachelor (baie)	80
Back (havre)	171
Ballenas (port)	154
Bannen (canal)	125
Banner (banc)	183
Barbara (canal)	89
Barbara (port)	164
Barcelo (baie)	95
Barnacle (récif)	44
Baromètre (dans les canaux latéraux)	120
Baromètre (au cap Horn)	207
Baromètre (dans le détroit de Magellan)	14
Barranca (banc)	38
Barranca (pointe)	37
Barren (roches)	144
Barrow (head)	87
Barton (île)	150
Basil Hall (port)	166
Baverstock (île)	125
Baxa (pointe)	37
Baxa (pyramide)	38
Baxer (banc)	76
Beagle (canal du)	179
Beaubassin (port)	88
Beauchamp (inlet)	143
Beaufort (baie)	111
Bedford (baie)	91

INDEX ALPHABÉTIQUE.

	Pages.		Pages.
Bedwell (île)	123	Boyle (récif)	149
Bell (baie)	88	Bradburg (îlot)	124
Bell (mountain)	179	Bradley (anse)	88
Bending (anse)	83	Brassey (cap)	131
Benito (crique)	153	Brazo de Norte	136
Benito (pointe)	129	Brecknoch (presqu'île et passage)	190
Bessel (rocher)	127	Brenton (sound)	69
Blanche (baie)	96	Brinkley (île)	127
Boat Island	187	Broad (reach)	53
Boca de Canales	156	Broderip (baie)	90
Bois	8, 120	Brookes (havre)	68
Boisée (baie)	76	Brown (baie)	91
Bon Succès (baie)	178	Brumes (dans le détroit)	17
Bolton (bluff)	84	Brunswick (presqu'île)	54
Bonduca (île)	132	Buckland (mont)	67
Bonet (baie)	81	Burgoyne (baie)	122
Boqueron (pointe)	64	Burney (mont)	125
Borja (baie)	81, 93	Butler (baie)	94, 95
Bossi (baie)	163	Bynoe (îles)	191
Botella (lac de la)	83	Byron (île)	155
Bougainville (anse)	72	Byron (pointe)	110
Bournand (baie)	71		

C

	Pages.		Pages.
Cachiywyo (récif)	60	Charbon	8
Cambridge (île)	161	Charles (cap)	133
Camden (îles)	190	Charles (îles)	78
Campbell (île)	124	Charles III (îles)	81
Canaux latéraux	119	Chasm (reach)	137
Canning (îles)	135	Chatham (île)	133
Canoas (rochers)	78	Cheape (chenal)	157
Canoe (inlet)	106	Child (bluff)	84
Canon (baie du)	70	Chinnock (île)	146
Cap des Vierges	22	Choiseul (baie)	92
Cap Horn (le doubler)	199	Christmas (mouillage de)	116
Cap Horn (îles du)	181	Christmas (sound)	188
Carteret (île)	103	Churruca (port)	113
Cascade (baie)	88, 137	Cimeros (baie des)	94
Cascade (reach)	66	Cirujano (île)	158
Cascades (du détroit de Magellan)	16	Clapperton (baie)	123
Casilda	115	Clarence (île)	87
Castellano (roches)	88	Clauricarde (pointe)	136
Castro (île)	88	Clearbottom (baie)	188
Castro (roches)	88	Clerke (port)	189
Catalina (baie)	55	Cliff (hill)	30
Catalina (îlot)	128	Climat (du détroit)	16
Cavour (île)	145, 147, 210	Clio (île)	148
Cedar (pointe)	142, 145	Cloué (île)	139
Centre (île)	135	Cloyne (récif)	127
Centre (mont)	60	Cockburn (canal)	85
Cham (île)	144	Colibri (crique du)	66
Chance (baie)	95	Colline direction	30
Chanteclcer (île)	182	Collingwood (détroit de)	129

INDEX ALPHABÉTIQUE.

	Pages.		Pages.
Columbine (anse)	128, 129	Cortado (cap)	116
Colworth (cap)	123	Courants (au large du cap Horn)	206
Côme (bras)	115	Courants (près du cap Horn)	185
Compas (dans la baie Nassau)	180	Courtenay (sound)	190
Conception (chenal)	133	Covadonga (îlots)	141
Condesa (baie)	104	Covadonga (rocher)	141
Condor (falaise)	24	Coventry (cap)	76
Cône (pointe de l'île Dawson)	66	Croft (îlots)	146
Cône (sommet)	38	Crooked (reach)	93
Connor (anse)	152	Crooked (roche)	95
Connor (îles)	123	Cross (îlot)	77
Cook (baie de)	189	Cross (mont)	77
Cook (port)	166	Crossover (île)	140, 143
Cooke (port)	67	Crosstide (cap)	93
Cordes (baie)	76	Cuevas (cap)	116
Cordova (chenal)	107	Cunningham (île)	124
Cordova (île)	107	Cupola (île)	114
Cordova (presqu'île)	97	Cushing (pointe)	76
Cormoran (baie du)	106	Cutler (île)	124, 125
Corrientes (cap)	21	Cutter (anse)	83
Corso (mont)	160, 163	Cygnes (baie des)	94

D

	Pages.		Pages.
Dædalus (roche)	182	Diego Ramirez (île)	186
Damien (bras)	171	Diègues (îlot)	115
Dampier (îles)	169	Digby (pointe)	115
Daniel (pointe)	29	Dighton (anse)	89, 91
Darby (anse)	115, 116	Dillon (pointe)	181
Dashwood (pointe)	123	Dineley (baie)	164
Dauphin ou Dolphin (île)	109	Dinero (mont)	25, 29
David (île)	135	Direction (banc)	36
David (îlot)	134	Disappointement (baie)	129
David (sound)	92	Dislocation (havre)	197
Dawson (île)	61, 65	Dixon (anse)	128
Dean (havre)	90	Dixon (île)	124
Deceit (île)	182	Dolphin (île)	109
Decerrecca (banc)	125	Donkin (anse)	84
Deep (havre)	121	Dos Canales (îles)	131
Delgada (pointe)	36, 130	Double pic (du détroit)	44
Deseado (cap)	196	Double pic (île)	130
Desolate (baie)	180	Dubouchage (baie)	71
Désolation (le cap)	190	Dungeness (balise et épi)	25
Déviations (du compas)	18	Dungeness (pointe)	24, 27
Diamant (roche)	110	Dyer (cap)	164
Diane (pic)	158	Dyneley (sound)	86
Dianes (îles)	127	Dynevord (sound)	104, 194
Diaz (îlot)	115		

E

	Pages.		Pages.
Earl (anse)	91	Eau	8
Earnest (cap)	128	Éclairs (dans le détroit)	17

	Pages.		Pages.
Eden (havre)	142	Espiritu Santo (cap)	24, 33, 171
Edgeworth (cap)	92	Espora (pointe)	37
Edinburgh (baie du Duc d')	145	États (Terre des)	165
Élisabeth (baie)	79, 80	Étroite (crique)	126
Élisabeth (île)	48, 52	Europa (inlet)	136, 137
Éliza (baie)	86	Europa (pointe)	133
Ellen (baie)	131	Euston (baie)	194
Entrance (rocher)	150	Euston (ouverture)	84
Entrée (île de l')	158	Évangélistes (îles)	113, 215
Erasm (reach)	137	Evans (groupe)	122
Escape (baie)	130	Evans (îles)	130
Espagnol (havre)	177	Ève (pointe)	146
Espagnols (rocher des)	62	Expectation (baie)	135
Espérance (île)	132	Eyre (canal)	139

F

	Pages.		Pages.
Fairway (îles)	121, 212	Flamsteed (cap)	130
Fairweather (cap)	23	Flinn (sound)	161
Fallos (canal)	164	Foley (île)	124
False (anse)	177	Forelius (péninsule)	157
Famine (reach)	53	Fortescue (baie)	77
Fanny (baie)	84	Fortune (baie)	125
Fantôme (îlot)	139	Fox (baie)	69
Farquhar (canal)	149	Francis (groupe)	124
Fatale (baie)	154	Franklin (sound)	181, 182
Fawn (banc du)	134	Freshwater (anse)	88
Félix (pointe)	116	Freshwater (baie)	60
Feu (Terre de)	173	Freycinet (rocher)	113
Field (baie)	90	Friars (sommet des)	23
Fincham (îles)	195	Froward (cap)	53, 73
Fisgard (rochers)	103	Froward (reach)	69
Fitton (havre)	67	Fuégiens	19
Fitzroy (canal)	84	Furies	190
Fitzroy (île)	85	Fury (havre)	190

G

	Pages.		Pages.
Gage (baie)	138	Glascott (pointe)	72, 73
Galiano (baie)	92	Gloucester (cap)	194
Gallant (port)	77, 78	Goémons (ou Kelps)	18
Gallegos (port et rivière)	22	Good Luck (baie)	98
Gap (pic)	38	Goods (baie)	122
Gennes (rivière de)	73	Good Success (baie et cap)	178
Gente (pointe)	64	Gorée (rade de)	180
Gente Grande (baie)	46	Gorgon (récif)	138, 140
Géologie (dans le détroit)	20	Goschen (îles)	132
Géologie (Terre des États)	170	Goulet (Anglais)	145
Gidley (anse)	69	Goulet (premier)	36
Gilbert (îles)	189	Goulet (second)	45
Gipsy (écueil)	22	Gracia (cap)	46
Glacier (baie)	99	Grafton (îles)	193
Glacier (sound du)	112	Grains (dans le détroit)	17

INDEX ALPHABÉTIQUE.

	Pages.		Pages.
Grappler (reach et havre)	139, 138	Grégory (monts)	39
Graves (île)	196	Gretton (baie)	183
Graves (mont)	61	Grey (cap)	128
Graves (sommet)	65	Guaineco (îles)	155
Gray (chenal)	123, 124, 211	Guanaco (pointe)	181
Gray (havre)	150	Guard (île)	133
Gregg (baie)	130	Guia (Narrows)	129
Grégory (baie et balise)	38	Guillaume IV (Terre du Roi)	108
Grégory (épaulement)	38	Guirior (baie)	98

H

	Pages.		Pages.
Hale (havre)	152	Herschel (îles)	182
Hale (mont)	50	Henry (pointe)	112
Half-Port	106	Henry (port)	135, 159
Halfway (banc)	45	Hewitt (baie)	91
Hall (pointe)	84	Hidden (havre)	88
Hall (rochers)	144	High (île)	67
Halt (baie)	150	Hillock (pointe)	66
Hamper (baie)	126	Hills (île)	90
Hankin (pointe)	132	Holland (cap)	67
Hannant (baie)	102, 106	Holloway (sound)	157
Hanover (île)	131	Hope (havre)	87, 192
Hardy (presqu'île)	185	Hope (mont)	68
Harriet (baie)	129	Hoppner (port)	170
Harris (baie)	69	Hoppner (sound)	156
Hartwell (baie)	124	Horatio (port)	137
Hately (baie)	183	Horn (cap)	181
Havannah (pointe)	102	Hose (havre)	123
Hawk (falaise)	54	Hoskins (île)	132
Hawkins (baie)	88	Hoskyn (anse)	150
Haycock (îlot)	150	Hoskyn (île)	124
Hazard (îles)	156	Hugh (pointe)	122
Hazeltine (roche)	183	Hummock (sommet)	38
Hécate (rocher)	132	Hunter (île)	127
Hermite (îles)	181		

I

	Pages.		Pages.
Icy (reach)	139	Indigènes	18
Icy (sound)	90, 111	Infernet (rochers)	133
Ignacio (baie)	154	Inglefield (îles)	84
Ildefonsos (îlots)	187	Inlet (baie)	126
Île (baie de l')	126	Inmann (baie)	88
Île (havre de l')	150	Inocentes (chenal)	134
Indian (inlet)	106	Isabelle (cap)	159
Indian (reach)	140	Isabelle (île)	122, 192
Indienne (anse)	187	Isthme (baie de l')	125
Indienne (baie)	71		

J

	Pages.		Pages.
Jack (havre)	72	James (île)	79
Jacquinot (pointe)	79	Japhet (île)	144

INDEX ALPHABÉTIQUE.

	Pages.		Pages.
Jérôme (canal)	97	Juan (île)	132
Jesuit (sound)	155	Juges (roches)	197
John (pointe)	50, 109, 147	Julian (baie)	153
Joy (mont)	121	Jumelle (île)	140

K

Karnack (haut-fond)	141	Kirke (Narrows)	128
Kater (pic)	182	Kirke (rochers)	85
Kelly (port)	157	King (cap)	114
Kelps (ou goémons)	18	King (îles)	85
Kempe (havre)	88	Kitt (île)	146
Kentish (îles)	136	Knob (mont)	106

L

Labyrinthe (îles)	85	Lennox (île)	179
Lackawana (anse)	142	Level (baie)	142
Lackwater (pointe)	84	Libertà (baie)	150
Ladder (Hill)	133	Lion (anse du)	97
Lamarmora (île)	151	Lion (baie du)	150
Landfall (îles)	195	Lizard (île)	153
Langara (baie)	95	Lobo (bras)	116
Langara (port)	88	Logan (rocher)	160
La Place (îles)	128	Lomas (baie)	35
Laredo (baie)	48, 54	Lomas (baie de l'île Dawson)	65
Large (côte du)	161	Lomas (banc)	35
Las Minas (anse)	85	Londonderry (îles)	189
Last (port)	92	Loney (îlot)	149
Last Hope (inlet)	129	Long (reach)	96
Latitude (anse)	138	Longue (île)	125
Latitude (baie)	195	Look-Out (banc)	147
Leading (île)	192	Lort (baie)	186
Lear (baie)	131	Low (île)	125
Lecky (récif)	131	Loyola (pointe)	23
Lecky (retreat)	129	Lucas (anse)	146
Le Clerc (banc)	126	Lucky (récif)	81
Lee (baie)	47	Lusitania (roche)	40
Leeky (havre)	113	Lyell (sound)	88
Leeward (baie)	128	Lynch (roche)	121
Lemaire (détroit de)	177		

M

Madre (île)	162	Marées. 9, 26, 41, 82, 116, 145,	
Magdalene (sound)	85		163, 176, 193
Magenta (baie)	150	Maria (baie)	192
Malacca (anse)	144	Mason (île)	139
Mallet (baie)	126	Mass (baie)	96
March (havre)	188	Maxwell (mont)	91
Marcus (îlot)	152	Mayne (chenal)	123, 211
Mardon (port)	127	Mayne (havre)	131

INDEX ALPHABÉTIQUE.

	Pages.		Pages.
Mazaredo (baie)	88	Millar (anse)	88
Medal (baie)	106	Miséricorde (pointe de la)	117
Medio (cap)	176	Modern (Calpé)	133
Meissier (canal)	138	Moines (sommet des)	23
Mellersh (anse)	88	Molyneux (havre)	134
Melville (sound)	191	Monday (cap)	106
Mercury (sound)	86	Monmouth (cap)	64
Mercy (port)	117	Monmouth (île)	53
Mère de Dieu (archipel de la)	162	Montagne (baie)	127
Messier (canal)	210	Monts (canal des)	128
Michel (pointe)	135	Morion (le)	95
Mi-Chenal (île)	148	Morro (port del)	136
Middle (île)	181	Moss (îlot)	113
Middleton (cap)	81	Mouat (îlot)	109
Milky-Way	193	Murray (anse)	88, 91
Milieu (banc du)	51	Mussel (baie)	81
Milieu (île du)	152	Mussel (îlot)	76
Milieu (pointe du)	101	Myrmidon (roche)	124

N

	Pages.		Pages.
Narborough (îles Sir John)	114	Noire (île)	193
Narrow (banc et bouée)	32	Noire (rade)	193
Nash (baie)	92	Noire (roche)	102
Nassau (baie)	180	Nombre (cap)	26
Nassau (canal)	72	Non Entry (baie)	69
Nassau (île)	72	Nord (anse)	193
Nassau (roche)	24	Nord (morn)	144
Neeshan (baie)	135	Nort (baie)	91
Negro (cap)	49, 52	North (baie)	122
Neiges	16	North (rade)	183
Nelson (détroit)	161	Nose (pic)	64, 68
Neuman (crique)	158	Notch (anse et cap)	99
Neuve (île)	179	Notre-Dame (baie)	62
New-Island	179	Nouveau banc	45
Newton (île)	129	Nouveau chenal	46
New-Year (sound)	187	Nuñez (crique)	83
Nodales (îles)	116	Nuñez (pointe)	36
Nodales (pic)	73	Nutland (baie)	90
Noé (îles)	140		

O

	Pages.		Pages.
Oake (baie)	123	Open (baie)	138
Oazy (havre)	50	Oracion (baie)	126
Observation (mont d')	114	Orange (baie)	185
Observatoire (îlot de l')	72	Orange (banc et cap)	35
Obstruction (sound)	85, 127	Orlebar (île)	124
Ocasion (anse)	139	Orlebar (mont)	154
Ochovario (port)	133	Orozco (Table d')	177
Offing (île)	69	Ortiz (îlots)	94
Oldfield (mouillage d')	115	Osorno (baie)	95
Ollard (île)	146	Otter (baie et île)	123

	Pages.		Pages.
Otway (baie)	196	Otway (port)	159
Otway (bassin)	84	Owen (port)	69

P

Packsaddle (baie)	185	Pillar (cap)	185, 213
Painter's Muller	167	Pinguin (inlet)	138
Pâques (baie de)	128	Pitcher (île)	51
Paradis (pointe du)	143	Pitt (canal)	133
Park (baie)	86	Playa Parda (anse)	99
Parker (baie et cap)	113	Plumper (mouillage du)	33
Parry (havre)	68	Plumper (récif du)	109
Parry (port)	166	Policarpo (anse)	177
Passage (pointe du)	80	Pollard (anse)	102
Patagons	19	Ponce (baie)	92
Pearse (rocher)	123	Pond (baie et mont)	88
Peckett (havre)	50	Porpesse (cap)	52
Peel (inlet)	132	Porpoise (pointe)	133
Pélican (passage du)	50, 214	Port-Famine	61
Peligrosa (pointe)	125	Portland (baie)	136
Pemberton (pointe)	145	Possession (baie et pyramide)	30
Pemberton (sommet)	134	Pounds (île)	132
Peñas (cap)	176	Preservation (anse)	65
Peñas (golfe de)	154	Profond (havre)	113, 121
Penguin (rocher)	139	Providence (cap)	108
Perceval (récif)	109	Provisions	8
Periagua (îlot)	88	Prowse (îles)	87
Perno (pointe)	46	Puerto Bueno	132
Petrel (pointe)	78	Puño (pointe)	51
Philippe (baie)	43	Punta Arenas	55
Philippe (cap)	112	Purcel (île)	159
Picton (passe)	136, 161	Pylades (baie)	122

Q

Quartier-Maître (île du)	47	Quod (cap)	95
Quartier-Maître (roche)	116		

R

Rade Royale (chenal de la)	49	Rhys (entrée)	84
Raffin (passe)	135	Rice (baie)	186
Rees (îlots)	87	Richard (île)	122
Reine (chenal de la)	48	Richmond (rade)	179
Rejoice (havre)	132	Ringdove (inlet)	138
Relief (havre)	130	Riofrio (port)	141
Rennel (île)	127	Robert (pointe)	113
Renouard (île)	122	Rocheuse (anse)	127
Requin (crique du)	28	Rocky (pointe)	60
Ressources (dans les canaux latéraux)	120	Romulo (île)	135
		Ronde (île)	109
Retreat (baie)	123	Rondizzoni (baie)	145

INDEX ALPHABÉTIQUE.

	Pages.		Pages.
Rosario (pointe)	115	Rundle (passe)	155
Rouge (roche)	94	Rupert (rocher et île)	79
Rous (sound)	188		

S

	Pages.		Pages.
Sainte-Anne (île)	102	Satellite (plateau)	37
Sainte-Anne (pic)	112	Saturday (port)	196
Sainte-Anne (pointe)	61	Saumarez (île)	139
Sainte-Brigitte (pointe)	72	Schapenham (baie)	186
Sainte-Catherine (pointe)	26, 34	Schooner (anse)	132
Sainte-Madeleine (île)	48	Scourfield (baie)	183
Sainte-Marie (pointe)	60, 65	Sea (reach)	107
Sainte-Marthe (bouée)	46, 47	Seal (anse)	83
Sainte-Marthe (île et banc)	48	Search (inlet)	152
Saint-Gabriel (canal)	64, 66	Sea-Shell (canal)	105
Saint-John (port)	166	Second (rivière)	63
Saint-Joseph (baie)	116	Sedger (rivière)	62
Saint-Joseph (rivière)	76	Sem (île)	144
Saint-Martin (anse)	181, 182	Sentry (rocher)	111
Saint-Michel (canal)	89	Sesambre (île)	181
Saint-Michel (port)	77	Seymour (inlet)	150
Saint-Nicolas (baie)	72	Shag (goulet)	89
Saint-Philippe (mont)	61	Sharp (pic)	61, 68
Saint-Quentin (sound)	159	Shearwater (îlots)	123
Saint-Sébastien (baie)	176	Shelter (île)	100
Saint-Sébastien (cap)	175	Sherrard (mont)	68
Saint-Sylvestre (mouillage)	51	Shingle (rade)	129
Saint-Sylvestre (pointe)	48	Shipton (anse)	88
Saint-Vincent (cap)	45, 175	Shoal (île)	122
Saisons (dans le détroit)	16	Shoal-Haven	52, 84
San Aguedo (morro de)	74	Sholl (baie du Magdalene sound)	85
San Andres (baie)	133	Sholl (baie du Sea reach)	111, 112
San Antonio (port)	66	Sholl (havre)	88
San Bartholomé (pointe)	129	Simon (baie)	88
San Blas (canal)	162	Simpson (île)	122
Sanchez (îlot)	72	Simpson (port)	145
San Diégo (cap)	176	Sirius (danger)	21
Sandy (baie)	126, 137	Skyring (bassin)	83, 127
Sandy (point)	56	Skyring (havre)	117
San Estevan (golfe)	155	Smyth (canal)	121
San Isidro (cap)	63, 70	Smyth (port)	91
San Juan (île)	65	Snow (sound)	103
San Marcos (pointe)	132	Snowy (canal)	104
San Pablo (cap)	176	Snug (baie)	74
San Pedro (sound)	88	Sombrero (île)	154
Santa Inès	89	Sondeurs	18
Santa Inès (cap)	176	Sparton (passe)	163
Santa Monica (port)	115	Speedwell (baie)	155
Santiago (rocher)	117	Spencer (île)	109, 110
San Yago (baie)	39	Spiteful (mouillage)	33
Sarmiento (banc)	24	Squally (pointe)	87
Sarmiento (canal)	129	Stanley (anses)	68
Sarmiento (mont)	53, 66	Staples (baie)	88

	Pages.		Pages.
Stewart (baie)	104, 129	Sulivan (sound)	83, 102
Stewart (îles et port)	189	Summer (île)	124, 214
Stokes (crique)	87, 88	Sunday (cap)	176
Stokes (inlet)	87	Sunk (rocher)	109, 110
Stokes (pointe)	84	Sunshine (pointe)	84
Stonewall (mouillage du)	30	Susannah (anse)	45
Stormy (baie)	86	Swallow (baie)	103
Stragglers (îlots)	111	Sweepstakes (pointe)	42
Stratford (île)	135		

T

Talisman (rocher)	151	Tonnerre	17
Tamar (port, cap et île)	108, 109	Topar (île)	136
Tandy (baie)	123	Toro (îlot)	142
Tandy (pointe)	31	Tower (roches)	193
Tarleton (passe)	130	Townshend (havre)	190
Tarn (baie)	154	Transition (baie)	85
Tarn (mont)	53, 70	Tree (pointe)	64
Tate (cap)	195	Tree-Bluff (pointe)	69
Tejada (baie)	72	Tres Montes (cap)	159, 211
Temps	16, 119	Tres Montes (golfe)	159
Techalten (île)	181	Tribune (banc de la)	41
Tern (pointe)	49	Trinité (canal de la)	136
Terran (îles)	83	Trinité (golfe de la)	162
Terre de Feu	173	Triton (banc)	38
Thermomètre	14, 208	Triton (banc et bouée)	40
Thétis (baie)	177	Trois-Îles (baie des)	83
Thorax (cap)	48	Trois-Passes (port des)	78
Thornton (pic)	82	Trois-Pics (mont des)	76
Three Hummocks (île)	68	Truxillo (baie)	116
Titly (baie)	81	Tuesday (baie)	108, 116
Tom (baie)	134	Tuscarora (roches)	142
Tom (port)	191	Tussac (roches)	191

U

Unfit (baie)	133	Upright (port)	115
Union (sound)	128	Useless (baie)	64
Upright (cap)	108	Ushuwia (mission d')	68, 178

V

Valdez (port)	65	Vaudreuil (île)	135
Valentin (baie)	179	Vaudreuil (rocher)	142
Valentine (cap et havre)	116	Vents	12, 196
Valentyn (cap)	62, 64	Verecker (îles)	124
Valle (pointe)	39	Vernal (mont)	87
Vallena (anse)	98	Verte (île)	122
Van (îles)	135	Verte (pointe)	124
Vancouver (île)	130	Very High (île)	132
Vancouver (port)	171	Veto (canal)	139

INDEX ALPHABÉTIQUE. 231

	Pages.		Pages.
Victory (cap)	114	Villiers (pointe)	84
Victory (passe)	127	Vivian (îles)	84
Vierges (cap des)	22, 24	Vixen (récif)	125
Vierges (récif des)	24	Voces (baie)	63
Vigies	18	Voie lactée	191
Villena (anse)	98	Voiliers (conseils aux)	5

W

	Pages.		Pages.
Wager (île)	155	Whaleboat (baie)	84, 128
Wakefield (passage)	194	Wheelers (îlots)	134
Walker (baie)	134	White (baie)	96
Walker (banc)	47, 49	White Kelp (anse)	150
Wallis (banc)	29	White-Narrows	128
Wallis (îlots)	103	Whitsand (baie)	50
Wallis (mark)	79	Wickham (île)	61, 68
Ward (péninsule)	129	Wide (canal)	136
Warp (baie)	86	Wigwam (île)	77
Warrington (anse)	91	Willes (baie)	65, 69
Waterfall (baie)	153	Williams (presqu'île)	122
Waterfall (port)	67	Williwaws	13
Waterman (île)	188	Windward (baie)	136
Weddel (cap)	187	Wodehouse (baie)	130
Week (îles)	196	Wollaston (île)	183
Welcome (baie)	127	Wood (anse)	83
Wellington (île)	137	Wood (baie)	75
Westminster-Hall	114	Woodcock (île)	89
Wet (îles)	89	Worsley (sound)	129
Whale (pointe)	81	Wren (île)	79
Whale (sound)	91, 92		

X

	Pages.		Pages.
Xaultegua (golfe)	83, 102	Xavier (île)	155

Y

York (rade) 80

Z

	Pages.		Pages.
Zach (presqu'île)	126	Zealous (mouillage)	28
Zealous (îlot)	144	Zigzag (pointe)	66

HALLAMEL [illegible]
ET SES REPRÉSENTANTS :

[illeg.]	Vannobecke.	Paimpol	Le Flem.
[illeg.]	Hergebrecht.	Brest	Lafourcher frères.
[illeg.]	Demotier.	Lorient	[illeg.]
[illeg.]gne-sur-	Victor Macquet.		Charles.
[illeg.]		Nantes	M. Velopré.
[illeg.]	Odeskel.	Saint-Nazaire	M. Blereau.
[illeg.]mp	M. Quitard.	Les Sables d'Olonne	Mayeck.
[illeg.]vre	Vissière.		
[illeg.]	Mérénie.	La Rochelle	E. Haibitau.
[illeg.]	M. Caillot.	Rochefort	Vida.
[illeg.]	Baen.	Bordeaux	[illeg.] P. Guardin.
[illeg.]	Le Monnier.	Bayonne	Sauvan.
[illeg.]	Le Portugal Hebal	Cette	P. Girau (Jérome)
[illeg.]	M. Dieghat.	Marseille	Singlard.
[illeg.]	V. Coni fils.	Toulon	Bibiri neveu.
[illeg.]	M. Dieghat.	Nice	Bunkel fils. Madame Augustine Grosso.
[illeg.]	L. Prudhomme.		
	Adolphe Jourdan.	Naples	Deykel et Bogholi.
[illeg.]dam	Van Barebbes et C.	Oran	Alessi.
[illeg.]	Max Kornicker.	Papeete (île de la Société)	A. L. Gillet.
[illeg.]	Venngo et C.	Rio de Janeiro	B. L. Garnier
[illeg.]tinople	H. Weiss.	Saint-Denis (Réunion.)	Michel Vally.
[illeg.]	Boëra frères.		
[illeg.]	Louis Brue.	Saint-Paolo (Brésil.)	A. L. Garreaux.
[illeg.]bourg	Friedrichsen et C.	St-Pétersbourg	Jacques Issakoff.
[illeg.]	Arm et C.	Saint-Pierre et Miquelon	Girosse.
[illeg.]	J. Jarry et fils.		
[illeg.]	Th. Boizot.	Stockholm	C. D. Malmere.